数字经济系列教材

总 主 编　杨　星
总副主编　梅林海　李　彬

湾区数字经济
发展的理论与实践

主　编　杨小金
副主编　梅林海

华南理工大学出版社
·广州·

图书在版编目（CIP）数据

湾区数字经济发展的理论与实践 / 杨小金主编. —广州：华南理工大学出版社，2024.10
数字经济系列教材 / 杨星总主编
ISBN 978-7-5623-6942-4

Ⅰ. ①湾… Ⅱ. ①杨… Ⅲ. ①信息经济 – 经济发展 – 研究 – 广东、香港、澳门 Ⅳ. ① F492.3

中国版本图书馆 CIP 数据核字（2021）第 267239 号

WANQU SHUZI JINGJI FAZHAN DE LILUN YU SHIJIAN
湾区数字经济发展的理论与实践

主　　编　杨小金

副主编　梅林海

出 版 人：房俊东

出版发行：华南理工大学出版社
　　　　　（广州五山华南理工大学 17 号楼，邮编 510640）
　　　　　http://hg.cb.scut.edu.cn　E-mail: scutc13@scut.edu.cn
　　　　　营销部电话：020-87113487　87111048（传真）

策划编辑：袁　泽　刘　锋

责任编辑：刘　锋

责任校对：周　秦　梁晓艾

印 刷 者：广州小明数码印刷有限公司

开　　本：787 mm × 1092 mm　1/16　印张：14.5　字数：284 千

版　　次：2024 年 10 月第 1 版　印次：2024 年 10 月第 1 次印刷

定　　价：45.00 元

版权所有　盗版必究　印装差错　负责调换

前　言

为了提高对湾区数字经济及其发展理论的理解与应用，本书对湾区经济、湾区数字经济发展的相关内容进行阐述，系统研究湾区数字经济发展的空间结构理论、产业融合理论和协同创新理论，并结合理论分析国外著名湾区的数字经济发展状况，针对各个湾区的发展特点总结出发展湾区数字经济的思路，最后对国内环杭州湾大湾区和粤港澳大湾区的数字经济发展实践进行了分析与展望。

全书分为三篇：基础篇、理论篇与实践篇，共10章。基础篇包括第1章湾区经济概述、第2章湾区数字经济概述；理论篇包括第3章湾区数字经济的空间结构理论、第4章湾区数字经济的产业融合理论、第5章湾区数字经济的协同创新理论；实践篇包括第6章旧金山湾区数字经济发展实践、第7章纽约湾区数字经济发展实践、第8章东京湾区数字经济发展实践、第9章环杭州湾大湾区数字经济发展实践和第10章粤港澳大湾区数字经济发展实践。

本书由杨小金担任主编，负责设计全书的编写大纲与组织管理教材的编写工作。本书撰写的具体分工：杨倩负责第1章和第3章，刘纯安负责第1章和第2章，柳翠连负责第4章和第10章，林德光负责第5章和第6章，汤颖诗负责第7章，杨小金负责第8章和第9章。

本书在编写过程中，参考了大量的国内外相关文献，大部分已于参考文献中列出。在此，向这些文献的原作者们致以诚挚的谢意。

由于作者水平有限，书中不足之处恳请读者朋友批评指正。

编者

2024年7月

目录

第 1 章　湾区经济概述

1.1　湾区概述　　1
1.2　湾区经济及其发展演变历程　　6
1.3　湾区经济发展的理论依据　　11
1.4　国内外典型湾区经济　　19
小结　　23

第 2 章　湾区数字经济概述

2.1　湾区数字经济的发展概况　　25
2.2　发展湾区数字经济的意义　　31
小结　　31

第 3 章　湾区数字经济的空间结构理论

3.1　湾区经济空间结构理论　　33
3.2　湾区数字经济的空间结构理论　　43
3.3　湾区数字经济空间结构的风险与管理　　48
小结　　50

第 4 章　湾区数字经济的产业融合理论

4.1　湾区经济产业融合理论　52
4.2　湾区数字经济产业融合理论　64
4.3　湾区数字经济产业融合发展的政策　71
小结　79

第 5 章　湾区数字经济的协同创新理论

5.1　湾区经济协同创新理论　81
5.2　湾区数字经济的协同创新理论　92
5.3　湾区数字经济协同发展思路　98
小结　101

第 6 章　旧金山湾区数字经济发展实践

6.1　湾区概况　103
6.2　湾区数字经济的空间结构概况　110
6.3　湾区数字经济的产业融合概况　112
6.4　湾区数字经济的协同创新概况　114
6.5　湾区数字经济发展启示　117
小结　118

第 7 章　纽约湾区数字经济发展实践

7.1　湾区概况　120
7.2　湾区数字经济的空间结构概况　125
7.3　湾区数字经济的产业融合概况　131
7.4　湾区数字经济的协同创新概况　134
7.5　湾区数字经济发展启示　138
小结　142

第 8 章　东京湾区数字经济发展实践

8.1　湾区概况	143
8.2　湾区数字经济的空间结构概况	154
8.3　湾区数字经济的产业融合概况	157
8.4　湾区数字经济的协同创新概况	160
8.5　湾区数字经济发展启示	163
小结	164

第 9 章　环杭州湾大湾区数字经济发展实践

9.1　湾区概况	166
9.2　湾区数字经济的空间结构状况	177
9.3　湾区数字经济的产业融合状况	180
9.4　湾区数字经济的协同创新状况	182
9.5　湾区数字经济发展展望	184
小结	187

第 10 章　粤港澳大湾区数字经济发展实践

10.1　湾区概况	189
10.2　湾区数字经济的空间结构状况	203
10.3　湾区数字经济的产业融合状况	211
10.4　湾区数字经济的协同创新状况	217
10.5　湾区数字经济发展展望	221
小结	223

第 1 章

湾区经济概述

学习目标

(1) 掌握湾区的定义、地理空间形态和分类。
(2) 掌握湾区经济的定义和湾区经济的形成条件。
(3) 熟悉湾区经济发展演变经历的阶段。
(4) 掌握湾区经济发展的理论依据。
(5) 了解国内外典型湾区经济。

1.1 湾区概述

1.1.1 湾区的界定

湾区是指由一个海湾或相连的若干个海湾、港湾、临近岛屿共同组成的一种特殊的滨海区域,即由海洋向陆地凹进、大陆板块包围海面或者接近包围海面、陆地与海面的边沿大致呈 U 形或弧形的滨海区域。

1. 区域

经济学中的**区域**,通常指特定的空间地理范围,是一个居民高度认同、地域完整、功能明确、内聚力强大的有机整体。经济区域通常可以分为同质区域和极化区域两种类型。同质区域又被称为均质区域,区域内部具有一定的相似性,往往共同拥有一个或一些特定的标志,如经济发展水平、产业结构、消费结构或者政治理念等,民族自治区的划分和大的区域板块划分都属于此类。极化区域又被称为结节区域,是通过要素流动把一些异质区域紧密相连从而形成强大内聚力的区域。极化区域通常有一个或多个中心节点,这些中心节点在区域经济发展中发挥增长极的作用,并与周边地区保持密切的经济联系,如都市带、城市群的划分等都属于此类。

2. 湾区

湾区则是区域划分的一种类型。湾区是依据海湾、港口、邻近岛屿等特定自然条件进行生产活动的滨海城市区域，是海岸带的重要组成部分，有着丰富的海洋生物、环境资源和独特的地理、生态、人文、经济价值。国际上通常用"湾区"来描述围绕海岸线连绵分布的由众多海湾、港口、城镇组成的具有强大功能协作关系的港口群和城镇群，比较接近极化区域中的都市带、城市群等的区域划分。

1.1.2 湾区地理空间形态

湾区主要存在于海岸带地区，通常包含一个或若干个海岸线向内陆凹陷的海湾、港湾以及相接壤的陆地及岛屿。由于海岸线的类型不同，湾区表现出不同的空间地理形态。总体上，湾区地理空间形态可以大致分为四类：全敞开型湾区、半敞开型湾区、链形或带形湾区、蟹肚形湾区。

1. 全敞开型湾区

全敞开型湾区一般没有大型天然屏障，与内河相连，外宽内窄，呈喇叭状，因此也被称为喇叭形湾区。全敞开型湾区有利于航船靠岸停泊，便于加强腹地对外的经济联系。粤港澳大湾区、杭州湾区等均属此类型。

> **杭州湾**
>
> 杭州湾位于中国浙江省东北部，北岸为长江三角洲南缘，南岸为宁绍平原，湾外为舟山群岛。杭州湾既是海湾也是钱塘江的入海口，湾底的地貌形态和海湾的喇叭形特征，使这里常出现涌潮或暴涨潮，以海宁潮（钱塘潮）著称，是中国沿海潮差最大的海湾。

> **粤港澳大湾区**
>
> 粤港澳大湾区是中国开放程度最高、经济活力最强的区域之一，在国家发展战略中拥有重要地位。它位于我国的珠三角地区，由香港、澳门 2 个特别行政区和广东省广州、深圳、珠海、佛山、惠州、东莞、中山、江门、肇庆 9 个珠三角城市组成，总面积约 5.6 万平方千米。
>
> 粤港澳大湾区地处我国水流量第二大的珠江入海口，中部是平原，分布在广州市以南，四周是山地、丘陵和岛屿。大湾区的珠三角是广东省平原面积最大的地区，地貌的形成是由于西、北、东三江携带的泥沙沉积而成。

粤港澳大湾区地处北回归线以南，是全球四大湾区纬度最低的地区。气候属于亚热带气候，气候温和，雨量充沛，日照时间长。

2. 半敞开型湾区

半敞开型湾区海岸呈环抱布局，形成面积较大的海湾，内部海湾与外部海洋相对隔离，湾区口直径较窄，形如口袋，也被称为口袋形湾区。由于被海岸环抱，受极端海洋天气影响较小，水面平稳，码头可沿口袋形海岸布置，面积开阔，易形成天然良港。东京湾区、旧金山湾区、波斯湾区等均属于此类。

东京湾区

东京湾是世界最优良的港湾之一，位于日本最大的平原——关东平原南部。东京湾区由"一都三县"即东京都、神奈川县、千叶县和埼玉县所组成，包括东京、横滨、川崎、千叶、横须贺等几个大中城市，是一个人口密集、经济发达的城市群地带，也是日本最大的工业区，占日本总面积的3.5%。湾区内的东京不仅是日本的经济中心，还在世界金融体系中占据显著地位。

东京湾区地形主要有河岸平原和海岸平原，还有少量的台地、低地、湿地和丘陵的分布，气候温和，降水丰沛，初夏有梅雨，夏秋多台风。

旧金山湾区

旧金山湾区位于美国的西岸、太平洋的东岸，是美国西海岸加利福尼亚州北部的一个大都会区，陆地面积18 040平方千米，人口超过760万。旧金山湾区位于萨克拉门托河下游出海口的旧金山湾四周，主要城市包括旧金山半岛上的旧金山、东部的奥克兰和南部的圣荷西等，地形主要以丘陵为主，气候是典型的地中海气候，夏季最高温度只有20℃，比较凉爽。

旧金山湾区港湾比较多，海运航运都比较发达。良好的地理条件为各大公司的入驻提供了有利条件。世界著名的高科技研发基地硅谷即位于湾区南部。旧金山湾区是世界上最重要的高新技术研发中心之一和美国西海岸最重要的金融中心，截至2018年，共有33家世界500强企业总部设立于此（全美第三，仅次于纽约、芝加哥）。

3. 带形或链形湾区

在带形或链形湾区内，码头通常沿着内河或峡湾分布，并凭借其交通、物流、信息等优势带动沿岸产业发展，衍生出与各城市中心城区相联系的联动产业带，形成开放创新、协同合作、集聚发展的港口经济形态。曼哈顿湾区、悉尼湾区等均属此类型。

> **曼哈顿湾区**
>
> 美国纽约曼哈顿湾区，地处美国东部哈德逊河与东河之间，是世界金融的核心中枢，其金融业、奢侈品、都市文化等都具有世界性的影响力。
>
> 曼哈顿湾区是CBD的发源地、美国的经济和文化中心，位于其中的华尔街，拥有纽约证券交易所和纳斯达克证券交易所，是世界金融名副其实的心脏。同时，美国7家大银行中的6家，2 900多家世界金融、证券、期货及保险和外贸机构均设于此，全美最大的500家公司，1/3以上的总部均设在曼哈顿湾区，"金融湾区"的名号当之无愧。

4. 蟹肚形湾区

蟹肚形湾区湾口直径较大，海水水面凸入内陆较深，与外海联为一体，湾区两端距离较远，受外部海洋气候影响较大，港口间的互动联系相对较弱。北部湾区、渤海湾区等均属此类型。

> **北部湾**
>
> 北部湾，是中国广东雷州半岛、海南岛和广西壮族自治区及越南之间的海湾，全部在大陆架上。大陆架宽约130千米，面积接近13万平方千米，比渤海面积略大。平均水深42米，最深达100米。北部湾地处热带和亚热带，时常受到台风的袭击，一般每年约有5次台风经过这里。
>
> 北部湾是我国大西南的海上通道，是中国大陆通往东南亚、非洲、欧洲和大洋洲航程最短的港口。这里石油、天然气和海洋生物资源丰富，沿岸浅海和滩涂广阔，是发展海水养殖的优良场所，驰名中外的合浦珍珠（又称南珠）就产在这里。
>
> 北部湾主要港口有中国湛江港、防城港、钦州港和北海港。

渤海湾

渤海湾是渤海最西部的一个海湾，南起山东省黄河入海口，北到河北大清河口，面积有1.59万平方千米。渤海湾沿岸的河流含沙量大，滩涂广阔，淤积严重，有黄海河、蓟运河和滦河汇入。

渤海湾属于暖温带海洋季风气候，冬寒夏热，四季分明，春秋短促，雨季较短。这里拥有丰富的油气资源，含油前景大。底栖生物和浮游生物也较多，并且拥有着我国最大的盐厂。

1.1.3 湾区的分类

按照湾区空间范围大小，可分为小尺度、中尺度、大尺度和超大尺度湾区。

（1）小尺度湾区：湾区海域面积较小，一般小于5平方千米，最大不超过10平方千米。小尺度的湾区两岸不仅在视野上可以互相看见，而且可以进行对话交流，水面是联系两岸的纽带，湾区两岸的交通联系完全靠陆地交通。这类湾区在进行城市空间建设时应该考虑到两岸的对话交流。

（2）中等尺度湾区：指湾区海面面积居中或宽度较适中，湾区两岸有视觉上的联系，但是没有对话交流，水面的隔离作用不明显，海湾两岸的交通联系有水路和陆路两种方式。这类湾区通常是城市的一部分，或隶属于某个行政区，如胶州湾、大连湾、英吉利湾等。

（3）大尺度湾区：指的是湾区海面面积较大，湾区两岸除了部分位置外，几乎没有视觉联系，更没有对话交流，水面完全将两岸隔离开来，水陆交通方式对两岸的人们出行起到很重要的作用，海面上架桥是一种缩短交通距离的有效方式。这类湾区通常周围有多个城市一起构成一个城市群或者经济圈，如渤海湾、东京湾、旧金山湾等，都是重要的经济圈。

（4）超大尺度湾区：指的是湾区海面面积很大，湾区两岸没有视觉联系和对话交流，两岸交通方式与大尺度湾区空间相一致。这类海湾大到可以被称作"海"，区域内可能包含很多小型和中型的海湾，如孟加拉湾、墨西哥湾、阿拉斯加湾等都是面积超过100万平方千米的超大尺度海湾，这类海湾区域通常包括多个国家。

表1-1 不同尺度的湾区及其特征

类 别	特 征	代表湾区
小尺度	湾区海域面积较小，小于5平方千米，不超过10平方千米	长岛、浅水湾
中尺度	湾区海域面积适中，海岸有水路和陆路两种交通，多为城市的一部分或隶属于某个行政区，20万平方千米以内	胶州湾、大连湾、湛江湾、英吉利湾
大尺度	湾区海域面积较大，通常周边有多个城市一起构成一个城市群或经济圈，在50万平方千米左右	东京湾区、粤港澳大湾区、旧金山湾区、纽约湾区
超大尺度	湾区内可能包括很多小型、中型的海湾，通常包括多个国家或地区，面积在100万平方千米以上	墨西哥湾、孟加拉湾

1.2 湾区经济及其发展演变历程

1.2.1 湾区经济的界定

湾区是依陆向海的开放空间，是区域的一种表现形态，而湾区经济则是湾区所衍生出来的经济效应，是以海港为依托、以湾区自然地理条件为基础发展而成的一种区域经济形态。在城市交通运输以船运为主的早期，水深适宜、避风良好以及腹地广阔的湾区往往都建有大型港口作为陆海联系的重要支点，从而有力推动港口地区经济、文化的发展，成为城市中较早发展起来的区域。借助优越的地理环境和交通条件，湾区在地域中越来越具有吸引力，大量的人口和产业开始向湾区迁移，交通和通信网络不断完善，这种趋势在循环累积因果作用下不断增强，最终导致人口和产业在湾区高度集中。因此，湾区经济是港口经济、集聚经济和网络经济高度融合而成的一种独特经济形态。

当今世界，湾区经济已经成为带动全球经济发展的重要增长极。世界银行数据显示，全球经济总量的60%来自港口海湾地带及其直接腹地，全球60%的大城市和多数世界顶级城市群均坐落在湾区，全球70%的工业资本和人口集中在距海岸100千米以内的海岸带地区。目前世界著名的湾区经济有纽约湾区、东京湾区、旧金山湾区、伦敦港、悉尼湾区等，其中东京湾区、纽约湾区和旧金山湾区被称为"世界三大湾区"。

1.2.2 湾区经济的形成条件

湾区拥湾抱海，形成港口、城市和产业等相互叠加的经济效应，衍生出开放创新、协同合作、集聚发展的湾区经济模式，但不是所有湾区都能发展湾区经济。世界湾区成千上万，在中国5平方千米以上的湾区就有200多个，为什么有些能发展湾区经济，其他则不能？纵览全球著名大湾区的发展过程与特点，可以发现这些大湾区往往拥有强大的经济体量、宜人舒适的自然环境、兼容并蓄的文化包容、高度开放的制度环境和高效率的资源配置能力，因此才成为区域乃至国家的经济中心，并且以其强大的辐射能力带动与控制周边甚至是全球经济的发展，成为全球经济发展的风向标。

1. 优越的地理条件

优越的湾区地理条件是湾区经济形成和发展的基础条件。湾区的地理环境差异影响湾区经济发展，如超大型海湾由于面积过大几乎不存在湾区所必须具备的交通便利、分工协同等优势，难以孕育出港口城市或由港口经济聚变而成的湾区经济，典型的例子是波斯湾，虽然拥有巨量石油资源，其港口均为石油输出港口，并未孕育出港口城市群甚至基本的城市化区域。同样，湾区面积过小亦不利于人口和产业集聚，难以发挥辐射带动作用。

2. 开放的经济结构

开放的经济结构是湾区经济发展的重要优势。湾区是陆地和海洋水域的接合处，具有天然的开放属性。借助港口发展，湾区在不断扩大的国际贸易中逐渐成为连接海内外市场的中转站和参与国际分工的桥头堡，容易形成外向型的产业和经济发展局面。湾区城市在开放发展中集聚大量的外来人口，成为不同文化交融的窗口，逐渐形成不同于一般内陆地区的更为开放包容的文明特征。多元文化又进一步促进湾区开放，激发和反哺湾区城市的创新发展。

例如，纽约湾区的对外贸易周转（trade working capital）占全美的五分之一，汇聚了150多个国家和地区的外籍居民，约占纽约总人口的40%；移民文化开放包容、多极多元，为纽约湾区营造出开放的氛围。

3. 强大的集聚外溢功能

集聚外溢功能是湾区经济发展的根本动力。开放型经济体系和包容的移民文化使得湾区集聚了丰富的人员、资本、技术、信息等发展要素，从而形成强大的产业集群带。产业集聚带来的基础设施和要素市场的公用性、产业连锁的便捷性、信息汇流的通畅性，有利于湾区经济实现规模经济效益。依托不断完善的产业链网络、交通网络和信息网络，湾区开始形成强大的集聚外溢功能，向周围地区溢出知识、信息、技术等发展要素，促进港口城市与湾区腹地实现产业互补，从而形成区域协同发展的整体合力。

例如，位于纽约湾区曼哈顿岛南部的华尔街是著名的国际金融中心，集聚了世界银行、证券、期货及保险等行业的精英，助力纽约湾区形成以金融业为引领的高端生产性服务业集群和以高端人才为支撑的创意产业集群。另外，大量的人口集聚促进了湾区旅游、餐饮、商贸等产业的发展，加上多元人口结构，推动纽约湾区形成活力四射、影响力巨大的大都市经济。

4. 完善的创新体系

完善的创新体系是湾区经济持续发展的重要引擎。湾区的高集聚性吸引了大量的信息和人才资源，大批具有研发功能的大企业、研究所和高等学府在湾区汇聚，通过产学研协作，有效激发区域创新活力，促进科研成果的转化。因此，湾区通常拥有完善的区域创新体系，通过积极的产业和技术创新，不断催生出新业态、新商业模式，引领地区乃至全球的产业发展方向。

例如，2019年世界500强企业中，有22家分布在纽约湾区，11家分布在旧金山湾区，39家分布在东京湾区，20家分布在粤港澳大湾区。这些大企业在研发方面投入巨大，创新成效显著。其中，旧金山湾区的硅谷是市场主导型高科技产业集群的典范。时任斯坦福大学副校长的弗雷德里克·特曼独具慧眼，发现高新技术产业对科学研究的依赖性，便成立斯坦福大学研究所，开辟工业园，帮助教师、学生创立发展公司，建立起斯坦福大学和当地企业之间的合作纽带。通过建立人才、技术、资金有效互动的区域创新网络，硅谷诞生了英特尔、谷歌、苹果和微软等高科技公司，迅速发展成为世界最成功的高技术产业开发区，也成为全球知识经济的发源地。

5. 高效的网络体系

高效的网络体系是湾区经济形成的重要支撑。湾区通常都会拥有发达的物质性网络（内外交通、信息网络等）和非物质性网络（要素流动网络、生产网络等），其发展由新的空间逻辑（流动空间）所支配，形成联结区域内外的多重空间网络。全球生产关系网络通过跨地域的资金流、物质流、信息流、人员流等各种网络流，把湾区内部城镇之间的各个部分连接到一起并加以协调。

以纽约湾区为例，纽约、新泽西和纽瓦克等主要港口群将上百条水运航线、14条铁路交通线、地下380千米交通线和公路网以及3个现代化空港相连并扩大至美国中西部地区，其港口货物运输量接近美国北大西洋集装箱货运市场的55%。

6. 宜人的居住环境

宜人的居住环境是湾区经济形成的重要因素。湾区发展通常拥有宜居的软硬环境，包括拥有便捷的基础设施，大大提升湾区绿色出行能力；同时，良好的生态休闲空间，能够为湾区的人们提供优质的生态环境，也就能吸引更多高端人士。并且湾区通常拥有较为健全的公共服务体系，可以给湾区居民提供更多更好的公共民生服务。特别是大多湾区都倡导绿色生活方式，相比之下其生态文化更丰富，也更适合人类居住。

以旧金山湾区的圣何塞市为例，其生态环境的宜居性吸引全球各种创新元素，汇聚美国1/3以上的风险投资公司，推动区域高科技孵化器建设，并云集如雅虎、苹果等世界知名科技企业。

1.2.3 湾区经济发展演变历程

湾区经济起源于港口，而港口城市则由具有大宗货物集散区位优势的港口逐步发展而来，在全球经济分工合作的大趋势下，港口各城市集聚形成区域性经济金融中心，进而形成具有极强带动作用的湾区经济。

始于15世纪的地理大发现使得世界经济的重心逐步向沿海倾斜，东方的香料、丝绸、瓷器、茶叶等从内陆汇集到沿海，再从沿海运达世界各地。自此以后，东、西方经济被绘制进同一张地图，所有的事物似乎都有了关联。这个全新的联结给作为货物聚集中转站的港口带来巨大利益，在相当长时间里，港口所在区域的繁荣与否同一些大国的兴衰紧密相连。

意大利的威尼斯作为亚得里亚海威尼斯湾西北岸的重要港口，曾经是欧洲的经济中心；后来，荷兰的阿姆斯特丹港发展海上贸易，从一个渔村发展为世界重要港口，进而成为荷兰第一大城市及经济金融中心；再后来，世界经济金融中心的位置落到了英国港口城市伦敦的头上；接下来由于两次世界大战重新绘制了世界政治、经济版图，世界经济金融中心转移到了大西洋对岸的港口城市纽约。

海湾区域及大河河口具有天然的开放属性，经济发达地区多出现在海湾区域及大河河口，沿海港口如今在世界经济发展中仍然占据优势。由于湾区通常具有较好的港口建设条件，便于综合开发利用海陆资源，往往成为海岸地带城市和经济社会发展的重要区域。根据世界银行统计，全球经济总量至少有一半集中在入海口，入海口经济的核心就是围绕港口而生的湾区经济。

在经济全球化时代，湾区经济由于其开放包容的属性，具有强大的集聚、吸纳以及知识技术外溢功能。湾区能够吸引大量优秀人才、有活力的企业以及大量资金，成为科技创新高地、创新思想的碰撞交流之地。湾区也往往成为世界一流滨海城市的显著标志，湾区经济成为带动全球经济发展的重要引擎。

跟传统的港口城市相比，湾区核心城市在世界版图中的地位已经不可同日而语。在美国掌管世界经济近一个世纪的时间里，诞生了纽约湾区和旧金山湾区这两个著名的湾区。20世纪后半叶，世界经济重心向东亚延伸，东京湾区开始成为美国之外的又一个区域性经济金融中心。

起源于沿海港口的湾区，从纯地理位置占据优势的湾区变为人口聚集的港口城市，再到区域性经济金融中心，甚至成为全球经济发展引擎，一般经历如下阶段。

（1）依赖于优良地理位置形成的港口经济。

湾区经济起源于港口经济。港口最初是为了实现货物中转功能，因此对地理位置的依赖性很强，优良的地理位置是港口最重要的优势。这一时期，港口作为货物转运、临时存放及收发的中转场所，运输与交易是分离的，主要是把货物在船舶与陆地之间进行转移，活动范围主要是港口内部，与港口所在地的联结不多，参与港口所在地的经济活动少，中转活动相对独立于所在地的经济活动。中转活动中的各个不同业务之间也相对独立，因此，地理位置显得尤为重要。

（2）港口经济活动融入当地经济而形成的传统港口城市。

传统港口城市由具有大宗货物集散区位优势的港口逐步发展而来。港口城市最初是货物中转的场所，传统的港口城市对地理位置的依赖性很强，全球经济融合使得对外贸易日益重要，优良的地理位置是其最重要的优势。20世纪50年代之后，随着港口货物运输活动的不断发展，货物运输中转不再独立于港口所在地的经济活动，而是在货物中转站充分利用港口所在地的资源，突破最初原始的货物收发活动，利用当地资源对货物中转提供高质量的配套服务、简单加工以及再销售，与货物运输相关联的产业也迅速发展。港口货物中转活动的延伸给当地提供了新的就业岗位，促进港口所在地的经济繁荣发展，吸引人们不断加入，随着人口聚集慢慢形成城市，港口内许多城市也形成了新的制造中心，港口经济不断被注入新的活力。

（3）由核心港口城市带动而形成区域性经济金融中心的湾区经济。

湾区经济作为区域经济形态，虽然最初的发展十分倚重区域及周边广阔腹地的承载扩充功能，但随着经济社会和科技的发展，核心城市在湾区经济发展中起着至关重要的引领作用，资本的趋利性使得资源向优势地区和领域集中，这是自由竞争的结果。

随着港口运输规模不断扩大，港口逐渐形成繁荣的中心城市，与中心城市的核心业务相配套的关联产业也由中心城市逐步向外围区域扩散，波及范围越来越大。港口的中心城市逐步成为区域性的经济金融中心、信息中心，掌握了信息和金融资源的核心港口城市一跃成为区域性经济金融的核心。中心城市地理位置越重要，业务量越大，往外围波及的范围就越大，在区域内就越易形成分工合作之势。湾区内的各城市之间虽然存在竞争，但是最终目标是实现整个湾区集体超越。湾区内的各城市之间在产业上各有比较优势，可以实现优势互补，而且湾区内的要素流动相对更自由，能够更好地实现资源优化配置。湾区内的各城市之间是在同一整体中的协作关系，整个湾区是在区域性经济金融的核心城市带动下的一体化的经济关联体。世界级典型大湾区都是以核心港口城市为中心，比如纽约湾区的核心城市纽约，东京湾区的核心城市东京等。

1.3 湾区经济发展的理论依据

湾区有其他地区不能比拟的独特的自然条件，其独特的地理位置是不可流动的天然要素，这使得湾区经济成为有别于其他地区的区域性经济体。湾区经济是区域经济的一种，是区域经济在某个特定地理范围内发展到一定程度的结果呈现，因此区域经济一体化的相关理论是支撑湾区经济发展的基本理论之一，除此以外，还有经济带动及增长相关理论、竞争优势理论、产业集群理论和创新理论等。

1.3.1 区域经济一体化理论

区域内经济一体化是为了提高区域内要素利用效率、形成经济合力而形成的，由于区域内的人文、政策、制度相对比较一致，与区域外进行经济交流时，更方便作为一个整体形成合力。区域经济一体化理论主要包括关税同盟理论和大市场理论。

1.3.1.1 关税同盟理论

关税同盟理论是美国经济学家雅各布·维纳（Jacob Viner）在1950年出版的《关税同盟问题》一书中提出的。关税同盟是指两个或两个以上国家缔结协定，建立统一的关境，在统一关境内缔约国相互之间降低或取消关税，对关境以外国家商品进口则实行共同的关税税率和外贸政策。所以，关税同盟一方面对内实行自由贸易，另一方面对外实行贸易保护，这两方面带来的贸易效应不同。关税同盟的贸易效应可以分为静态效应和动态效应。

1. 关税同盟的静态效应

关税同盟的贸易静态效应包括贸易创造效应和贸易转移效应。

（1）贸易创造效应。贸易创造效应是指几个国家缔结关税同盟后，同盟内某成员国原本在国内生产的产品被同盟内其他国家生产成本更低的进口品所替代，使得同盟国之间的贸易量增加。贸易创造效应使进口国国内资源的使用效率提高，从而提高生产效益；同时，由于通过专业化分工，使进口国消费者花费在该项进口品上的支出减少，把节省的支出用于其他产品的消费，从而增加该国社会有效需求，进一步使贸易量增加。

（2）贸易转移效应。贸易转移效应是指几个国家缔结关税同盟之后，某个缔约国改变了进口来源，原本从世界上生产效率最高、成本最低的国家进口某产品，现在由于生产效率最高的国家被排斥在关税同盟之外，转而从同盟内生产效率最高、生产成本最低的国家进口该产品，该缔约国的进口即从世界上生产效率最高的国家转移到同盟内生产效率最高的国家。

2. 关税同盟的动态效应

关税同盟在长期会对同盟国的经济结构产生较大的影响，这些长期影响称为关税同盟的动态效应，包括关税同盟的动态效应优势和动态效应劣势。

1）关税同盟的动态效应优势

关税同盟的动态效应优势主要包括以下几个方面：

（1）有利于成员国获得更大的规模经济效应，使得资源配置更加优化。关税同盟为成员国之间出口提供了有利条件，关税同盟的贸易创造效应使成员国之间相互出口扩大，出口国的生产者可以扩大生产规模，降低成本，享受规模经济的好处，同时可以增强成员国企业对非成员国企业的竞争力。

（2）有利于吸引同盟外的投资。关税同盟的建立对与同盟外国家的贸易会有一定排斥，非同盟国为了抵消这种不利影响，会尽可能地将原来的出口贸易变为投资，即将生产直接转移到关税同盟内原来出口的目标国，从而使得关税同盟成员国吸引非同盟国的投资有所增加。

（3）有利于在竞争中促进技术进步。关税同盟建立以前，各成员国已经存在的垄断企业在技术创新方面的外在压力小，形成关税同盟以后，由于在同盟范围内开放和经济一体化，垄断企业面临着其他成员国同类企业的竞争，为了保持垄断地位，只会加大研发投入，增强创新能力，因而从动态来看，关税同盟的建立有利于促进各成员国企业技术进步。

2）关税同盟的动态效应劣势

关税同盟的建立有可能促成新的垄断形成，因为如果关税同盟对非同盟的排斥性很强，那么这种排斥就会形成一种保护，产生新的垄断，从而阻碍技术进步。另外，关税同盟的建立可能会扩大关税同盟成员国不同地区之间经济发展水平的差距，因为关税同盟建立以后，资本会向投资环境好的地区流动，从而使不同地区之间经济差距拉大。

1.3.1.2 大市场理论

当经济一体化演进到共同市场之后，在一定区域内超越了国界，实现了商品和生产要素的自由流动，形成一个共同的大市场。大市场理论（Theory of Big Market）的提出者认为，各国以前推行狭隘的贸易保护政策，把市场分割得狭小而又缺乏适度的弹性，只能为本国生产厂商提供狭窄的市场，无法实现规模经济和大批量生产的效益。

大市场理论的主要内容有：①通过建立共同市场，使国内市场向统一的大市场延伸，从而获取规模经济效益，实现技术利益。市场的扩大使市场竞争更激烈，市场的优胜劣汰把一些经营不善的企业淘汰掉，具有技术优势的企业则在竞争中获胜，从而能够扩大生产规模，实现规模经济和专业化生产。②企业生产规模的扩大以及市场竞争最终会降低商品生产成本，从而降低价格，这会使得市场购买力提高，从而提高居民实际生活水平。③市场购买力和居民实际生活水平的提高，在乘数效应作用下，会进一步促进投资，增加投资规模，最终实现经济持续增长。

大市场理论是从动态角度来分析区域经济一体化所取得的经济效应，是针对共同市场提出的，其代表人物为西托夫斯基（T. Scitovsky）和德纽（J. F. Deniau）。共同市场在一体化程度上比关税同盟又进了一步，它将那些被保护主义分割的小市场统一起来，结成大市场，然后通过大市场内的激烈竞争，实现批量生产，带来大规模经济等方面的利益。德纽对大市场带来的规模化生产进行了描述，最终得出结论："这样一来，经济就会开始呈滚雪球式的扩张。消费的扩大引起投资的增加，增加的投资又导致价格下降，工资提高，购买力提高……只有市场规模迅速扩大，才能促进和刺激经济扩张。"西托夫斯基则从西欧的现状入手，提出西欧陷入了高利润率、低资本周转率、高价格的矛盾，存在着"小市场与保守的企业家态度的恶性循环"。因而，只有通过共同市场或贸易自由化条件下的激烈竞争，才能迫使企业家停止过去那种旧式的小规模生产而转向大规模生产，最终出现一种积极扩张的良性循环。

1.3.2 经济带动及经济增长相关理论

经济带动及经济增长相关理论，这里主要介绍内生增长理论和增长极理论。

1. 内生增长理论

内生增长理论主要有罗默的知识溢出模型、卢卡斯的人力资本模型、阿罗的"干中学"模型等。内生增长理论认为长期经济增长由内生因素决定，将技术进步转化为经济增长的内生动力，内生的技术进步是经济持续增长的不竭源泉。

由于劳动力投入会逐步积累人力资本，人力资本积累是劳动力获取新知识、新技能的过程。而物质资本生产及积累过程中，因为竞争刺激劳动力将新知识运用于生产，从而产生创新，即人力资本与物质资本相结合产生技术进步，技术进步使物质要素投入的收益递增，经济出现持续增长，因此经济增长是内生化的。

内生增长理论说明了经济增长的源泉从重视资本积累转向通过创新，尤其是通过技术创新提高全要素生产率，该理论为湾区经济进行创新以促进经济增长提供了理论上的支撑。

2. 增长极理论

增长极理论是由法国经济学家佩鲁在1950年首次提出的，该理论说明了选择特定的地理区域作为增长极，能够带动更大范围地区的经济发展的重要作用。经济学中增长极的概念由物理学的"磁极"概念引伸而来，认为受力场的经济空间中存在着若干个中心或极，产生类似"磁极"作用的各种离心力和向心力，每一个中心的吸引力和排斥力都产生相互交汇的一定范围的"场"。佩鲁认为，如果把发生支配效应的经济空间看作力场，那么位于这个力场中的推进单元就可以描述为增长极。增长极是围绕推进性的主导工业部门而组织的有活力的高度联合的一组产业，它不仅能迅速增长，而且能通过乘数效应推动其他部门增长。因此，增长并非出现在所有地方，而是以不同强度首先出现在一些增长点或增长极上，这些增长点或增长极通过不同的渠道向外扩散，对整个经济产生不同的最终影响。他借喻了磁场内部运动在磁极最强这一规律，称经济发展的这种区域极化为增长极。

增长极理论认为，一个国家要实现平衡发展只是一种理想，在现实中是不可能的，经济增长通常是从一个或数个"增长中心"逐渐向其他部门或地区传导。因此，应选择特定的地理空间作为增长极，以带动经济发展。这个增长极可以是部门的，也可以是区域的。区域经济发展主要依靠条件较好的少数地区和少数产业带动，应把少数区位条件好的地区和少数条件好的产业培育成经济增长极。在此理论框架下，经济增长被认为是一个由点到面、由局部到整体依次递进的有机联系的系统，其表现形式包括各类别城镇、产业、部门、新工业园区、经济协作区等。

区域经济中的增长极可认为是由推进型产业及其相关产业的空间集聚而形成的经济中心，它具有较强的创新和增长能力，并能通过扩散效应以自身的发展带动其他产业和周围腹地的发展。区域增长极具有以下特点：在产业发展方面，增长极通过与周围地区的空间关系而成为区域发展的组织核心；在空间上，增长极通过与周围地区的空间关系而成为支配经济活动空间分布与组合的重心；在物质形态上，增长极就是区域的中心城市。增长极理论为湾区经济建设提供了理论支撑，说明核心城市和上游产业能够对所在区域产生较强的带动作用。

1.3.3 竞争优势理论

20世纪80年代以来，美国哈佛大学迈克尔·波特相继发表了他的著名三部曲：《竞争战略》（1980年）、《竞争优势》（1985年）和《国家竞争优势》（1990年），从而提出并完善了竞争优势理论。波特在国家竞争优势学说中指出，一个国家之所以能够兴旺发达，其根本原因在于该国的国际竞争优势，这种竞争优势源于一个相互增强的"钻石"系统，在这个系统中，有4个关键因素影响一国在国际市场上建立和保持竞争优势的能力。这4个因素是：

（1）生产要素。波特把要素区分为自然资源、气候、地理位置、非熟练半熟练劳动力、债务资本等基础要素和通信设施、受过高等教育的人才、研究设施等高级要素。波特认为高级要素对竞争优势的获得是最重要的。

（2）国内需求。波特认为，高层次的国内需求有利于本国的需求走在世界需求的前列，从而建立起自己"一朝先，步步先"的竞争优势；另外，扩大国内需求也有利于形成规模经济、提高产品质量、档次和服务水平，使本国在世界市场具有很强的竞争力。

（3）相关的支持产业。相关的支持产业是指企业所有相关产业及供应商的竞争能力。任何行业要在国际市场上领先，必须要求其供货商和其他相关产业也是世界一流的，与之相对应，很多国家的优势产业往往表现为优势产业群，这样会产生范围经济效应。

（4）企业战略、结构和竞争。波特认为，不同国家有差异程度不同的企业战略和结构，这些战略和结构对于形成竞争优势也是很重要的。同时国内竞争对培养竞争优势具有特殊作用，因为激烈的国内竞争最终迫使国内企业放眼全球，尤其是当有规模经济时，国内竞争者会竞相寻找外国市场以获得更高的效率和收益。

在这个"钻石"系统中，还有政府和机会两个变数：①政府的作用。政府在增强国家竞争力中起着单个企业不具备的作用，如能为企业创造有利环境。②机遇。机遇包括重要发明、技术突破、生产要素与供求状况的重大变动以及其他事件，等等。这些突发事件造成调整产业结构和在变化竞争优势中起重要作用的不连续性。一些国家很可能把这些突发事件转变成竞争力优势。

波特指出，上述4个方面因素和2个变数相互影响、相互作用，共同构成了一个动态的激励创新的竞争环境，继而产生一些在国际市场上具有竞争力的明星产业。

1.3.4 产业集群理论

产业集群理论出现于20世纪80年代，产业集群的概念最早由迈克尔·波特提出。产业集群理论是指在一个特定区域的一个特别领域，集聚着一组相互关联的公司、供应商、关联产业和专门化的制度和协会，通过这种区域集聚形成有效的市场竞争，构建出专业化生产要素优化集聚洼地，使企业共享区域公共设施、市场环境和外部经济，降低信息交流和物流的成本，形成区域集聚效应、规模效应、外部效应和区域竞争力。

波特从竞争力的角度对产业集群的现象进行了系统的分析，他认为产业集群的出现是在某一特定的产业区域内，相互之间存在联系且在地理位置上靠近的公司和其关联的机构，由于具有一定的共性和互补性而联系在一起。一个区域的产业竞争力与区域内的企业自身发展的竞争力是紧密相关的，波特对10个工业化国家进行调查后得出，产业集群是工业化进程中必然存在的现象，而且产业集群存在于各个发达国家的经济体中。产业集群的出现会极大地促进区域经济快速增长，从整体上为区域带来竞争优势，所以很多国家和地方政府都重视发展产业集群。

产业集群能够加强相关机构、政府以及其他组织在区域内的紧密联系，促使这些主体从区域整体出发，相互之间协调发展，与周边区域进行合作，而不是只关注个别产业和区域。比如湾区中的核心城市和外围城市形成高度协同的发展模式，湾区内的城市就会形成产业集群。

1.3.5 创新理论

创新是经济增长不竭的源泉，第一个系统地、完整地描述创新理论的是约瑟夫·熊彼特（J. Shumpeter），他提出了熊彼特创新理论。熊彼特去世后，其追随者沿着他开创的道路进行了规范，并在实证方面进一步探索，形成了两条相对独立的研究路线：①以技术变革和技术推广为研究对象的技术创新论；②以制度变革和制度推进为研究对象的制度创新论。

1. 熊彼特创新理论

熊彼特创新理论从提出到盛行，经历了近百年的曲折过程。1912年熊彼特在德文版的《经济发展理论》中提出"创新"这一新概念，由于他的思想和观点有点过于异端，他的创新概念当时并未引起人们注意。1933年熊彼特在《商业周期》一书中，把"创新"界定为：建立一种新的生产函数或供应函数，即"企业家对生产要素或生产条件进行新的组合"。熊彼特用创新理论来解释经济周期和经济增长问题，创新理论逐渐引起经济学界和科技界的重视。熊彼特的创新概念含义是广泛的，不仅包含技术创新，还涵盖了产品创新、工艺创新、市场创新和组织创新，等等。熊彼特理论的主要内容包括以下几个方面：

（1）创新概念及其内涵。熊彼特认为，创新是把生产要素和生产条件的新组合引入生产体系，即"建立一种新的生产函数"，其目的是为了获取潜在的利润。这种创新或生产要素的新组合，具有五种情况：一是生产新的产品，即产品创新；二是采用一种新的生产方法，即工艺创新或生产技术创新；三是开辟一个新的市场，即市场创新；四是获得一种原料或半成品的新的供给来源，即材料创新；五是实行一种新的企业组织形式，即组织管理创新。这种创新概念强调把技术等要素引入经济，使技术与经济相结合。因此创新是一个经济学的概念，是指经济上引入某种"新"的东西，不能等同于技术发明，只有当新的技术发明被应用于经济活动时，才能成为"创新"。

（2）创新的主体：企业家。熊彼特认为："我们把新组合的实现称为'企业'；把职能是实现新组合的人们称为'企业家'。"企业家活动的动力源于对垄断利润或超额利润的追逐。其目的或结果是实现"新组合"或创新。按照熊彼特的观点，企业家的创新活动是经济兴起和发展的主要原因，创新的承担者（主体）只能是企业家。

（3）实现创新的制度条件：资本市场的建立和良好运转。熊彼特认为，在资本主义制度下，资本与高度发达的信用制度是企业家实现创新的必要条件。他认为资本不是具体的商品，而是可供企业家随时提用的支付手段，是企业家和商品之间的桥梁。信用使得个人能够在某种程度上不依靠继承的财产而独立行事，信用对企业的最初建立是必要的，信用机制一旦建立就会占领旧的组合。总的来看，资本市场的建立和良好运转是实现创新的基础。

（4）实现创新的途径包含两种模型。模型一，认为实现创新主要靠企业家来推动，该模型高度重视和十分强调企业家的创新作用；模型二，认为垄断企业在创新中发挥巨大作用，指出"完全竞争不仅是不可能的，而且是低劣的，它没有权利被树立为理想效率的模范"。事实上,大企业已经成为经济进步的有力的发动机,尤其是已成为"总产量长期扩张最有力的发动机"。

(5)创新与经济发展的关系。熊彼特认为,创新是一种创造性的破坏。创新的过程,是不断破坏旧的结构,不断创造新的结构的过程,是一个创造性的破坏过程。在创新的持续过程中,具有创新能力和活力的企业蓬勃发展,导致一批批老企业被淘汰,一批批新企业在崛起,促使生产要素实现优化组合,推动经济不断发展。持续创新,持续破坏,持续优化,持续发展,这就是创新的经济发展逻辑。

(6)创新与经济周期的关系。熊彼特认为,创新会导致经济增长,但这种增长呈现周期性。由于创新者不但为自己赢得利润,而且为其他企业起到示范作用,开辟了经济增长的道路,因此,创新一旦出现,往往会引起其他企业模仿。普遍的模仿,则引发更大的创新浪潮,于是经济走向高涨。当较多的企业模仿同一创新后,创新浪潮便消逝,出现停滞。只有新一轮的创新,才能保证经济再度出现增长。资本主义经济增长的过程就是通过繁荣、衰退、萧条和复苏的周期过程而实现的,而创新是决定这种周期的主要因素。

熊彼特创新理论的主要贡献在于:①开创了对创新问题的研究。主流经济学家认为经济学应主要研究商品的供给与需求问题。相当长一段时间,技术、制度问题是在经济学视野之外的,熊彼特则认为创新是经济发展的原因,通过创新理论为经济学研究提供了新的研究方向和分析框架。②熊彼特看到了创新不仅是技术创新,还包括制度创新。他认为企业应该重视研究和开发活动,进而增加市场的集中度;他对制度的创新主要强调信用制度的重要性。

2. 技术创新理论

20世纪50年代以后,以微电子技术为核心的新技术革命兴起,资本主义经济出现了长达近20年的"黄金期",许多国家的经济在五六十年代取得高速增长,这种增长已不能用传统的资本、劳动力等要素简单地加以解释了。由此,经济学家开始对技术与经济发展的关系产生兴趣,技术创新论得以发展。技术创新论以新熊彼特学派和新古典学派两个流派为主要代表。新熊彼特学派从技术推广、扩散和转移,以及技术创新与市场结构之间的关系等方面对技术创新进行了深入的研究。技术创新的新古典学派以索罗(Solow)、罗默(Romer)、卢卡斯(Lucas)、阿罗(Arrow)为代表,认为技术与其他商品一样存在公共商品、创新收益的非独占性、外部性等市场失效情况,政府干预将极大地促进技术创新的进行,并且认为技术创新是经济增长的内生变量,是经济增长的基本因素。

3. 制度创新理论

该理论以两个流派为代表：一是以加尔布雷斯、缪尔达尔、海尔布伦纳等人为代表的制度学派。该学派以现行体制的反对派和批判者的身份，对现存制度进行抨击，认为应从根本上改变现存制度才能促进创新，被学界称为新马克思主义派，终因结构松散而遭到弗里德曼等主流经济学家的攻击和嘲讽，不为主流经济学者所推崇，在学界影响不大。二是以科斯、诺斯为代表的新制度经济学派。该学派以新古典经济学的方法研究制度，因而被当代主流经济学派所接纳，在学术界占据了举足轻重的地位。他们利用在西方经济学中居主流地位的新古典经济学的一般静态均衡和比较静态均衡方法进行制度分析，使新古典经济学获得了对现实经济问题的新解释，大大拓展了新古典经济学的应用领域，在学术界造成重大影响。该学派的基本思想是：由于存在交易成本，制度将影响到资源配置的效率；市场失败是存在的，但解决的关键在于制度安排。该学派认为历史上经济增长的源泉来自有效率的制度安排，而不是单纯的技术革新和进步，技术革新和技术进步是经济增长的表现，而不是源泉；制度在经济运行过程中具有内生性与稀缺性，经济增长的关键在于制度因素。

1.4 国内外典型湾区经济

世界上有影响力的湾区通常由多个核心城市共同构成，湾区的聚集性经济已经成为大国强国的象征，当今世界经济发展最好、竞争力最强的城市群，都集中在沿海湾区。目前国际著名的湾区主要有纽约湾区、旧金山湾区和东京湾区，这些湾区是世界级的经济金融中心、航运中心以及创新中心，对湾区所在国的美国和日本经济的兴盛功不可没。其中，纽约湾区的经济规模居世界湾区第一位，也被视为世界"湾区之首"。

中国地理形态上知名的湾区有珠江口湾区即粤港澳大湾区、环杭州湾大湾区、环渤海大湾区、北部湾区等，经济总量大、开放程度高的湾区主要有粤港澳大湾区和环杭州湾大湾区，环渤海大湾区的建设也越来越受到重视。

1.4.1 中国典型湾区经济

1. 粤港澳大湾区

粤港澳大湾区由广州、深圳、东莞、佛山、肇庆、惠州、珠海、中山、江门等珠三角9个城市和香港、澳门2个特别行政区组成,各城市主要围绕珠江入海口形成一个大的湾区,是目前我国现有湾区中发展最成熟的湾区,是中国开放程度最高、经济活力最强的区域之一。粤港澳大湾区的建设从学术界开始探讨到地方政府考量,再上升到国家发展战略层面,历时20余年。粤港澳大湾区的建设已经写入党的十九大报告中,目标是打造国际一流大湾区。

粤港澳大湾区中的核心城市呈现多极化发展的趋势,各核心城市是我国海上丝绸之路的重要引擎,是对外开放的重要平台。各核心城市中,香港在经济上定位最高,是全球金融中心、贸易中心及物流中心。香港作为经济贸易自由港,为粤港澳大湾区内的其他区域提供企业融资、吸引国际投资者等方面的支持,引领大湾区内的其他区域在经济上与世界经济接轨。澳门则定位为世界旅游休闲中心和葡语国家交流平台中心。香港和澳门起着促进向外发展、加强对内融合的功能和作用。广州定位为岭南文化中心及华南重工中心,深圳定位为具有国际影响力的创新创意之都。

粤港澳大湾区由于包含了香港和澳门2个特别行政区,相对于国内其他湾区而言,政治、经济体系更加多元、开放。粤港澳大湾区的人口密度大,大约是全国平均水平的20倍左右,涉及的人群面广,核心文化是岭南文化,另外还荟萃了特区文化、西方文化等。粤港澳大湾区经济与世界典型湾区经济相比,每一个核心城市的聚合能力还十分有限,湾区经济体系还处于不断探索完善之中。

2. 环杭州湾大湾区

环杭州湾大湾区地处长三角地区,是已被提上建设议事日程中的中国第二个经济大湾区,是中国唯一河口型海湾,地处长三角洲南翼的黄金区域,包括上海、杭州、嘉兴、湖州、绍兴、宁波、舟山等7个城市,位于中国经济增速最快、总量规模最大、最具发展潜力的经济板块。

环杭州湾大湾区被认为是中国综合实力最强的经济中心、亚太地区重要的交易门户、全球重要的先进制造业基地以及中国率先跻身世界级城市群的地区,高新技术产业在全国具有举足轻重的地位。环杭州湾大湾区具有中国内地顶尖的金融服务、强大的技术研发能力,以及较完整的经济产业链,尤其是杭州这个世界领先的金融科技中心,是更接近实现"数字经济"的城市。在被视为未来重要数字化经济的区块链、人工智能等技术方面，杭州拥有全球最多数量的专利。

3. 环渤海大湾区

环渤海大湾区是中国 3 个较大湾区中辐射面积最大的湾区，包括京津冀、山东半岛和辽东半岛等 3 个相对独立的次级经济区域。

环渤海大湾区扼黄河入渤海的出海口，河网密布，靠近韩国和朝鲜，历来是东北、华北、华中地区对外联系的重要通道，是我国东部沿海地带重要的交通枢纽。大湾区往东，是隔海相望的韩国和朝鲜；往西，是京津冀地区以及广阔的中部城市群；往北，是辽东半岛；往南，是山东半岛。内强腹地，外接朝韩，有助于重塑周边经济。与前面两个湾区不同，由于地形地貌的天然分割，环渤海大湾区 3 个独立的次级经济区尚难整体形成合力，整体开发格局一时还难以形成。

1.4.2 国外典型湾区经济

国际一流湾区主要有纽约湾区、旧金山湾区和东京湾区等三大湾区。其中，纽约湾区创造出华尔街的辉煌，是国际化资本集聚与物流枢纽型的湾区，跨国公司总部、金融机构和交易所云集，是国际金融中心；旧金山湾区诞生了美国硅谷，是知识驱动型湾区，拥有 20 多所高等院校和数量众多的创新型企业，是科技中心；东京湾区的临港经济是以港口群为依托的工业基地型湾区，是制造业中心。从实践经验来看，国际大湾区已经成为带动全球经济发展的重要增长引擎和引领技术变革的领头羊，发挥着引领创新聚集辐射转型升级的核心驱动作用，世界三大湾区经济的快速发展，为全球经济的前进提供了巨大的动力。

1. 纽约湾区

纽约湾区位于美国东北部大西洋沿岸平原，由纽约州、波士顿、华盛顿、康涅狄格州等 31 个州市联合组成，湾区内有多所世界著名大学和多家世界著名金融机构，纽约湾区从 19 世纪中期借助港口优势、技术创新、政策等内外因素，快速发展成了世界湾区之首。目前，纽约湾区已经形成差异化布局的三大产业发展集聚区。纽约以金融业、电子无线通信、传媒业为主导，是全球最大的金融中心；新泽西则以制药业、专业技术服务业为主导；而康涅狄格是以传统的军事工业和生物医药、金融保险业为主导。纽约湾区内的各城市分工协作，功能定位合理，形成了多元化和互补性的产业结构。

2. 旧金山湾区

旧金山湾区位于美国加利福尼亚州北部，是加州第二大都会区，是美国经济的引擎和风向标之一。旧金山湾区包括旧金山、圣何西和奥克兰等三个中心城市，世界著名的高科技研发基地——硅谷即位于此，苹果、谷歌、英特尔和 Facebook 等高科技企业的总部均设于硅谷，其他一些顶尖的高科技企业的关键研发部门也往往设于此地。

旧金山湾区早在殖民时期就是一个军事要塞及传教地，殖民者还利用湾区适宜的自然条件发展农业和畜牧业，后来由于发现了黄金，吸引了大批移民淘金。在淘金热的影响下，旧金山湾区逐步进入工业化的时期，率先快速发展起来的就是采矿业，而后随着移民数量不断增加，对生活必需品的需求也日益多样化，金属冶炼业、建筑业、造船业和肉类加工等企业先后发展起来，同时湾区的轻工业和重工业得到快速发展，形成了较为完整的工业体系。这一时期，旧金山湾区内的旧金山市成为金融中心，出现了银行等金融机构，主要经营一些简单存款和贷款业务。

20 世纪 80 年代后，旧金山湾区进入工业化高速发展的时期。由于房价及劳动力成本不断增加，湾区内的产业结构逐步调整，由制造业转型为服务业。旧金山市是湾区内最早进行产业结构调整的。通过调整，旧金山市逐渐形成以金融业、商业贸易、服务业、旅游业为主，制造业、工业为辅的产业结构。作为美国西部的金融中心，旧金山市的金融业务也进一步细化，金融机构开始分业经营，银行、保险及证券等业务各自分开。

旧金山市产业结构调整促使一些产业转移出去，由周边城市承接，如奥克兰市因承接了旧金山市的企业和资金转移而发展壮大起来。

旧金山湾区的产业结构在二战后由制造业向高新科技产业转型，在这一过程中，硅谷的崛起起到了决定性的作用，为旧金山湾区贴上了世界科技创新中心的标签。旧金山湾区吸引了来自世界各地的创新人才和资源，发达的金融业提供了充足的资本保障，企业和高校相互之间合作共赢，旧金山湾区进入以创新经济为主导的时代。科学技术的不断创新成为美国旧金山湾区产业结构升级和经济快速发展的驱动力，同时科学技术的不断创新与突破也加速了旧金山湾区高新技术产业的发展。

3. 东京湾区

东京湾区位于日本本州岛关东平原南端，该湾区形成了以东京为中心、以关东平原为腹地，包括横滨、川崎、千叶等大中城市在内的多元城市空间结构，面积约为 1.36 万平方千米。东京湾区内的各大城市产业互补明显，有效地避免了同质化发展而引起的不良竞争。其中，东京既是政治中心也是经济中心，着重发展创新经济和服务经济，是湾区内的龙头；琦玉县是东京都的副都，重点承接东京都外围的行政、居住、商务职能；千叶县是商务与货运中心，拥有成田机场和千叶港口，重点发展临空经济，国际物流、港航物流是主导产业，同时也是机械、钢铁等产业聚集地；横滨凭借横滨港承担对外贸易功能，发展成为国际贸易中心；川崎拥有川崎国际港湾，主要承担原材料和制成品进出口功能；京滨、京叶是日本最大的重工业和化学工业基地，钢铁、石油化工、现代物流、装备制造和高新技术等是主导产业；茨城则集聚了一大批高校和科研机构，信息产业是主导产业。历经百年的发展，东京湾区已经发展成为产业体系健全、服务功能完善、生态友好、生活宜居的世界一流城市群。

小结

湾区经济起源于港口，而港口城市则由具有大宗货物集散区位优势的港口逐步发展而来，在全球经济分工合作的一体化大趋势下，港口各城市聚集形成区域性经济金融中心，进而形成具有极强带动作用的湾区经济。

湾区有其他地区无法比拟的独特的自然条件，其地理空间形态可以大致分为四类：全敞开型湾区、半敞开型湾区、链形或带形湾区、蟹肚形湾区。湾区独特的地理位置是不可流动的天然要素，这使得湾区成为有别于其他地区的区域性经济体。

湾区经济是区域经济的一种，是区域经济在某个特定地理范围内发展到一定程度的结果呈现，因此区域经济一体化的相关理论是支撑湾区经济发展的基本理论之一，除此以外，还有经济带动及增长相关理论、竞争优势理论、产业集群理论和创新理论等。

思考题：

1. 湾区的地理空间形态有哪几种？
2. 湾区经济的定义？
3. 湾区经济发展演变大体上经历了哪些阶段？
4. 湾区经济发展的理论依据主要有哪些？
5. 国内外典型湾区经济主要有哪些？

参考文献

[1] 约瑟夫·熊彼特.经济发展理论[M].北京:商务印书馆,1990.
[2] 杨沐,李明波.粤港澳大湾区建设理论与实践[M].广州:华南理工大学出版社,2019.
[3] 汪彬,杨露.世界一流湾区经验与粤港澳大湾区协同发展[J].理论视野,2020(5):68-73.
[4] 黄勇,陈文杰.对湾区经济的一些认识和思考[J].全球化,2019(1):67-85.
[5] 刘欣博.美国旧金山湾区高新技术产业创新体系研究[D].长春:吉林大学,2020.
[6] 林先扬,谈华丽.粤港澳大湾区知识读本[M].广州:广东人民出版社,2019.

第 2 章

湾区数字经济概述

> **学习目标**
>
> （1）了解数字经济的基本概念。
> （2）熟悉湾区数字经济的发展状况。
> （3）理解发展湾区数字经济的意义。

当前，数字经济正在加速与经济社会各领域深度融合，已经成为引领经济社会发展的先导力量，在加速经济发展、提高现有产业劳动生产率、培育新市场和产业新增长点、实现包容性增长和可持续增长中发挥着重要作用。湾区数字经济产业生态优越，知识储备充足，人力资源丰富，风投资本密集，科技研发、转化能力突出，创新要素吸引力强，必将成为全球数字经济的新高地。

2.1 湾区数字经济的发展概况

湾区经济的发展是一个随着社会经济发展而不断升级的过程。湾区经济最初得益于运输物流，是由港口的特殊地理位置带来的。随着经济发展和贸易不断扩大，在中转时增加对货物的简单加工，由此在港口形成与货物中转集聚相关的制造业。货物中转及制造业的发展需要金融、保险等为之服务，港口的繁荣和开放吸引大量人才聚集。人才和产业聚集之下，各行业竞争加剧，激发不断研发创新，创新需要科技发展，由此湾区经济形态不断升级。科技发展经历网络化、智能化之后进入数字化时代，数字技术不断向社会经济领域的方方面面渗透，极大地影响了生产、生活和社会经济运行模式，使生产和服务效率不断提高。

2.1.1 湾区数字经济发展的基础

1. 良好的制度设计是湾区数字经济健康协调发展的保证

湾区是由天然地理位置形成的特定区域，可能有多个分属于不同行政区域的大大小小的城市，湾区经济是区域经济发展的高度协调。湾区内的产业分工、城市基础建设可能会涉及不同行政区域、政策制度的协调。如果没有良好的制度设计进行协调规范，区域内可能会出现矛盾，形成内耗，降低经济运行效率，不利于湾区经济健康运转。

为了避免湾区内的各个港口陷入恶性竞争，政府应该从整体上对各个港口的主要职能进行协调规划，让各个港口进行分工与合作，各自的侧重点有所不同，将湾区作为一个整体，从而共同促进湾区经济健康协调发展。

比如世界著名湾区旧金山湾区是由多个县、众多的大小城市组成，为了协调区域内各个城市之间的矛盾和问题，推动湾区协同发展，旧金山建立了合适的区域治理机制，成立了各行业和政府协会以及专业委员会，负责专项领域的建设、管理和协调。

再比如我国的粤港澳大湾区更是具有其特殊性，它是"一国两制、三个法域和关税区、三种货币"共存的制度异质性的跨区的湾区经济体，涉及不同的法律制度，不同的税收、货币制度，更需要从整体上进行协调，才能保证湾区经济健康协调发展。

2. 湾区的开放性、包容性是湾区数字经济发展的充分条件

湾区经济最初的繁荣发展源于湾区所在地的地理位置优势。湾区地理位置天生就具有开放性，开放意味着走出去和引进来。地理位置的天然优势能否发挥，还要看人文理念上是否具有开放性和包容性，只有开放和包容才能外引内联，充分发挥湾区地理位置的天然优势，整合湾区内外的优势，在湾区形成产业集聚，在分工与合作中形成具有共同利益的一体化的湾区经济。

比如美国旧金山湾区的硅谷，高科技从业人员有很多来自于美国境外，旧金山湾区的开放和包容，既为优秀人才提供了用武之地，也让他们为提升湾区经济作出了贡献。

世界"湾区之首"的美国纽约湾区也一样，纽约相当于是一个移民城市，外籍居民占将近一半。纽约既是美国最大的商贸中心、最大的港口城市，同时也是国际金融中心。最初由于纽约湾区优良的地理条件使得物流、资金流在此汇聚，逐步促使纽约成为国际金融中心，国际金融中心地位使纽约湾区经济乃至美国经济都获得了巨大的利益。

东京湾区的经济模式是日本整体经济模式的缩影，"大进大出""两头在外"的"贸易立国"模式更需要开放，东京湾区得益于其地理位置的天然优势，聚集各种资源而成为国际性金融中心之一。

3. 创新是湾区数字经济发展的不竭动力

湾区若仅仅只是依靠港口优良的地理位置优势来持续推动湾区成为区域性或全球经济核心是很难的。地理位置优势只能提供初始发展动力，因为全球有先天地理优势的港口有很多，但并不是所有的港口都能发展成为区域性或全球经济核心，要想获得持续竞争力，还得靠后天的创新。

一个地区的开放既包括走出去，也包括引进来。引进来需要包容，走出去则需要创新。湾区的发展若仅仅停留在港口货物装卸中转及运输，则无法成为某一区域的经济中心。随着港口货运不断发展，湾区若能利用先天优势吸纳各类人才汇集，在区域内进行分工与合作，同时相互之间也形成竞争，有激励有竞争，才能形成创新的动力和压力。只有创新才能使先天优势持续发挥作用，创新是湾区成为区域性或全球经济核心的不竭动力。

随着互联网发展，湾区与外界的关联度更高，新的商业模式、新的技术手段、新的颠覆性理念更容易在具有开放和接纳特性的湾区凸显出来。新经济以创新的名义，吸纳了大量资金，对传统行业进行改造，使得技术、人才和配套的金融服务紧密结合，湾区则借此强化了本区域或全球经济核心的地位。港口的地理资源优势被湾区经济创新的活力所取代，创新是湾区经济长远发展的不竭动力。

2.1.2 国内典型湾区数字经济发展状况

数字经济是在农业经济、工业经济之后的一种经济形态，从与以往的经济形态的关系来看，包括数字产业化和产业数字化两方面。数字产业化主要是指信息产业，具体包括电子信息设备的制造、销售、租赁以及电子信息传输服务，计算机服务和软件服务业等；产业数字化是指传统产业应用数字技术，从而实现产出效率的提升，可以通过信息产业对传统产业的投入与产出来衡量传统产业经济的数字化程度。

近年来我国数字技术发展越来越快，应用领域越来越广泛。我国典型湾区粤港澳大湾区和环杭州湾大湾区由于其开放包容性，以及大量资本和人才聚集，成为推动数字技术的经济应用，以及引领数字经济高速发展的中坚力量，使数字技术向经济社会各领域不断渗透，从而推动经济更快增长。但也应该看到，我国典型湾区虽然具备一定的创新能力，但是在关键核心技术方面还存在瓶颈，与国外典型湾区数字经济发展相比还存在一定差距。

1. 粤港澳大湾区数字经济发展状况

粤港澳大湾区作为我国对外开放程度最高、经济活力最强的区域之一，在推动数字技术应用于实体经济方面也走在我国前列，是我国数字经济发展的高地。但是粤港澳大湾区内也存在发展进程不平衡问题，由于各城市经济基础、产业结构、资源要素禀赋等存在显著差异，粤港澳大湾区数字经济规模区域分化明显。从数字经济总量上看，深圳与广州数字经济规模已达万亿元级以上，是广东省数字经济发展的动力来源，香港数字经济在稳步发展，澳门公共服务数字化水平也在不断提高，但珠三角其他城市与深圳、广州的差距还很大，数字经济发展仍处于加速追赶阶段。

粤港澳大湾区区域内部数字经济发展差距甚至大于全国各区域间的发展差距，呈现巨大的数字发展鸿沟。主要表现有：

（1）大中小企业数字化转型发展不平衡。龙头企业和众多大型企业加快布局率先抢占发展先机和战略制高点，但其数字化转型的集成和融合度仍待提升。更大的问题是作为粤港澳大湾区中坚力量的中小企业受惯性思维、转型不确定性以及投入成本大等因素影响，"不想、不敢、不愿"进行数字化转型。

（2）数字化转型供求双方发展不平衡，呈现"半边冷半边热"现象。数字化转型平台商、服务商和数字化技术融合应用度高的企业对于推进数字化转型更加积极，但较大比例的传统企业由于数字化投入成本大、预期收效不明晰、没有成功案例参考以及数据安全等原因不敢进行数字化转型升级。

（3）产业链不同环节数字化发展不平衡。由于在生产企业的上游，提供原材料的经济实体以中小企业居多，数字化程度不足，数字与实体产业融合程度偏低，进而导致产业链上下游不同环节在运用数字化手段进行协同发展中出现瓶颈，制约了产业数字化转型。

2. 环杭州湾大湾区数字经济发展

环杭州湾大湾区除了上海，其他六个城市都是浙江的。浙江作为数字经济早期发展地区之一，与环杭州湾大湾区数字经济发展是密不可分的。

早在2003年，浙江就开始进行数字经济规划，"数字浙江"项目建设是浙江进行数字经济规划的强有力证明。浙江早期通过运用信息技术向其他领域渗透、融合，推动产业数字化水平不断提升，促进了产业转型升级。

（1）浙江数字经济"一号工程"。近年来，浙江抢占先机，将数字经济发展作为推动经济社会变革的关键所在，视数字经济发展为"一号工程"建设，主要是致力于大数据、物联网及人工智能等新兴领域的核心技术突破，为之组织并实施了各项行动方案。其中，为了加速建设数字长三角，推动数字大湾区及"城市大脑"等项目建成，浙江实施了"三区三中心"建设。"三区"指数字产业化发展引领区、产业数字化示范区、数字经济体制机制创新先导区；"三中心"即新兴金融中心、数字科技创新中心、新型贸易中心。为了加速产业数字化转型，浙江在智能化技术改造项目上投入大量资金，以推进"十百千万"智能化改造工程进程。此外，浙江专门设立了数字经济产业基金，加快数字经济数字化改造。浙江成立了大数据发展管理局，多个"无人车间""无人工厂"的建成，意味着浙江数字化进程卓有成效。正是因为数字经济发展势头较猛，浙江在长三角一体化发展的战略布局和发展规划中具有较强的优势。

要想发展数字经济，数据的整合、开放及共享至关重要。浙江为了加速数字经济发展，将政府数字化转型视为"当头炮"，发挥带头示范作用，利用数字政府建设作为大数据来源，通过对这些数据的整合，与社会进行开放共享，推动数字经济快速发展，并向更宽更广领域延伸。

（2）杭州数字经济产业发展。根据《2019城市数字发展指数报告》，杭州数字经济发展指数位居榜首。杭州在构建完善现代产业体系中，坚持以新经济发展为引领，以发展数字经济为核心目标。通过政策规划推动各项产业发展，在加快布局人工智能、工业互联网等未来产业上，杭州市发挥自身优势，把握前沿技术，抢占发展先机。作为5G、人工智能、大数据等技术综合应用的支撑载体，智能网联汽车行业是杭州赢得发展的一大机遇。目前，多家企业获得"杭州智能网联汽车道路测试牌照"。为了促进制造业数字化转型，必须对制造业进行数字化改造，从而实现制造业提质增效的新突破。杭州为了实现这一目标，做了很多努力，策划实施了数字化改造"百千万"工程，在一定程度上实现了杭州产业数字化的整体突破。杭州于2019年4月先后发布《杭州市加快5G产业发展若干政策》等一系列5G相关政策和规划，全面抢占5G发展先机。由于杭州的不懈努力，拥有了培育5G产业发展的先决条件，已经成为出台5G相关政策的全国首批城市之一。5G产业的发展进一步推动杭州数字经济再上台阶，从而实现杭州经济高质量发展。

2.1.3 国外典型湾区数字经济发展状况

国外典型湾区主要有纽约湾区、旧金山湾区和东京湾区。这些湾区从货物运输港口发展为传统的港口城市，再发展为区域性经济金融中心，进入数字经济时代，又发展为数字经济的领跑者。

纽约湾区在19世纪中期是以劳动密集型、资本密集型的轻工业为主，包括制糖业、服装业等。二战后，由于城市劳动力成本上升，制造业逐步迁出中心城市，到20世纪七八十年代，金融保险等服务业快速兴起，纽约湾区成为世界经济中心，尤其在金融领域，成为国际性金融中心。

旧金山湾区最初主要是为淘金者提供淘金设备，成为该地区的制造业中心。在后淘金时期，随着与淘金配套的制造业的衰退，金融业逐步开始成为主导，乃至快速发展，引导湾区在吸引全球人才、资本等要素的基础上进行技术研发，使湾区成了全球的科技中心、创投高地。

作为区域性经济金融中心的湾区，其繁荣的前景和开放的环境已经使大量高技术人才汇集于此，高科技企业也越来越多，各行业之间由于竞争而产生创新的动力，更会利用数字技术这一契机进行创新研发，不断提高生产和服务效率，保持湾区的区域性经济金融中心地位。

有了创新人才，适应于创新的生态环境就显得尤为重要。创新的生态环境有利于促进高端人才在湾区进行创新，尤其是进军高科技领域。美国旧金山湾区的硅谷之所以能够吸引许多高科技人才，重要的原因就是具备有利于吸引高端要素的创新生态环境，人才在这里能够充分发挥所能。

由于研发创新能使湾区产生经济增长的内生动力，保持湾区的区域性经济金融中心地位，在数字技术助力下，湾区把研发创新作为经济体系的主要支撑，构建与数字经济相适应的生态环境和发展模式。同时，各类高技术人才汇集也会产生较强的正外部性，需要更多相配套的各类服务人员，因此人口密度较大；要想保持发展后劲，必须谋求绿色发展、可持续发展，要更加注重环保，利用数字技术发展这一契机，创新性地对湾区进行智能化管理。

自从新冠疫情爆发以后，世界著名湾区更注重基于数字技术基础上的科技研发和创新。比如纽约湾区素以国际金融中心闻名于世，但是近年来，尤其是新冠疫情爆发以后，纽约政府出台了各种政策措施包括减税降费等促进数字技术、人工智能等新型产业的研发企业在纽约湾区"安家落户"，与以高新科技产业闻名的"硅谷"——旧金山湾区形成强有力的竞争。

2.2 发展湾区数字经济的意义

1. 数字经济赋能大湾区经济高质量发展

数字经济已成为新一轮技术革命成果的集成应用,也成为当前国际竞争的主战场,为提升粤港澳大湾区国际竞争力、参与更高水平的国际合作和竞争拓展了新空间。抓住数字经济发展机遇,加快推进数字产业化和产业数字化,推动数字经济和实体经济深度融合,建设具有国际竞争力的数字产业集群,打造全球数字经济发展新高地,已成为高质量建设粤港澳大湾区的新发展方向。

2. 数字经济全面提升大湾区价值创新链条体系

数字经济在湾区建设全球科技创新高地和新兴产业重要策源地中扮演重要角色。以基础研发、数字技术和应用场景为一体的数字经济将成为大湾区科技创新的鲜明特征,数字经济将渗透到城市治理体系和创新平台、企业流程创新体系、"双创"体系之中,激发大湾区"基础研究+技术开发+成果转化+金融支持"的创新全链条,促使企业串成一系列创新"项链",并向产业链、供应链和价值链的纵向和横向释放影响力。

3. 数字经济成为与世界湾区经济竞争的主赛道

湾区经济作为一种独特的空间组织、一种独特的经济形态,以其开放、高效、富有活力、创新性强的特征,在世界经济格局中占据重要地位,成为区域乃至全球经济发展的重要引擎。湾区经济以沿海大都市城市群为主体,充分发挥沿海湾区优越地理区位优势,是国际竞争力和创新能力的代表、全球创新发展要素集聚中心、国际经济文化交流的窗口,也是推动国际经济发展和科学技术变革的先锋。发展湾区经济,加快数字湾区建设,是跑赢世界湾区竞争主赛道,建设现代化强国的必经之路和重要抓手。全面建设现代化国家,迫切需要以湾区数字经济为统筹,加快推进经济、政治、文化、社会、生态文明等各领域信息化融合发展。

小结

湾区经济的发展是一个随着社会经济发展而不断升级的过程。良好的制度设计,开放、包容、创新是湾区经济发展的基础。湾区经济最初得益于运输物流,是由港口的特殊地理位置所带来的。随着经济发展和贸易不断扩大,由中转时的货物集聚带来对货物的简单加工,由此在湾区形成与货物中转集聚相关的制造业。货物中转及制造业的发展需要金融、保险等为之服务,港口的繁荣和开放吸引大量人才聚集,人才和产业聚集之下,各行业竞争加剧,激发各行业不断研发创新,创新需要科技发展,由此湾区经济形态也不断升级。科技的发展经历网络化、智能化之后进入数字化时代,数字技术极大地影响了生产、生活和社会经济运行模式。此外,本章还介绍了国内外典型湾区数字经济发展状况,以及发展湾区数字经济的意义。

思考题:
1. 数字经济的定义?
2. 数字经济的内涵是什么?
3. 数字经济的特征有哪些?
4. 数字经济的发展规律有哪些?
5. 湾区数字经济发展的基础有哪些?

参考文献

[1] Don Tapscott. The Digital Economy: Promise and Peril in the Age of Networked Intelligence [M]. New York: McGraw-Hill, 1996.

[2] G20杭州峰会. 二十国集团数字经济发展与合作倡议 [C/OL]. (2016-09-29) [2022-02-02]. http://www.cac.gov.cn/2016-09/29/c_1119648520.htm.

[3] 中国信息通信研究院. 中国数字经济发展白皮书 [R/OL]. (2021-04-23) [2022-02-02]. caict.ac.cn/kxyj/qwfb/bps/202104/t20210423_374626.htm.

[4] 魏江, 刘嘉玲, 刘洋. 数字经济学: 内涵、理论基础与重要研究议题 [J]. 科技进步与对策, 2021, 38 (21): 7.

[5] 平安证券. 数字经济系列报告(一)数字中国: 变局与机遇 [R/OL]. (2021-04-09) [2022-02-02]. pdf.dfcfw.com/pdf/H3-AP202104091482872287-1.pdf.

[6] 张辉, 石琳. 数字经济: 新时代的新动力 [J]. 北京交通大学学报(社会科学版), 2019, 18 (02): 10-22.

[7] 王姝楠, 陈江生. 数字经济的技术–经济范式 [J]. 上海经济研究, 2019 (12): 80-94.

[8] 任志宏. 粤港澳大湾区定位于"数字湾区"发展的意义价值 [J]. 新经济, 2019 (10): 8-14.

[9] 朱金周, 方亦茗, 岑聪. 粤港澳大湾区数字经济发展特点及对策建议 [J]. 信息通信技术与政策, 2021 (2): 15-21.

[10] 中国信息通信研究院. 中国数字经济发展白皮书(2017年) [R/OL]. (2018-04-26) [2022-02-02]. caict.ac.cn/kxyj/qwfb/bps/201804/t20180426-158452.htm.

[11] 任志宏. 粤港澳大湾区定位于"数字湾区"发展的意义价值 [J]. 新经济, 2019 (10): 8-14.

[12] 卢文彬. 湾区经济探索与实践 [M]. 北京: 社会科学文献出版社, 2018.

[13] 黄勇, 陈文杰. 对湾区经济的一些认识和思考 [J]. 全球化, 2019 (1): 67-85.

[14] 姬小燕. 浙江省数字经济综合发展评价研究 [D]. 杭州: 杭州电子科技大学, 2020.

第 3 章

湾区数字经济的空间结构理论

学习目标

(1) 掌握湾区空间结构的概念与基本要素、形成与演变机制以及组织形式。
(2) 熟悉湾区数字经济发展对湾区经济的空间结构带来的影响。
(3) 了解湾区数字经济空间结构的风险以及应当如何进行风险管理。

3.1 湾区经济空间结构理论

3.1.1 湾区空间结构的概念与基本要素

1. 湾区空间结构的概念

湾区是区域划分的一种类型,对湾区空间结构的理解,可以从区域空间的概念出发。不同学者考察区域空间结构的角度不同,因此对区域空间结构概念的表述不尽相同。如有观点认为区域空间结构是指社会经济客体在空间中的相互作用和相互关系,以及反映这种关系的客体和现象的空间集聚规模和集聚形态;或认为区域空间结构指的是自然要素、社会要素和经济要素在地域上的分布和组合;或认为区域空间结构是指以各类自然资源和空间场所为载体,以产业区位为中心的社会经济组织关系;或认为区域空间结构是人类的经济活动在一定地域上的空间组合关系,是区域经济的中心、外围、网络诸关系的总和;或认为区域空间结构指经济现象和经济变量在一定地理范围中以分布和位置、形态、规模和相互作用为特征的存在形式和客观实体;或认为区域空间结构是人类经济活动作用于一定地域范围所形成的组织形式;或认为区域空间结构是一定区域范围内,经济空间现象在集聚力和分散力的相互作用下所形成的结构。

尽管不同学者对区域空间结构概念表述不同,但这些概念都反映了一个核心观点:区域空间结构的核心是空间组织形式,反映了区域内部各系统之间的相互作用、相互关系等。关于区域空间结构及其形成过程的研究由来已久,19世纪30年代,杜能的农业区位和韦伯的工业区位论从静态视角分别讨论了农业生产方式的地域配置原则和工业布局、厂址位置选择原则。20世纪50年代,相关研究开始转向动态分析视角以及更大的研究范围——城市区域,讨论城市空间布局和功能演变。其中弗里德曼的中心—边缘理论提出,区域经济增长过程中,区域内各空间子系统必然突破自身传统边界,从各自独立的单个城市重组为功能相互依存的城市体系,即区域一体化。区域一体化重塑了城市区域的空间组织,多个城市演变成为功能联系紧密的城市群。湾区是区域高度一体化的地区,是一种独特的城市群空间经济形态,对湾区空间结构的理解,需要在广义的区域空间结构概念的基础上,更加强调其所呈现的一体化态势,即资本、劳动力、技术等生产要素流通加快并在地理空间上不断地集聚和分散形成空间流,促使大量跨界经济活动发生,承载空间流的区域基础设施更加互联互通,湾区内功能网络联系更加紧密。

因此,本书所研究的湾区空间结构主要聚焦于湾区空间结构要素构成、湾区空间结构的形成和发展机制、湾区空间结构的组织形式等内容。

2. 湾区空间结构的基本要素

一般来说,区域空间分为点、轴(线)、网络和域面四个基本要素。

(1)点。点是最基本的空间结构要素,是某些经济活动在地理空间上集聚而形成的点状分布形态,例如,居民点、企业点、商业网点、服务网点等。点的发展程度往往高于周围地区,容易引起区域内的人口和社会经济活动也向"点"集中,因此,"点"是区域经济活动的重要场所,是区域经济的重心所在。从人类社会发展的历史角度来看,点状区域一般都是发展条件较好且较早发展成为城市的地方。

(2)轴(线)。轴或线是由处于不同位置的点连接而成的,在地理空间上所呈现的线状分布。例如,交通路线(由铁路、公路、水运、航空等组成)、能源供应线(由各种能源设施组成)、水供应线(由各种供水设施组成)和通信线路(由各种通信设施组成)等都是线状要素。在区域空间结构中,还有一种特殊的综合性的线,也就是由城镇所组成的线(轴),在经济发展中发挥着重要意义。

(3)网络。区域空间结构中的网络由相关点和轴(线)的连接所形成,产生单个点或轴所不具有的功能。如果是由单一性质的点和线组成的网络(如交通网络、通信网络、能源供给网络等),则是单一性网络;如果是由不同性质的点和线组成的网络,则是综合性网络。网络相互连接,为区域经济中的各种商品流、资金流、信息流等提供流通通道。

(4)域面。域面是指区域内某些经济活动在地理空间上所表现出的面状分布状态。社会经济的域面要素通常没有明确的边界，可根据发展程度、经济特征、功能划分等不同依据划分成不同类型。例如，根据发展程度的差异，可划分为发达地区、欠发达地区和不发达地区等；根据经济特征，可划分为工业区域、农业区域和商业区域等。

点、轴（线）、网络和域面都有特定的经济内涵和相应的功能，它们按照一定的关系排列、组合就形成复杂的区域空间结构。具体而言，这4种要素一共有7种组合方式，还有学者对点、轴、域面之间的组合方式进行了系统的研究，指出有7种组合模式："点—点"要素的组合构成节点系统，表现为条状城镇带和块状城镇群；"点—线"的要素组合构成交通、工业、信息等经济枢纽系统；"点—面"的要素组合构成城市区域系统，表现为城镇聚集区和大都市区；"线—线"要素组合构成交通、通信、电力、供排水等网络设施系统；"线—面"要素组成产业区域系统，表现为作物带、工矿带或工业科技走廊等产业带；"面—面"要素组合构成省际或国际宏观经济地域系统，如经济区、经济地带等；"点—轴—面"要素组合则构成了空间经济一体化系统。

3.1.2 湾区空间结构的形成与演变机制

湾区空间结构的形态是在多种力量的交互作用下形成并发展的，其形成和演变是一个动态而复杂的过程。下面从区位指向机制、集聚与扩散机制两个方面来分析区域空间结构的演变机制。

1. 区位指向机制

所谓区位指向，是指某种生产要素对某一企业或某产业具有特殊吸引力，因而企业或产业在选择区位时会表现出尽量趋近于特定区位的趋向。在经济系统中，不同地区有不同的市场约束、成本约束、资源约束和技术约束，因此形成不同的经济利益。不同的经济利益形成了区位的相对优势差异。企业或产业在选择空间区位时，会根据这种相对优势差异做出最优选择，从而形成不同的区位指向。具体而言，经济活动的区位指向可以分为以下几种：

（1）自然条件和自然资源指向。某些经济活动在空间分布上趋向于相关自然条件和自然资源集中的地方，农业和采矿业基本上是这种指向。

（2）原材料地指向。在生产过程中需要投入大量的原料的经济活动，其区位选择通常趋向于原料集中供给地，这就是原材料地指向。如钢铁、建材、木材加工、重型机械制造、各种农副产品加工业等都是高物耗产业，在区位选择上基本都是原材料地指向。

（3）燃料动力指向。一些高耗能或需要稳定的动力供给的经济活动如火力发电、有色金属冶炼、电冶合金、稀有金属生产、石油化工等，其区位选择趋向于燃料、动力供给地。

（4）劳动力指向。有的经济活动在生产过程中对劳动力的数量或类型依赖性比较高，因此在区位选择表现出劳动力指向。这种指向包含两种类型，一是廉价劳动力指向，如纺织、服装、制鞋、烟草等劳动密集型产业的区位选择均属于此种类型；二是高素质劳动力指向，如电子、信息、生物工程、新型材料等对劳动力素质有一定要求的产业则表现出高素质劳动力指向。

（5）市场指向。部分食品、饮料工业、服务业等在生产经营过程中受市场影响较大或产品不能长途运输的工业活动，其区位选择趋向于市场。

（6）运输指向。有些工业生产活动的运输费用在产品的成本中占比较高，或是为了方便从不同地方获得原材料，向多个地方发送产品，因而在选择区位时会选择运输费用最低的地方，一般分布在重要的交通枢纽。

区位指向机制是影响区域空间结构的重要机制，但并非决定性机制。不同区位的不同相对优势对区域空间结构的形成和演进起着重要促进作用，但随着科学技术的进步，交通运输条件的改善，区位优势对空间结构的影响在逐步下降。

2. 集聚与扩散机制

增长极理论认为，集聚和扩散是区域经济发展和空间结构演进的两种基本力量。

1）集聚机制

集聚是指资源、要素和部分经济活动等在地理空间上的集中趋向与过程。集聚机制形成的原因有三个。一是经济活动的区位指向形成的集聚。企业、产业的区位指向往往会让同类企业或产业在少数地区集聚，例如劳动力廉价地区、原材料集中区、市场集中区等。甚至不同类型的企业虽然有不同的区位指向，但是在实际中所指示的地方往往是相同的（如运输指向与市场指向），因此形成了较大规模的经济集聚区。二是经济活动内在联系形成的集聚。为了方便加强地区内企业之间的纵向和横向联系，一些内在联系紧密、相互依赖性大的企业、产业往往趋向于在特定地域集中发展。三是对集聚经济效应的追求形成的集聚。集聚经济效应包括规模经济效应、创新效应和竞争效应。规模经济效应指的是因企业规模扩大带来的平均成本随着产量的增加而递减的经济效益（内部规模经济）和因集聚带来的交易成本下降和协作效率提升产生的外部经济效益（外部规模经济）。创新效应指的是经济活动集聚带来的沟通交流增加容易激发创新，并且能强化企业的技术创新溢出效果。竞争效应指的是经济活动集聚加剧了竞争，从而倒逼企业不断进行技术创新从而降低成本建立企业优势。可见，集聚机制的形成是必然的。集聚过程一旦开始，就极易形成循环因果式的促进集聚的力量，从而加速集聚过程。

集聚机制能产生集聚引力，对区域空间结构的形成和演变产生重要影响。首先，集聚促进区域经济增长极或增长中心的形成和发展。在集聚引力的作用下，区域内外的人才、资本、资源、经济部门等要素不断向优势区位迁移，从而形成经济增长中心，产生区域空间结构中的新节点。其次，增长中心的区位优势不断强化。在集聚过程中，越来越多的资源向优势区位集聚，优势区位出现强者更强现象，区域竞争力进一步提升。最后，集聚将扩大经济发展的空间差异与不平衡。集聚引发区域内部产生核心区与边缘区，还引发和拉大经济发达地区与落后地区、城市与农村、专业化地区与一般地区等的差距，经济活动在空间分布上的差异与不平衡加剧。

2）扩散机制

扩散是和集聚完全相反的要素流动形式，具体是指自然资源、经济要素和部分经济活动等在地理空间上的分散趋向与过程。经济要素等逐步由核心区向临近外围区域或者跨越周边区域向更大范围扩散渗透，这种扩散机制的形成源于对集聚过度产生的集聚不经济的规避、寻找新的发展机会的需求和政府政策的引导。

（1）避免集聚不经济。

所谓集聚不经济，就是当集聚规模超过了一定的限度而发生的集聚经济效益减少，以及因集聚而带来的外部环境对经济活动的负面约束现象。集聚不经济主要表现为，当经济活动过度集聚时，资源、劳动力等生产要素利用方面的竞争将越来越激烈，集聚地区人口增长越来越快，导致集聚地区的基础设施及社会服务供不应求，环境问题日益突出，由此带来生活和生产成本大幅上升，当成本超过收益时，一些人口、企业、经济部门会选择从集聚的地方迁出，带动资本、技术、人才等要素向外扩散。

（2）寻求新的发展机会。

集聚地区的企业和部门会被动或主动地到周围地区寻求新的发展机会。一方面，当集聚地区同行竞争日趋激烈，市场逐渐饱和，部分企业和经济部门为了减少竞争压力不得不到其他地区开辟新市场；或有的企业是在经济结构转换过程中被淘汰下来的，不再适合在集聚地区发展，只能迁移到周围经济发展水平相对较低的地区去寻求发展。另一方面，有的企业或经济部门为了扩大自身影响力和势力范围，也会主动到周围地区建立分支机构或新的发展据点，特别是随着企业的不断发展壮大，对农副产品、矿产产品等初级原材料的需求越来越大，集聚地区会主动通过技术转让、对外投资等多种方式促进周边地区增加这些产品的生产以保障自身发展，从而引起部分资源、要素、企业等向其他地区扩散。

（3）政府的政策引导。

为了解决集聚区域因经济活动过密、人口膨胀而引起的种种经济、社会、环境问题，同时为了协调区际经济关系，缩小区域差异，政府会制定一系列政策，引导资源、要素的合理流动，推进经济活动在空间上合理布局。

扩散机制对区域空间结构的演进产生重要影响。首先，扩散机制促进原有经济区的功能转化升级。在资源、要素、经济活动的迁入迁出的过程中，市场机制发挥优胜劣汰功能，原有经济区的功能将不断转化升级。其次，扩散机制能产生轴向效应。所谓轴向效应，指的是在非均质空间系统中，资本、技术、人才等要素往往倾向于沿着铁路干线、公路干线、大江大河以及大湖沿边航道和濒临沿岸的陆地带等轴（线）发挥扩散作用，因而带动这些轴（线）周边地区的经济发展，形成轴（线）型空间结构。最后，扩散机制促进区域经济的空间均衡。根据区域经济发展梯度理论，生产要素从高梯度向低梯度地区扩散，促进产生新的集聚，有助于从宏观上缩小区域经济差距，优化区域空间结构。

值得注意的是，扩散作用主要是按照集聚地与高速公路、铁路、江河等干线的距离由近及远进行，一般有一定的等级体系，也有少部分是突破等级体系跳跃式辐射，逐渐形成一定的区域空间结构。

3.1.3 湾区空间结构的组织形式

3.1.3.1 湾区产业集群

产业集群是指在特定区域中，具有竞争与合作关系，且在地理上集中，有交互关联性的企业、专业化供应商、服务供应商、金融机构、相关产业的厂商及其他相关机构等组成的群体。不同产业集群的纵深程度和复杂性相异，代表着介于市场和等级制之间的一种新的空间经济组织形式。

因此，产业集群超越了一般产业范围，形成特定地理范围内多个产业相互融合、众多类型机构相互联结的共生体，构成这一区域特色的竞争优势。产业集群发展状况已经成为考察一个经济体，或其中某个区域和地区发展水平的重要指标。当前，以纽约湾区、旧金山湾区和东京湾区为代表的世界一流湾区均已形成了著名的产业集群，成为湾区亮眼的名片。

1. 产业集聚竞争优势

产业集聚的核心是在一定空间范围内产业的高度集中，这种地理空间上的集中能够产生广泛的集聚经济效益，提升生产效率。具体表现为：①中间投入品规模效益。同一行业企业在地域上集中，能够更稳定、更有效率地得到供应商的服务，还可以借助这种地理位置优势，在中间投入品采购、运输和库存以及成品销售等方面建立合作关系，不仅可以争取到原料、燃料以及其他中间投入品批量采购价格折扣以及节省运输和库存成本，还可以有效扩大市场需求。②人才磁场效益。集聚体本身可提供充足的就业机会和发展机会，会对外地相关人才产生磁场效应。集聚区内有大量拥有各种专门技能的人才，这种优势可使企业在短时间内以较低的费用找到合适的岗位人才，降低用人成本。③共享公共品效益。企业间的相互靠近，可以共同利用各种基础设施、服务设施、公共信息资源和市场网络，有助于提高谈判能力，能以较低的代价从政府及其他公共机构处获得更多公共物品或服务。④知识外溢效益。在产业集聚中，由于地理接近，企业间合作密切，面对面交流机会增加，有利于各种新思想、新观念、新技术和新知识的传播，从而产生知识的"溢出效应"，促进企业技术创新。

2. 三大湾区产业集群特点

1）纽约湾区：以金融商务服务业为主导的产业集群

位处美国东北部大西洋西岸的纽约湾区，沿岸分布着纽约、新泽西、纽瓦克等著名港口城市，是美国最繁华的大都会圈，也是世界金融的核心中枢以及国际航运中心。2016年纽约湾区人口达2 340万人，占美国总人口的20%，从城市人口占比看，纽约湾区的城市化水平已达90%以上；GDP总量为1.4万亿美元，约占美国的9%。自20世纪70年代以来，纽约制造业向周边城市外移，第三产业特别是生产性服务业迅速崛起，纽约市中心曼哈顿区逐渐形成了金融商务服务业集群，进而推动了国际资本向纽约进一步集聚。曼哈顿产业集群的形成主要集中在20世纪90年代，这阶段，纽约的金融、保险、房地产业所占GDP的比重持续上升，1990—2000年的十年间从26%上升到37%；从服务业的产值结构来看，这十年间商务服务占整体服务业比重大幅上升至23%，据统计，期间纽约商务服务业工作岗位增加了26万个，占纽约服务业就业增长的4.7%。就此，纽约曼哈顿在空间布局上形成了以华尔街为中心的金融贸易集群和以第五大道为中心的商业区两大中心。至2016年，纽约湾区的房地产业和金融保险业在其GDP中的比重仍然处于前两位，占比分别为16.9%、16.1%。

发展至今，围绕纽约国际金融中心的辐射作用，湾区内城市根据各自的资源禀赋与发展特色实现产业布局，纽约湾区形成了产业互补、错位发展的多核格局和多样化、综合性、产业链齐全的城市群体系。

——以金融商务业为代表的纽约，2016年服务业GDP占比超过90%，其中金融业占40%左右。曼哈顿以纽约市8%的面积创造了约70%的产值，其中金融业、专业服务业、娱乐业产值占比高达90%。

——高科技产业集中在"东岸硅谷"的波士顿，波士顿高科技产业的迅速发展引致产业结构的转变，深刻影响了当地金融机构的发展轨迹，出于中小企业融资的需求，风险投资快速发展成为波士顿金融业的主流，规模仅次于硅谷，与金融中心纽约形成互补的张力和良性的互动。截至2016年，金融业在波士顿产业结构中占比为8%，相比之下，高科技研发、教育、商业、贸易等产业占比总和已经超过50%。

——服装、化妆品、印刷以及石油、军工、塑料制品制造，金属制品制造等主要集聚在纽约曼哈顿周边地区，如纽黑文。纽约湾区制造业产值占全美30%以上，是美国重要的制造业中心。

——以强生为代表的制药企业总部向卫星城新泽西扩散；国防、航空和电子产业在费城发展迅速；巴尔的摩着重布局矿产业和航运业等优势产业。

2）旧金山湾区：以"金融+科技"双核引领的服务业集群

旧金山湾区位于美国加利福尼亚州的北部，2016年GDP总量为0.8万亿美元，人均GDP则高达10.5万美元。伴随着第三次科技革命，特别是电子信息技术的发展，服务业在湾区产业结构中逐渐占据主导地位，2016年专业商业服务占比达19%，金融保险、房地产、贸易和信息产业规模总和在全湾区占比超过1/3；以传统制造业为主的奥克兰地位稳定的同时，旧金山和硅谷逐渐成为推动湾区进一步发展的"双核"，特别是集名企、名校、人才和资金而形成强大的科技产业生态系统的硅谷推动了"科技湾区"的诞生。

——旧金山是湾区的金融中心，已经完成以资源禀赋为核心生产力向服务业发展的蜕变，制造业、冶金业和航运业等传统产业已转移至周边城市；顺应国际贸易发展需求，旧金山发展成为本部金融中心，其银行业、证券业、保险业实力不断增长；在中心城市高经济水平的推动下，旧金山的服务业、批发零售业也发展成为主导行业。奥克兰是世界上最早使用集装箱运输的港口，奥克兰港于1969年超越旧金山港成为世界第二大港口，成为东湾的主要竞争力港口；依托优良的港口条件，造船、化工、生物医药等临港产业得到快速发展，随着硅谷的崛起，奥克兰发挥地理优势，围绕硅谷产生的新兴产业也在逐渐成型。

——位于湾区南部的硅谷是世界最重要的高科技研发中心，是电子、软件、信息科技和互联网产业的集中区。硅谷位于南湾、以圣何塞为中心，20世纪70年代，全球兴起科技浪潮，硅谷迎来历史发展机遇，旧金山的风投机构除了对硅谷提供资金支持外，还发挥作 PE 职能，为创业企业提供内部管理等多方面的辅导，促进了科技产业做强做大。综合人才、资金、政策等多方面的因素，硅谷诞生了世界级的计算机、生物科技、电子等尖端企业，发展成为当前旧金山最有特色的世界级名片。

3）东京湾区：以产品研发和技术创新为特色的生产服务业集群

东京湾区位于日本本州岛中部太平洋海岸，依托纵深 80 千米的东京湾，以东京都为中心，在工业和港口群相互驱动下，形成了西向发展的东京—横滨（京滨）、东向发展的东京—千叶（京叶）两大工业带，同时又与东京腹地的金融、商贸、研发等功能紧密互动，推动东京湾区发展成为与旧金山湾、纽约湾齐名的国际性综合湾区。截至 2016 年，东京湾区常住人口为 3629 万人，面积 13 562 平方千米，占日本全国总面积的 3.59%；GDP 总量为 1.8 万亿美元，占日本全国的 32.3%。

尽管第三产业占比都超过 80%，与纽约湾区、旧金山湾区分别主打金融服务、高科技研发相比，东京湾区的优势在于庞大的工业产业集群，2016 年其制造业企业数量和从业人数占全国的 1/4。东京湾区具备由钢铁、有色冶金、石化、机械、电子、汽车、造船、现代物流等产业构成的工业产业带，同时又集聚金融、研发和文化娱乐产业成为金融消费中心。东京湾区的这一特点与其产业转移和结构升级的路径紧密相关。

从 20 世纪 80 年代开始，东京湾区特别是东京都核心区的金融保险、专业服务和信息服务等知识密集、附加值高的服务业发展迅猛，这三大产业目前在产业结构中的占比已达 37%；同时商业、房地产、服务业等第三产业开始向周边地区转移，工业中心东京的制造业也向外扩散，京滨、京叶两大工业带顺势而起，推动了整个湾区城市群的特色分工，形成现代服务业集群。在这个过程中，东京出现了大批创新型中小企业，其中大田区成为技术创新核心区，以"高精尖新"的新产品研发为重点，原有的工业产业开始向生产服务业延伸，推动产业链上下游的优势产业融合。

3.1.3.2 湾区城市群

湾区城市群是重要的区域空间组织形式，是全球滨海城市群体发展到一定阶段后出现的空间现象。在湾区城市群内，一方面，大量的跨界活动打破了传统的行政空间边界，区域边界变得相对模糊（如纽约湾区、东京湾区城市群等都已经跨越了本身所在的行政区域）；另一方面，湾区产业集聚吸纳了大量的就业人口，并通过集聚扩散机制逐渐形成由完全城市化的城市建成区构成的核心地区及在景观上呈现城乡交错特征的外围地区。尽管湾区城市群在空间上体现出一定的分层结构，但在功能上核心区域和外围区域整合在一起，构建了一张分工协作、联系紧密的功能网络。

1. 湾区城市群发展的影响因素

湾区城市群是经济全球化时代的典型开放经济区域,其发展受到区位因素、资源因素、环境因素、技术因素、人文因素等方面的影响。区位因素包括地理区位、交通区位和经济区位,影响湾区城市群的产业结构变化和产业集群程度;资源因素包括人口、土地、原材料和资源禀赋程度,是湾区空间开发与建设的发展基础;环境因素包括城镇空间和市场运营,主要影响湾区城市化与区域合作间的空间优化;技术因素包括文化、科技和教育,为湾区新产业和新业态打造创新空间;人文因素则包括制度、政策、规章和行政,其影响指向是湾区发展的效率变化情况。

2. 湾区城市群经济发展阶段特征

(1)初始发展阶段。20世纪50年代以前,全球湾区城市群总体上处于初步发展阶段。此时,湾区主要依赖优良的地理位置发展港口经济,主要产业为港口运输与装卸产业,经济活动范围大部分集中在港口内部,与港口所在地联结不多,对周边地区带动不足。

(2)加速发展阶段。20世纪50年代以后,经济全球化加快推进,港口货物运输活动大幅增加,湾区城市群开始进入加速发展阶段。在此阶段,港口的货物运输不再独立于港口所在地的经济活动,而是充分利用当地资源发展形成一定规模的临港工业与重化工业,港口与所在地经济互动增强,形成核心与腹地的经济联系,并带动周边地区经济发展,城市空间拓展至周边城市地区。

(3)稳定发展阶段。从20世纪90年代起,全球掀起了第三次产业梯度转移的高潮,一些产业由欧、美、日等发达国家和地区向中国、越南、印度、马来西亚等发展中国家转移。湾区城市群在这次产业转移中进一步转型发展,逐步成为以服务经济为主导的区域性的经济金融中心、信息中心,对周边地区带动能力加强,初步形成全球影响力。

(4)发展成熟阶段。21世纪以来,湾区城市群充分集聚创新资源,形成了高科技、信息服务业为主体的产业集群,整体上以创新经济为主导,以其开放高效、富有活力、创新性强的特征,在世界经济格局中占据重要地位,成为区域乃至全球经济发展的重要引擎,具备最强的全球影响力。

3. 湾区城市群空间结构

湾区是沿海经济与内陆经济的连接点,具有显著的地理区位优势,拥有优越的交通区位条件。在经济全球化的背景下,湾区城市群的资本、劳动力、技术等生产要素的流通加快,在地理空间上不断集聚和分散,形成强大的空间流。这种空间流结合湾区独特的交通枢纽特征，促使湾区城市群形成独特的空间结构。湾区城市群的网络空间结构上的各个组成部分在全球网络中的优势决定了其竞争力的大小。具体而言，这些组成部分主要包括：

（1）发展核心。在一个湾区城市群中，发展核心往往集聚了高密度的就业人口，经济总量占比达到30%以上，聚集丰富的资本、人才、创新等要素，对周边地区产生了较强的经济影响。而且，湾区城市群的发展核心不具有唯一性，通常有两个以上，且其地位不易被撼动。这主要是因为发展核心是先进生产力的集聚地，能为先进性商务活动和先进性消费服务等城市活动提供持续性的最高效区位，且由于循环因果累积作用和不断完善的放射状交通体系，这种强者愈强的马太效应会进一步强化。

湾区城市群发展核心是湾区经济发展的重要引擎，对湾区城市群发展方向、规模、速度和水平等起着重要作用。另外，为了补充核心区的功能，湾区城市群通常也会产生多个节点城市的副中心，湾区城市群发展核心的部分职能逐步分散到这些新的增长中心，一方面疏解发展核心的压力，另一方面又培育了新的增长极，改善了湾区空间结构，增强了对周边地区的引领带动作用。

（2）发展腹地。所谓的发展腹地，指的是发展核心和交通枢纽的主要辐射和服务地区，其与发展核心相辅相成。湾区城市群发展核心和副中心控制、引领和带动整个湾区城市群经济活动的开展，同时，湾区城市群核心城市在自身的产生和发展过程中，也需要开发和利用本身及周围发展腹地的自然资源和社会经济资源。因此，湾区城市群的发展腹地是发展核心乃至整个湾区城市群高速发展的重要支撑，发展腹地的规模、经济发展水平及其与发展核心联系的紧密程度决定了湾区城市群核心城市发展乃至城市群整体发展的潜力与成长力。

（3）发展网络。湾区城市群发展被视为产业链网络、交通网络、城镇网络和创新网络共同支撑起来的超大经济区域。湾区城市群资本、劳动力、技术等生产要素空间流的集聚与扩散离不开完善的网络体系支撑。一般来说，湾区城市群的发展规模越大，经济实力越强，产业链网络、交通网络、城镇网络和创新网络等就会越发达，对周围地区的经济吸引力越大，辐射范围越广，在此基础上形成的影响力与控制力就越强大。

3.2 湾区数字经济的空间结构理论

数字经济是继农业经济、工业经济之后的一种新的经济社会发展形态，已成为经济转型升级的重要驱动力,也是全球新一轮产业竞争的制高点。数字经济的快速发展,尤其是传统行业部门数字化水平的提高,使得地区之间要素流动、资源配置、利益分配的路径和模式出现了显著变化,湾区经济的空间结构亦随之改变。

3.2.1 要素跨区域流动空间格局改变

1. 数字要素在一定程度上替代实体要素的流动

湾区是技术创新的高地,也是数字经济发展的标杆地区。"数据"作为一种新的生产要素,已经越来越多地渗透到湾区经济社会发展的各个领域。数字要素的生产与应用几乎可以分布到所有空间,不受传统物理边界约束。一些传统意义上的产品和服务在大数据、人工智能、物联网等数字技术的支撑下已转变为超越地理空间、具有高度流动性的数字化产品,而这种数字化的要素在虚拟空间的自由流动,在某种意义上会替代实体要素在地理空间上的流动。例如,随着生产要素和产品数字化程度的深入推进,人口、产品等实体经济要素的流动需求将在一定程度上有所下降,人口在区域流动的趋势将有所减缓,流动的方向亦将出现结构性调整。

2. 要素集聚扩散形式有所改变

湾区数字经济借助互联网、区块链、云计算等技术在不同地区之间建立新的空间联系路径,加速了知识、技术、人才、资金等生产要素的时空交换,伴随着5G、数据中心等新型基础设施以及现代化综合交通运输体系的加快建设,地区之间要素集聚与扩散的路径和模式将出现显著变化。地理空间邻近性对经济空间发展有重要影响,传统经济要素的集聚与扩散一般遵循一定的等级体系由近及远进行,但是数字化的知识与要素的流动对物理介质的依赖性大幅下降,改变了一些地区原有的时空区位优势,依托地缘区位或等级体系的扩散减少,跳跃性扩散增加,区域空间结构中的点、线、面、网被赋予新的涵义,并产生新的空间组合模式,对经济空间产生重构作用。

3. 湾区空间边界更加模糊

湾区城市群有大量的跨界活动,使得湾区城市群具备边界模糊性的特征,而数字经济的发展,会加剧这种边界模糊性。数字经济突破传统地理界限和时间界限,能即时收集、处理和应用数字化的知识和信息,空间边界模糊,甚至不存在边界。在数字经济条件下,湾区融合发展趋势加剧,湾区空间边界将会更加模糊。

——地理边界模糊:数字经济是一种速度型经济,在数字经济关键生产要素也就是信息化的知识和信息的获取和储存上,互联网、大数据及其关联设施凭借近乎无限的信息存储空间、低时间成本的搜索能力、不受时间和地域限制的跨界联系能力,让人们可以非常方便、快捷、实时且低成本地搜集和储存海量数据。在数字经济关键生产要素的处理和交换上，凭借人工智能、云计算、区块链等技术，人们可以高效率、低成本、可信任地处理和利用海量信息。因此，数字经济的交易没有地理位置的障碍限制，数字经济市场的边界是模糊的，甚至是无边界的。

——资源边界模糊：数字经济具有网络化、平台化等特征，人们可以自由地在网上共享信息资源，而不受企业、区域的限制，大大拓展了人类利用信息资源的广度和深度，改变了传统经济学中"资源有限，需求无限"的矛盾，动摇了生产要素不完全流动的基础。

——企业边界模糊：数字经济通过平台经济联结了各个地区的企业、产业和经济部门，各种类型、各种行业、各种体量的企业通过接入平台获得了直接服务消费者的机会。在这个过程中，数据的流动与共享推动着商业流程跨越企业边界，编织出全新的资源网络、生态网络和价值网络。在经济全球化背景下，数字经济还能进一步联结全球各个经济主体，推动企业和产业深入参与全球分工，企业和产业边界逐渐模糊，最终形成产业开放化发展以及产业向价值网络的转型升级。

4. 湾区空间虚拟性增加

湾区数字经济空间虚拟性的主要来源有三处。一是数字经济活动主要是在由互联网构筑的虚拟世界中运行，是虚拟经济与现实物理空间的传统经济的互联、互助、互竞、互补。二是数字经济的各个参与方不一定具有现实实体。各参与方可以借助网络、虚拟平台直接或者间接参与数字经济中，参与痕迹和行为都被虚拟化。三是数字经济要素本身的虚拟性。数字经济要素是数字化和虚拟化的各种资源、知识、信息、技术等生产要素，这些生产要素的生产、储存和应用均突破了时间和空间的限制，具备比较强的虚拟性。

3.2.2 多中心、网络化空间格局加快形成

湾区城市群是典型的临海型网络化城市地区，在以信息技术革命、知识经济和全球大市场为基础的数字经济时代下，湾区空间加速扩展为多中心的新型网络空间。

1. 促进湾区价值链分工模块化和碎片化

在数字技术革命的驱动下，湾区经济活动组织模式正在加速数字化变革，价值链上不同环节数字化水平的提高改变了传统价值链分工模式和利益分配格局，价值链分工的功能模块化和碎片化趋势日益突出。在传统价值链分工中，从研发设计、制造加工到运输与营销链条冗长，价值链上下游利润空间被逐层稀释压缩。而基于产业数

化和数字产业化的价值链分工直接对接了产业链上的供给方和需求方，减少了中间环节，使参与主体的决策更透明，信息更对称，降低了交易成本。同时，也打破了大企业对价值链不同价值创造环节的垄断，数字化程度较高的中小企业也可以积极参与价值链分工的重构。价值链分工数字化为分布于不同地理空间的中小企业实现功能互联创造了有利的条件，价值链的主导者可以在更大的空间范围内细化整个价值链的功能分工，降低中低端分工环节在地理空间上的迁移成本，湾区价值链分工在空间上更加分散、碎片化和模块化。

2. 加速湾区城市体系结构多中心化

在数字经济背景下，区块链、大数据、人工智能等新技术的应用，将分散在价值链不同环节的资源、产品、服务数字化。数字化的资源要素在不同区域的流动随之加快，引领带动各类新增长中心崛起，湾区城市群由单中心城市结构逐渐向层级化的多中心城市结构演进，在更大的地理空间范围内实现经济的规模收益和集聚，促进整体上空间价值的平衡。

湾区城市群体系结构多中心的内涵不仅指空间形态，还包括功能维度和政策维度。功能多中心是指湾区各城市由于各自区位而成为具有比较优势的专业化功能中心，城市间通过功能上的专业化协作，获得协同竞争优势和专业化分工效益。如港口中心城市与外围城市形成典型的"管理+生产"功能联系和合作关系，形成各自的专业化经济效应。政策维度多中心则强调在产业和公共服务供给的政策引导上达成湾区城市间的适度均衡，而不是集中于某一单一城市，促进空间均衡。

3. 助力湾区形成更复杂的网络化空间发展框架

在数字经济发展过程中，无形的信息网络对湾区城市影响巨大，湾区呈现更加复杂的网络联系空间形态。

首先，数字技术打破时间和空间的约束，改变了要素流动与空间配置路径，湾区内生产要素重新集聚和分散，商务金融、权威部门（政府、企业总部等）、专业服务等高等级服务功能集聚到湾区核心区，研发、高科技制造、居住等日常例行活动则分散到枢纽周边和其他城镇。数字要素空间流结合交通基础设施网络形成更加密集的连接纽带，促使城市之间的经济联系逐渐由双向、线性关联向整体、多向交叉的网络经济联系转变，湾区内各级城市之间逐渐形成具有一定功能联系的城市网络体系。其次，物联网、数据中心等数字基础设施的建设完善，有利于虚拟空间网络、物理空间网络、地理空间网络的紧密耦合，助力湾区形成更具流动性、承载力和弹性的现代基础设施网络体系。最后，数字经济实虚空间多维网络一体化的特征要求湾区空间治理和发展战略从关注空间邻近性转为网络连接性。数字经济改变了地区原有的区位优势，湾区不同城市的区位优势更多体现在是否能更便捷、更低成本、更深入地融入湾区发展网络体系。因此，在制定湾区空间治理和发展战略时，各地政府需要打破原有的地理邻近性原则，形成开放、融通、跨越边界的政策合作网络体系。

3.2.3 湾区一体化加快

数字经济助力湾区形成更复杂的网络化空间发展框架，网络化空间高度发育的表现就是区域一体化。

1. 市场一体化

区域协调发展的重要内容之一就是打破市场分割，统一产品市场与要素市场，促进产品与要素的自由流动，在区域间的经济联系扩展到每一个层面的同时，实现更大范围的资源优化配置。而湾区数字经济的发展创新了要素流动的路径和模式，各类数字化要素能以更高速度在更大范围内自由流动，有利于湾区建立统一市场体系，对促进湾区资源的优化配置、提升区域发展的协调性有积极影响。

2. 产业一体化

产业一体化的含义，就是要构建分工明确、联系紧密的区域产业结构分工合作体系。这就要求根据比较优势形成产业分工，实现区域内产业结构合理化，以提升产业的整体竞争力。而大数据、物联网、云计算、人工智能等数字技术，立体放大了技术延展边界，为产业跨界融合和一体化发展提供了更加便利的条件。具体而言，数字经济具有虚拟性、高附加性的特点，使其能够提高同一产业不同环节、不同经营实体之间的关联性，并加快信息要素在不同经营主体和不同行业之间的流动，产业边界会越来越模糊甚至消失，产业间实现正向联动发展。

3. 基础设施一体化

集约高效、经济适用、智能绿色、安全可靠的现代化基础设施体系是湾区经济发展的重要支撑。没有便捷完善的交通、通信等基础设施网络，区域内的商品、要素等的流动就要受到限制也就必然无法实现湾区经济的一体化。而在湾区数字经济发展过程中，必然会加大5G、物联网、车联网、工业互联网、人工智能、一体化大数据中心等新型基础设施建设投资，促进湾区内各城市间基础设施的互联互通，充分发挥其对湾区经济的巨大带动作用。

4. 信息一体化

信息一体化，要求消除信息封锁现象，实现信息资源互通共享。这样，既有利于共同市场的形成，又能有效地降低社会交易成本，提高整个区域的综合竞争力。而湾区数字经济的一个重要发展方向就是提高信息资源的共享性，不断拓展数字信息资源，发展关于数字技术的集成、存储、分析以及交易业务，在共享时代下释放数字技术资源的新价值，促进信息一体化。

3.3 湾区数字经济空间结构的风险与管理

3.3.1 湾区数字经济空间结构的风险

1. 系统性风险

数字经济时代下，湾区经济空间加速扩展为多中心的新型网络空间。在这个网络化空间中，城市与城市之间、地区与地区之间分工协作、功能互补、互联互通。当湾区内某个城市或某个局部地区出现债务、环境、社会等各种风险和不确定性事件，其影响会沿着更广泛的经济网络快速扩散、放大到整个湾区经济网络，这就是湾区数字经济空间结构的系统性风险。如果没有及时跟踪、评估和消除湾区数字经济系统中的各种潜在风险，网络空间结构的稳定将被破坏，不利于湾区竞争力的提升。

2. 地区极化风险

湾区数字经济发展打破了大企业对价值链不同价值创造环节的垄断，让中小企业和后发地区也有机会参与数字化价值链分工中，实现弯道超车。但这有一个前提，中小企业和后发地区需要积极抓住数字化发展机遇，提高自身数字化程度，才能深入参与价值链分工。否则这些企业或地区只是数字经济先发地区的"仓库"或者"数据备份中心"，并未真正进入数字经济的供应链分工体系之中，大量的劳动力、土地资源都被锁定在低附加值部门。而数字经济发展中的先发地区，因循环累积因果原理不断积累有利因素，强者愈强。长此以往，地区之间的发展可能会更加失衡，后发地区的经济可能由于过度"专业化"而变得更加脆弱，整个湾区经济系统的稳定性也会降低，产生极化风险。

3. 数字鸿沟风险

数字鸿沟是指信息技术发展的过程中，由于数字化进程不一致导致地区与地区、产业与产业、社会阶层与社会阶层之间在数字基础设施、居民数字素养以及数字信息内容公开程度上的差异。湾区数字经济发展过程中,有部分群体、地区,可能会因为数字基础设施投资、经济能力、学习能力不足等原因无法跟上数字经济发展的步伐,现代数字技术则将成为阻隔他们参与正常数字化生活和生产活动的鸿沟。

3.3.2 湾区数字经济空间结构的风险管理

1. 开展湾区数字经济发展战略和布局体系的顶层设计

全面对接湾区创新体系、现代产业体系、国家治理体系建设并与之融合,从信息基础设施、数字科技、数字产业、数字治理等维度,开展数字经济发展战略和全域性布局体系的顶层设计,推动产业、数字基础设施等重点领域空间布局的整体优化,为后发地区创造有利条件,引导供应链不同环节在空间上相对均衡地布局,防范地区之间供应链分工深化所带来的结构失衡和地区极化的风险。

2. 构建一体化配置的空间治理模式

在湾区数字化水平不断提高的背景下,区域政策不仅要关注湾区经济发展过程中对基础设施、人力资本、金融资本等方面的需求,更需要重视湾区经济网络化过程中所存在的系统"不确定性"。因此,要加快构建与数字经济相匹配的一体化配置的空间治理模式,形成多方参与、良性互动、跨部门跨地区、共建共享共治的管理协调机制,及时跟踪、评估和响应区域经济系统中的各种潜在风险,提高湾区数字经济新型网络空间的整体稳健性。

3. 优化公共服务资源空间布局

积极探索"互联网+公共服务"的新机制、新模式,优化各类数字化的公共服务如数字医疗、数字教育、数字政务的供给。充分发挥互联网、云计算、大数据等现代信息技术对资源配置的优化和集成作用,建立与网络化空间结构相匹配的公共服务资源配置机制,进一步提升公共服务的便捷普惠性,特别是通过新一代信息化手段,引导公共服务资源向数字经济发展后发地区、非中心城市的覆盖,增强城市公共服务的可及性,降低"数字鸿沟"风险。

4. 实施适当的政策倾斜

进一步优化湾区数字经济发展政策体系，在财政、项目布局、数字基础设施、能源等政策领域加大对湾区非中心城市的倾斜力度，使其真正参与到数字经济的分工之中，促进各类地区共享数字经济发展的红利，防止地区差距进一步扩大，从而构建更加均衡、稳定的空间结构。

小结

区域空间结构是指社会经济客体在空间中的相互作用和相互关系，以及反映这种关系的客体和现象的空间集聚规模和集聚形态。湾区空间结构的基本要素主要包含点、轴（线）、网络和域面四类。它们按照一定的关系排列、组合就形成复杂的区域空间结构。

湾区空间结构的形态是在多种力量的交互作用下形成发展的，其形成和演变是一个动态而复杂的过程。湾区空间结构的演变机制主要有区位指向机制和集聚与扩散机制两类。湾区空间结构的组织形式主要有湾区产业集群和湾区城市群两种。当前，以纽约湾区、旧金山湾区和东京湾区为代表的世界一流湾区均已形成著名的产业集群，成为湾区亮眼的名片。湾区城市群是重要的区域空间组织形式，是全球滨海城市群发展到一定阶段后出现的空间现象。尽管湾区城市群在空间上体现出一定的分层结构，但在功能上核心区域和外围区域整合在一起，构建了一张分工协作、联系紧密的功能网络。

数字经济的快速发展，尤其是传统行业部门数字化水平的提高，使得地区之间要素流动、资源配置、利益分配的路径和模式出现了显著变化，湾区经济的空间结构亦随之改变。首先是要素跨区域流动空间格局改变，如数字要素在一定程度上替代实体要素的流动、要素集聚扩散形式有所改变、湾区空间边界更加模糊和湾区空间虚拟性增加。其次，数字经济令湾区多中心、网络化空间格局加快形成，如促进湾区价值链分工模块化和碎片化、加速湾区城市体系结构多中心化和助力湾区形成更复杂的网络化空间发展框架。最后，数字经济使湾区一体化加快，主要体现是市场一体化、产业一体化、基础设施一体化和信息一体化加快。

湾区数字经济空间结构具有系统性风险、地区极化风险和数字鸿沟风险，应通过开展湾区数字经济发展战略和布局体系的顶层设计、构建一体化配置的空间治理模式、优化公共服务资源空间布局和实施适当的政策倾斜管理相关风险。

思考题：

1. 什么是区域空间结构？
2. 湾区空间结构的演变机制主要有哪些？
3. 湾区空间结构的组织形式主要有哪些？
4. 湾区数字经济发展对湾区经济的空间结构有哪些影响？
5. 湾区数字经济空间结构有哪些风险，应当如何管理？

参考文献

[1] 陆大道.区域发展及其空间结构[M].北京：科学出版社，1998.
[2] 陆玉麒.区域发展中的空间结构研究[M].南京：南京师范大学出版社，1998.
[3] 秦耀辰.区域系统模型及其应用[M].开封：河南大学出版社，1994.
[4] 王铮.地理科学导论[M].北京：高等教育出版社，1993.
[5] 陈才.区域经济地理学[M].北京：科学出版社，2001.
[6] 曾菊新.空间经济：系统与结构[M].武汉：武汉出版社，1996.
[7] 陈修颖.区域空间结构重组 理论与实证研究[M].南京：东南大学出版社，2005.
[8] 曹颖轶.内蒙古经济空间结构演变及特点[J].干旱区资源与环境，2012，26（6）：182-186.
[9] 李郇，周金苗，黄耀福，等.从巨型城市区域视角审视粤港澳大湾区空间结构[J].地理科学进展，2018，37（12）：1609-1622.
[10] 亚洲金融智库.粤港澳大湾区金融发展报告2018[M].北京：中国金融出版社，2018.
[11] 林先扬.粤港澳大湾区城市群经济整合研究[M].广州：广东人民出版社，2017.
[12] 孙志燕.构建区域发展新格局适应经济数字化转型[EB/OL].（2021-01-20）[2022-02-02].app.sheitc.sh.gov.cn/gdxd/687915.htm.

第 4 章

湾区数字经济的产业融合理论

学习目标

（1）掌握湾区产业融合理论。
（2）掌握湾区数字经济产业融合理论。
（3）了解湾区数字经济产业融合发展的政策。

4.1 湾区经济产业融合理论

4.1.1 产业融合的概念和类型

1. 产业融合的概念

关于产业融合的论述，学术界因从不同角度分析产业融合问题而对产业融合的理解存在差异，目前尚未形成一个统一的产业融合概念。综合分析国内外以往文献中关于产业融合的概念，主要可归结为以下四大类。从信息通信产业的融合角度，产业融合是在技术融合、数字融合基础上所出现的产业边界的模糊化，最初是指计算机、通信和广播电视业的"三网融合"。萨哈尔和多西继罗森伯格的研究之后，指出某些技术在一系列产业中的广泛应用和扩散，并导致创新活动发生的过程，可被视为技术融合。尤弗亚认为，融合是指"采用数字技术后原本各自独立产品的整合"，并且可以分为替代性融合和互补性融合。格林斯腾和汉纳从产业变动的角度认为，产业融合作为一种经济现象，是指为了适应产业增长而发生的产业边界的收缩或消失，把产业融合分为替代性融合和互补性融合。

Raghuram（2000）指出，产业融合从根本上是指数字技术允许传统的和新的通信服务（无论是声音、数据或图片）通过许多不同的网络共同传送的现象，拜利（Bally, 2005）认为，技术融合不仅仅发生在信息传输业，在保健食品、数码相机、包装技术和机械工具等领域均有技术融合发生。因此，技术融合是从根本上改变以往各独立产业或市场部门的边界,并使它们融合成一个新的竞争环境的技术共同成长过程。

周振华(2002)提出,产业融合并不是原先就已存在,也不是与产业分立同时产生并列存在的,而是从产业分立中演变过来的,是产业边界固化走向产业边界模糊化的过程。随着信息化技术,特别是互联网的发展和运用,首先在电信、广播、电视和出版等行业出现产业边界的模糊与消失的融合现象。

从产业融合的原因和过程等来看,产业融合是从技术融合到产品和业务融合,再到市场融合,最后达到产业融合,是一个逐步实现的过程。欧洲委员会"绿皮书"将产业融合定义为产业联盟与合并、技术网络平台和市场三个角度的融合,麦霍特纳(Malhotra,2001)将产业融合定义为"两个或两个以上过去各自独立的产业,当它们的企业成为直接竞争对手时就发生了融合",并认为这种融合的发生是经由两个相互关联的过程来进行的,即来自需求方的功能融合和来自供给方的机构融合,当顾客认为两个产业的产品具有替代性或互补性时即发生了功能融合;而当企业认为两个产业的产品之间存在联系而生产或销售这两个产业的产品时,即发生了机构融合。

日本学者植草益(2001)认为产业融合是通过技术革新和放宽限制来降低行业间的壁垒,加强行业中企业间的竞争合作关系。马健(2002)认为产业融合是由于技术进步和放松管制,发生在产业边界和交叉处的技术融合,改变了原有产业产品的特征和市场需求,导致产业的企业之间竞争合作关系发生改变,从而导致产业界限的模糊化甚至重划产业界限。詹浩勇(2004)认为:"产业融合是指从经济和技术的有机联系出发,通过技术革新特别是互联网发展为主导的,建立在数字融合基础上的各产业间的壁垒逐渐降低,而竞争合作关系不断加强的一种优化过程。"李美云(2005、2007)提出,产业融合可以定义为:"以前各自独立、性质迥异的两个或多个产业出现产业边界的消弭或模糊化而使彼此的企业成为直接竞争者的过程。"

从产品服务和产业组织结构来看,OECD(1992)把产业融合定义为伴随着产品功能的改变,提供该产品的机构或公司组织之间边界的模糊。澳大利亚政府信息办公室(2000)在其《融合报告》中将融合直接定义为"由数字化激活的服务部门的重构",并指出融合实质上是两种服务传递结构模式之间的转变,传统的模式是通过模拟或物理技术来提供大众化的产品服务于国内市场,公司实现水平和垂直一体化的结构;新的服务传递模式则是通过可编程数字化网络进行大众定制化来服务于国际市场,用户可视服务和不可视传送平台之间实行垂直分割。报告认为融合具有三个主要特征:①融合不仅仅发生在电信和广播业,还发生在整个知识和交易密集型服务部门,如通信、金融、广播、教育、卫生保健和零售业等;②融合本质上是结构性的,与融合相关的最显著变化是产业结构的变化；③技术变化使融合成为可能，但并不是融合的驱动器，融合的驱动力来自对商业利益的追求。林德（Lind，2005）指出："融合无处不在，融合是分离的市场间的一种汇合和合并，跨市场和产业边界进入壁垒的消除"，产业融合是指由技术变革引发的产业边界重新界定。

从产业创新和产业发展来看，吴少平（2002）认为："产业融合是指各相关产业在整体分布格局中保持相对协调性和内在成长性。"厉无畏等人（2003）提出，产业融合是指不同产业或同一产业内的不同行业互相渗透，最终逐步形成新业态的动态发展过程。产业融合的结果是出现了新的产业或新的增长点。何立胜、李世新等人（2005）认为，产业融合是不同产业或同一产业内的不同行业在技术与制度创新的基础上相互交叉、相互渗透，逐渐融为一体，形成新型产业形态的动态发展过程。胡金星（2007）认为，产业融合是在开放产业系统中，技术与标准等新奇的出现与扩散引起不同产业构成要素之间相互竞争、协同与共同演进而形成一个新兴产业的过程，其本质也是一个自组织的过程。

综合来看，虽然学者们对于产业融合的定义各有侧重，但本质上都基于一个共同认识：产业融合是一种从信息产业逐渐扩散的全新经济现象。产业融合的发展态势已广泛影响世界产业的走向，并必将重塑全球产业的结构形态。

2.产业融合的类型

基于不同的研究视角，学者对产业融合进行了多种分类，主要包括技术、市场、产业、制度、融合程度和融合过程的角度。

基于技术层面，学者将产业融合分为技术互补型和技术替代型。技术替代型融合是指新技术取代旧技术，使原本独立的产品间具有联系性和相关性，并催生新的产业。技术互补融合是新旧技术的整合效果比各自独立使用时效果好，整合后的技术催生新的产业。Stieglitz（2002）从技术和产品层面构建产业融合类别分析框架，以技术和产品为出发点将产业融合分为四类：技术互补型、技术替代型、产品互补型、产品替代型，从创新类型、技术机会、累积程度、新进入者威胁、公司策略、联盟情况和案例七个维度对产业融合类型进行了深刻分析。

基于产业层面，学者将产业融合分为产业渗透、产业交叉和产业重组三类，提出产业渗透发生于传统产业同高技术产业的产业边界。伴随高技术产业的成长和高技术的渗透性、倍增性特性，使其能够无摩擦渗透到传统产业，提高传统产业生产效率。产业交叉发生于高技术产业的产业链延伸处，通过产业间延伸和功能互补实现产业融合，其过程使技术、业务和市场融合后的产业边界交叉，最终导致产业边界模糊。胡汉辉与邢华（2003）提出产业交叉是部分合并，并非完全融合，原有产业仍旧存在，只是产业结构出现了新的模式。产业重组发生在产业内不同行业间或具有紧密及联系的产业间，通过重新整合后的产品及服务满足市场的新需求，产业重组形成了产业新业态，提高产业效率，代表产业新的发展方向。聂子龙、李浩（2003）在上述分类的基础上，增加了第四类新产业取代传统产业的融合，提出新旧产业不是混合物，而是化合物，具有区别新旧产业的独立特性，电子商务则是这类融合的代表。

基于市场层面，学者将产业融合分为供给融合和需求融合两类。M.Pennings & Puranam（2001）利用 2×2 矩阵将产业融合分为供给互补型融合、供给替代型融合、需求互补型融合及需求替代性融合。Malhotra（2002）将产业融合分为供给驱动型融合（高机构与低功能融合）、需求驱动型融合（低机构与高功能融合）、纯融合（高机构与高功能融合）。也有学者提出供给侧是技术融合，利用通用技术提供不同产品和服务；需求侧是产品融合，利用不同技术提供替代品或互补品。

基于融合过程层面，学者将产业融合分为三个阶段，分别是技术融合、产品和业务融合及市场融合。技术融合属于产业融合的萌芽阶段，也是促进产业融合发展的关键基础，主要体现在通用技术实现不同产业间或同一产业内不同行业间的联结方面。业务融合是指企业的生产、业务、管理和组织流程的调整融合。市场融合则是实现产业融合的最终目标。

基于融合程度层面，学者提出产业融合分为全面融合、部分融合和虚假融合。完全融合指两个及两个以上产业经过融合创造出一个新的产业，导致原有产业的衰落和消失。部分融合指原有产业间的部分交叉重叠，融合后的新产业与原产业形成替代互补关系。虚假融合指仅发生在产业边界内，出现了产品融合形态，但既未创造大量的市场需求，也未形成新的替代互补关系的融合过程。Geradin（2001）将产业融合分为不完全融合（多效用模式融合、特殊协作融合）和完全融合（跨产业融合）。

基于制度层面，学者将产业融合分为宏观层面的制度融合和微观层面的标准融合。微观层面的标准融合指不同产业内的企业共同遵守通用标准，实现标准的统一。标准融合的表现层面主要在技术融合和产品设计。宏观层次的制度融合包含产业管制政策和管理机构两个层面，其中产业管制政策融合指不同产业在市场活动中遵守相似的产业管制政策。产业管理机构融合指在产业管制政策融合的框架下，对现有监管机制的改革实现监管机构趋向统一的变革。

4.1.2 产业融合的效应

通过梳理以往的研究,产业融合的效应可以归结为以下 5 方面:①促进产业创新,提升产业竞争力;②加剧市场竞争;③拓展产业链,实现价值增值;④催生新的合作形态;⑤推动经济一体化发展。

1. 促进产业创新,提升产业竞争力

传统产业经济理论和产业结构演进理论认为,产业升级主要遵循劳动密集产业—资本密集产业—技术密集产业的方向进行升级,产业结构优化是通过具有优势地位的产业部门代替竞争力衰退的产业部门实现的。然而产业融合作为一种突破传统范式的产业创新形式,正冲击并变更着传统的产业结构。新的技术不断得到广泛应用,新的产品和服务被广泛普及,从而促进新技术、新产品、新服务不断替代旧的技术、产品和服务,产业创新加速实现了产业结构的优化升级。

由于产业融合使得产业之间的边界模糊化,两个或多个产业之间形成了相同的技术基础和市场基础,使得某些产业容易改变结构的布局,迅速从一个产业过渡到另一产业,实现产业创新和发展。基于产业信息化的产业融合,会产生包括竞争激励效应、技术创新效应、组织创新效应、管理创新效应等一系列的创新效应,综合形成产业创新效应,从而促进产业创新。

迈克尔·波特认为,国家竞争力的核心是产业竞争力,产业竞争力的关键是该国能否有效地形成竞争性环境和推动创新。产业竞争力在一国的集聚,最主要是依靠产业结构的转型能力,实现产业结构的高度化、合理化。

产业融合与产业竞争力的发展过程具有均在的动态一致性。不同产业内企业间的横向一体化加速了产业融合进程,促进了产业创新发展,提高了产业具有的开拓市场、占据市场并获得利润的能力,即产业竞争力得到提升。例如,由于电子信息、生物工程、新能源、新材料等高科技产业与其他产业之间的广泛关联以及这些产业具有较高的产业成长性,产业融合造成的边界模糊和消失可以使其他产业转换到高新技术产业中,并经过产业融合和产业创新的连锁反应,使得产业结构得以转换和升级,从而提高产业的竞争力。

2. 加剧市场竞争

亚当·斯密认为:"劳动生产力上的最大改进,以及在劳动力指向或应用的任何地方所体现的技能、熟练性和判断力的大部分,似乎都是分工的结果。"产业融合其实是产业分工的内部化过程,在产业融合过程中,原先有固定化业务边界与市场边界的产业部门相互交叉与渗透，使产业之间由原先的非竞争关系转变为竞争关系。

植草益认为，一旦由于技术创新而发生产业融合，就会导致本产业与其他产业相互介入，本产业与其他产业的企业之间就处于相互竞争的状态之中。融合产业中企业数量自然会增加，竞争也自然会激化。在产业融合过程中，来自其他产业的企业也会不断加入进来，会进一步激化竞争。

在产业融合过程中，在产品替代性和融合程度增强的同时，产品的差异化程度也随着消费者的认定及偏好不同而增大，产品融合与产品差异化同时发生，加剧了市场竞争，促使市场结构在企业竞争合作关系的变动中不断趋于合理化，由此增强了产业的竞争效应。产业融合趋势中的"新鲜血液"有利于推动技术、服务等方面的创新，打破原来的价格体系，推动整个产业的竞争升级，可以为消费者提供更好的产品。产业竞争力的提升需要依靠产业结构的转型，产业结构转型的成功与否又在很大程度上取决于产业的创新能力，产业融合这一新型产业创新必将以极大的扩散、渗透效应推动产业结构的转换和升级。

随着产业创新发展，人们的消费需求会逐渐向高端趋势转移。一方面，技术创新和技术扩散的效应，促进了新技术的广泛应用，使得产业融合过程中出现了大批的新产品和新服务，满足了人们收入和生活水平提高后对更高层次消费品的需求欲望。另一方面，产业融合促进了更多的参与者进入和开辟市场，增强了市场的竞争性和新市场结构的塑造。

3. 拓展产业链，实现价值增值

产业竞争其实就是产业价值链各个环节的竞争，产业融合使得原本分立的产业价值链部分或全部实现了融合，融合后的产业比原有产业具有更高的附加值和更大的利润空间。

例如，三网的融合使原有的产业价值链横向、纵向延伸，在传递环节和传递规模上都有拓展，这意味着整个信息产业链上下游的巨大机遇依托产业价值链的链接功能，通过整合形成新的三网融合产业价值链，发挥了巨大的链接吸纳效应。三网融合后的新产业价值链由服务链条上的各环节无缝连接组成，是融合了原来传统的纵向产业价值链和最新的技术、最高端的服务、最先进的网络、最优质的业务的综合产业价值链。

除了原有的网络设备提供商外，还包括软件提供商、系统集成商，源源不断的价值流、资金流、物质流从链条上游向下游发送，实现价值的一次次传递和转移。在延伸拓展后的新产业链条，由于实现了三网资源的整合和优化配置，使得原本各自独立经营的业务范围得到补充，交易成本逐步下降，服务效率不断提升，新的产业价值链体现出"1+1+1>3"的价值增值效应。

另外,产业融合须造就一大批复合型高级人才。人力资本的投资和培养本身就是一个有良好市场前景的高级人才生产过程,可以带动就业增加和劳动生产效率的提高,提升居民收入和消费能力。人力资本"消费"作为一种新兴消费,是经济运行的最终拉动力量,在现代经济条件下能极大地带动生产增长。

4. 催生新的合作形态

产业融合作为一种新的产业模式,其影响还反映在对原有产品和服务的改善以及企业间的合作形态上,即产业融合创造了新的发展空间,使原有业务在新生企业之间产生新的合作形态,从而促进原有产品与服务的新发展。虚拟企业便是基于产业融合发展中产生的一种新型的企业合作形态,它在很大程度上能够成为产业融合得以拓展的重要微观组织基础,虚拟企业创造某项产品或服务的过程,是一种网络式的价值创造共同体。

虚拟企业打破了传统企业金字塔式的纵向管理模式,实行扁平化的横向管理,在信息网络平台上,虚拟企业加快了资源整合的速度,并在此基础上实现了企业快速响应市场的能力,能够为客户提供多样化的消费产品和服务。

5. 推动经济一体化发展

产业融合的发展能够推动区域经济一体化发展。区域经济一体化是指不同的空间经济主体之间为了获取生产、消费流通、贸易等利益产生市场一体化的过程,包括从产品市场、生产要素市场(劳动力、资本、技术信息)到经济政策统一的逐步发展,是状态与过程、手段与目的的统一。

产业融合将促进企业网络的发展,提高区域之间的联系水平。第一,产业融合带来企业网络组织的发展,使其成为区域联系的主体,有利于打破区域之间的壁垒和障碍,增强区域之间的联系。第二,产业融合能够加强区域之间的贸易活动和竞争效应,加速区域之间资源的流动与重组,提高区域经济效率。第三,产业融合将扩大区域中心的极化和扩散效应,有助于改善区域的空间二元结构。第四,产业融合将促进区域经济一体化制度的建设,为经济全球化打下基础。所以说产业融合能够促进区域经济一体化和经济全球化的发展。

4.1.3 产业融合的驱动力

波特等人认为,产业融合发生的主要动力是技术创新和技术融合。哈梅尔认为,"政府放松管制、经济全球化、私有化、新技术应用正在使产业边界变得毫无意义。"Yoffie（1997）将技术创新、管理创新、政策管制和战略联盟等视为产业融合的动力。植草益（2001）认为，由于技术领域的不断创新，不同领域的产业具有可以相互代替的关系，产业融合与相关政策放松和技术创新造成的产业边缘模糊有着直接的关系，有利于企业扩大规模、开拓市场、开发新产品，使企业演化出更新更好的格局。马健（2002）认为产业融合受到产品特征和市场需求共同影响，既可以改变原有的竞合关系，又使得产业边界模糊化甚至产业被重新划分。

从当今世界产业融合的实践来看，推动产业融合的因素是多方面的，主要有技术、政府、企业、市场等层面。产业融合的动因既包括企业间的竞争合作以及对产出效率的追求，又有创新的驱动，还包括政府的政策措施支持和市场需求的推动等。总之，产业融合是由产业发展的内在规律决定的，是社会经济发展的必然结果。

1. 产业发展的内在规律

人类社会的发展要遵循客观规律，产业的发展也离不开经济发展的一般规律。在产业发展过程中，产业种类越来越多、产业组织越来越复杂、产业边界越来越模糊、产业间的作用和影响越来越大，乃至产业融合的出现，均是由产业发展的内在规律所决定的。产业结构有着从低级向高级的演进规律。随着经济的发展，产业结构总是趋于不断优化，而产业融合正是产业结构优化的重要途径。

在产业发展过程中，非物质部门的产业逐渐向物质产业部门渗透，融合程度越高，越能促进经济的发展，如装备工业与物流业相互融合、资金密集型产业与金融服务业相互融合和技术密集型产业与科技教育产业相融合等。产业融合的内在动因是产业发展的内在规律，是人类社会经济发展的必然结果，是一种必然的经济现象。

2. 技术创新

产业融合的源泉是技术创新。1928 年，熊彼特提出"创新是一个过程"的概念。1939 年，他提出了创新理论，认为创新就是企业家把生产要素和生产条件的新组合引入生产体系，即建立一种新的生产函数，以获得潜在的利润。他认为，创新包括 5 种形式：①生产一种新产品；②采用新生产方法、新技术或新工艺；③开拓新市场；④获得一种新供给来源；⑤实行新的企业组织方式或管理方法。

1951 年，索罗《在资本化过程中的创新：对熊彼特理论的评论》一文中较全面地研究了技术创新理论，并首次提出了技术创新成立的两个条件为新思想来源和以后阶段发展的实现。弗里曼则认为经济学上的技术创新包括新产品、新过程、新系统和新装备等形式在内的技术向商业化实现的首次转化，包括第一次引进新产品或新工艺中所包含的技术、设计、生产、财政、管理以及市场等诸多步骤。

技术创新按其产生的效应和其他技术的关系可以分为革命性的技术创新和扩散性的技术创新，二者对产业的发展具有不同的影响。

1）技术创新的溢出效应加快了不同产业之间的技术融合

20世纪90年代以来，由于各个领域发生的技术创新和技术扩散，产业融合成为全球产业发展的浪潮。随着通信与信息技术的日益成熟和完善，各种新技术被广泛应用，且技术本身具有扩散和溢出效应，催化了技术融合的发生。

熊彼特提出，技术创新的大面积或大规模的"模仿"即为技术创新扩散。斯通曼认为技术创新扩散是一项新技术的广泛应用和推广。舒尔茨则将技术创新扩散定义为技术创新通过市场或非市场的渠道传播。于刃刚等人认为技术创新扩散是指已经实现商业化应用的新技术的传播应用过程，即一项技术从首次商业化应用，经过大力推广、普遍采用，直至最后因落后而被淘汰的过程。

技术创新开发的替代性或关联性的技术、工艺或产品，通过渗透、扩散融合到其他产业之中，或者改变了原有产业生产的技术路线，或者丰富了原有产业经营的内容和形式，使得不同产业之间具有相似的技术基础和共同的技术平台，因而出现了技术融合的现象。同时，原有技术通过与其他技术的融合又能够产生新的技术，新的技术通过扩散和应用进一步推进技术融合、技术创新扩散和溢出的过程，加速了不同产业之间的技术融合主要体现在以下几个方面。第一，一个产业的技术创新扩散到相关产业，并对相关产业的原有技术进行改造，与原有技术融合而产生新技术，使得相关产业的技术水平得到提高。第二，一个产业的技术创新扩散到相关产业之后，相关产业的技术升级也会反作用于该产业，技术融合也是必须和必然的。第三，与一个产业的技术创新过程相伴随的市场需求状况、特点及趋势等信息的溢出，会被其他产业利用，推动技术融合。

2）技术融合推进产业融合

技术创新在不同产业之间的扩散导致了技术融合，技术融合使不同产业形成了共同的技术基础，并使不同产业间的边界趋于模糊，最终促使产业融合现象产生。近几年来，信息产业以每年30%的速度发展，信息技术革命引发的技术融合已渗透到各个产业，技术融合催生了业务融合、市场融合，并最终达到产业大融合。

技术创新在不同产业之间的扩散导致了技术融合，而技术融合使不同产业之间的成本结构、生产技术和工艺程序等变得十分类似，从而形成不同产业间通用的技术平台，技术的通用性消除了不同产业之间的技术进入壁垒，最后，导致产业间生产方式和技术边界趋同。

不同产业根据技术融合的导向,调整原有业务,整合物质、技术、人力和管理资源,在技术创新的基础上,积极发展与技术融合相适应的新业务,提供新的产品或服务,这些具有相似功能的产品或服务可以满足多种消费者的需要,从而使得不同产业在技术融合的基础上产生业务融合。技术的创新、技术的扩散和溢出效应以及在此基础上产生的技术融合和业务融合给原有产业的产品或服务带来新的市场需求,便产生市场融合。

技术融合是产业融合的前提,业务融合是产业融合发生的必要准备,市场融合是产业融合的表现形式。技术创新和技术融合并不必然导致产业融合,只是起到了催化剂的作用,只有在技术创新、技术融合基础上产生业务融合和市场融合,才能最终导致产业融合。

总之,技术创新特别是扩散性的技术创新是促进产业融合的拉力,是产业融合发展的催化剂。在技术创新和技术融合基础上产生的产业融合是"对传统产业体系的根本性改变,是新产业革命的历史性标志",是现代产业发展及经济增长的新动力。

3. 企业内部因素

企业间日益密切的竞争合作关系和企业对效益、效率的持续追求是产业融合发生的重要原因,因此,产业融合是来自于企业自身的内部原因。

1)竞合关系

合作竞争又称为协同竞争,是企业之间在双赢的基础上建立的"在竞争中合作、在合作中竞争"的关系,即所谓的"竞合关系",通过企业间有意识的相互合作去得到由原来的独立竞争所不能获得的经营效果。在合作竞争理念的指引下,实业界逐渐突破了产业分立的限制,使不同产业或同一产业的不同部门得以寻求交叉产品、交叉平台以及收益共事的交叉部门。

同一产业内部不同企业间的合作只是使企业的规模扩大,而不同产业间企业的合作则是产业融合的组织基础。企业之间通过竞争与合作,使更多的资源能在更广阔的范围内合理分配和利用,生产出来的产品或服务将会更具有竞争力。所以,企业间的竞争合作关系是产业融合的企业动因。

另外,产业融合化发展,可以突破产业间的条块分割,加强产业间的竞争合作关系,减少产业间的进入壁垒,降低市场交易成本,提高企业生产率,最终形成持续的竞争优势。

2)追求效益

企业的价值往往通过其效益来体现,企业只有多盈利,才能有充足的资金以获得更多的投资机会，扩大其生产规模和经营范围。当企业内部存在着可利用的剩余资源，但由于市场限制既不可能将其用于扩大原有生产规模，又不可能通过出售这些剩余资源而获利，同时也不愿放弃以更低成本获取外部资源的机会时，只要存在可能的范围经济效益，企业就会作出跨产业多元化经营的决策。

不同产业中的企业为追求范围经济进行多元化经营、多产品经营，通过技术融合创新改变了成本结构，降低了生产成本，通过业务融合形成差异化产品或服务，引导顾客消费习惯和消费内容实现市场融合，最终促使产业融合。例如，金融企业同时生产几种产品的支出比分别生产它们时要少，此时就存在范围经济。

当然，并不是某几个企业为了追求效益而进行多元化经营就会产生产业融合。当个别企业的跨产业多元化经营的经济效益显著时，才会有产业内的其他企业跟进。跟进企业跨产业经营的方向趋同时，产业内大多数企业都出现内容趋同的跨产业多元化经营时，产业融合才能完成。

3）追求效率

企业在竞合发展过程中，也不能光谋求收益而不追求效率，如果某个企业光靠规模和范围而效率低下，这种企业也不能长久生存。在追求效率的过程中，某一个产业内的企业可以在产业融合过程中采用其他产业的先进技术为自己服务。

在现实的经济生活中，很多先进的技术和方法都会受到一些外界的不确定性因素的制约，比如特定资源的瓶颈、环保要求提高、政府政策调整、国际经济形势变化等。一旦外界环境和运营条件发生了变化，原有产出方式的局限性就显现出来，制约企业的生产规模和服务质量的提升。当这种制约和局限性越来越影响产出的效率时，企业改进生产方法的努力就反映了对经济增长可持续性的追求，更是反映了对经济效率的追求。在新一轮的技术改进和技术创新中，又会产生新的产业融合形式。企业不仅要追求产量，更要追求效率，并不断开发、学习新的技术，把它融合到更广阔的范围之中，它们可以将固定成本分摊到更广泛的产品上，利用自身的分支机构和其他销售渠道以较低的边际成本销售附加产品，通过多方面的收获来及时应对外界环境的变化和挑战。

4. 市场需求的扩大

市场需求的扩大是产业融合的推动力。随着社会经济的发展，人类的需求在不断提高，人们往往追求更加方便快捷、满意舒适、低成本、高效率的消费方式，这种无止境的需求使得企业不断谋求创新发展。随着技术不断创新和扩散，产业融合不仅出现在通信业，金融业、能源业、运输业的产业融合也在加速进行之中。近几年，文化创意产业、旅游产业、教育产业等新兴产业与传统产业或高科技产业的融合发展也愈演愈烈。

信息技术的发展和传播，使越来越多的实物产品智能化、数字化、信息化，各种商业服务都能够通过电子商务的形式，成为网上交换的数字产品。以数字技术为基础的网络连接，使生产者与消费者、产品与服务紧密地联系在一起，市场信息的传播变得更方便和透明。由于产业融合通常发生在高技术产业与其他产业（大多为传统产业）之间，高新技术融入其他产业中会影响和改变其他产业的产品生产特点、市场竞争状况以及价值创造过程，从而改变原有产业产品的市场需求和产业的核心能力。

技术创新改变了市场的需求特征，给原有产业的产品或服务带来了新的市场需求，反过来，市场需求的扩大又会进一步促进产品的创新，为产业融合提供市场空间，使产业融合在更大范围内出现。另外，物质财富的极大丰富和生活水平的不断提高，使人们的消费方式和消费观念发生了巨大变化，消费者已经从工业经济时代注重物质财富的占有性消费，转变为知识经济时代注重解决问题的服务性消费。

换言之，现代社会的消费正朝着享受型消费发展。产品只是一个待发生的服务，而服务则是实际上的产品。在这种情况下，只有同时供应产品和服务才能满足消费需求，正是市场需求的变化推动了产业融合的发展。

5. 跨国公司的发展

跨国公司的快速发展是产业融合的重要载体。在经济飞速发展的今天，企业的技术、经营、战略等都需要随时更新，才能赶上信息化时代的步伐。从20世纪开始，跨国公司的发展为全球经济体的发展带来了新的活力。

在当前技术飞速进步和竞争日趋激烈的背景下，各国的跨国公司和大型企业集团在扩大经营规模和服务范围时，集技术开发、投资、生产、制造、贸易、售后服务等于一体，而计算机网络和通信网络的融合为跨国企业的全球化发展提供了重要的技术支撑平台。根据整体经济利益最大化和共赢的原则，跨国公司在开展国际一体化经营活动中，已开始从产业划分战略转向产业融合战略。跨国公司和大型企业集团在全世界广泛发展，将传统的"国家生产"产品变为"公司生产"产品。跨国公司是推动产业融合发展的主要载体。

6. 政府管制的放松

政府管制的放松为产业融合提供了外部条件。20世纪80年代以来，技术创新和技术扩散改变了自然垄断产业的技术基础，由于更多产业的企业可以同时享有新技术的溢出效应，引起自然垄断产业的成本函数和市场规模的变化，这些都在一定程度上改变了它的自然垄断性质。从自然垄断到垄断竞争，再到完全竞争、竞合关系的出现，都离不开政府规制政策的放松。管制的放松导致其他相关产业的业务加入本产业的竞争中，从而逐渐走向产业融合。

20世纪90年代，正是美国政府放松了对电信业的经济性管制，使得电信业、有线电视业之间的产业边界模糊，并提供了一个开放竞争的市场，从而导致产业融合现象的出现。但是，技术进步加上放松管制并不一定就导致真正的产业融合，这只是一个辅助条件。如果某一产业的技术进步仅仅发生在本产业内部，而不是发生在产业边界，则可能产生被学术界称为"死户融合"的现象。随着信息化的全面展开，全球宏观环境和产业环境在发生变革。新兴市场的高速发展，这些变化都会使产业融合的主导因素及基础条件在更大产业经济范围内显现并发挥作用，从而使产业融合进一步拓展化，引发新的产业革命。

4.2 湾区数字经济产业融合理论

作为一种通用目的的技术，数字技术具有通用性和高渗透性等特点，与实体经济具有天然的融合性。随着消费互联网加速向产业互联网延伸，数字经济与实体经济的融合也由消费领域向生产领域扩展，跨界融合、产销融合与协同创新成为产业融合的新趋势。目前，数字技术已经广泛应用到工业制造领域，催生了智能制造、个性化定制、网络化协同、服务型制造模式，提高了整个工业生产部门的经济效率。值得注意的是，虽然数字经济与实体经济的连接点集中于工业或制造业领域，但这种连接并不局限于生产制造领域，而是以制造业为起点，逐步扩展到能源、交通、农业等各领域实体经济中，表现为数字产业与传统产业的融合，即通信技术对包括农业、工业和服务业在内三大产业细分行业的渗透和潜入，以及在信息技术基础上与其他产业的融合。

4.2.1 湾区数字经济的产业融合效应

产业融合不仅催生了新行业，而且改变了企业的竞争与合作关系，也改变了产业绩效、产业结构、产业发展空间、创业创新等领域的反馈效应。

1. 降低成本，改善产业绩效

第一，产业融合过程产生的通用资源有助于降低动态和静态成本。一方面，产业融合有利于通用资源得到充分使用，进而降低静态成本；另一方面，通用技术的融合有利于提高资源的投入、产出效率，推进生产可能性边界地扩张，进而使得动态成本降低。研究证明，拥有共同的基础设施资源可以减少被检验企业的单位平均成本。第二，产业融合过程使企业对市场产生替代，从而使内生交易成本和外生交易成本降低。一方面，产业融合使生产迂回链条得以缩短，也缩短了生产和消费之间的距离，同时使得价格、质量的透明度和流程控制力提高，改善产业间的交易效率，使企业内分工的交易成本显著低于市场分工的交易成本；另一方面，产业融合缩短了中间环节的迂回链条，降低中间交易成本。第三，产业融合过程中，共同技术的扩散提高融合产业的技术水平、管理能力，降低了产业间要素生产效率的非均衡度，促进产业间的配合度与协调度，提升了整体产业绩效。

2. 产业结构升级效应

第一，在产品结构和行业结构方面，产业融合表现在数字技术对传统产业的渗透，使传统产业的生产效率提升，而生产效率的提高表现为产出水平的提高或新产品和新服务的出现及增长。第二，在产业结构方面，产业融合过程不但创造了高利润、高效率的新产业的成长和发展，而且使得无竞争力的旧产业衰落或消亡。在发展的过程中，生产要素从低效率产业流向高效率产业，使新产业的地位和作用不断得到巩固和强化，必然实现经济社会整体的产业结构的优化升级。第三，在资源禀赋结构方面，产业融合的前提是数字技术和信息数据等资源要素在传统产业的应用，意味着资源禀赋结构的优化。林毅夫等认为产业结构的升级是经济发展过程的内生变量，是经济中资源禀赋变化的结果。因此，资源禀赋结构的优化会引起产业结构的优化升级。第四，在资源优化配置方面，产业融合过程中，必然出现不同产业间存在通用资源的现象，有效降低成本，促进资源由低效率产业向高效率产业流动，从而提高资源配置效率。同时，产业融合过程中对新兴资源和增量资源的使用，推动产业结构优化升级。例如，数字技术和数据资源由传统产业中非资源或非重要资源转变为核心资源，推动产业融合，促进更大范围的资源优化配置，推动产业结构升级。

3. 产业发展空间效应

第一，产业融合促进了新产品和新服务。从供给的角度看，产业融合扩展了产业的供给市场容量，吸引更多的市场参与者进入，促进新兴产业的出现与成长，扩展产业发展空间。从需求的角度看，新产品和新服务能够更好地满足消费者多样化的需求，引领未来需求发展趋势，提高产业竞争力。第二，产业融合将原本独立的产业价值链实现部分或完全融合，创造出新的产业价值链。新产业价值链相对原产业链，具有更大的附加值和利润空间，提高产业的竞争力，为产业发展创造空间。第三，以上产生的产业竞争力对促进产业融合具有反作用力。提高产业竞争力,可以使产业内企业获取更多市场份额和资源积累,为推动产业进一步发展创造物质基础。

4. 产业创新优化效应

第一,技术创新效应。新技术在产业间的持续广泛应用,建立了产业间的共同技术基础,为产业改变结构布局,为实现从一个产业向另一个产业的过渡创造条件,从而实现产业创新。第二,竞争合作效应。产业融合改变了传统的竞争规则与竞争环境,企业需要进行竞争与合作关系的战略调整以适应新环境和规则,保持竞争优势。第三,组织创新效应。一方面,产业融合促使市场机构随着企业之间的竞合关系的变动不断调整并趋于合理,实现组织竞争结构效应。另一方面,产业融合必将引起企业组织之间和其内部的调整与创新,实现组织结构创新效应。第四,市场结构创新效应。产业融合将会导致市场结构的深刻变革。一方面,产业融合创造的市场机会将吸引新企业的进入,增加产业内的企业数量,降低产业的市场集中度;另一方面,随着需求趋势的转变,标准化的大批量生产逐渐被个性化的订制品替代,企业需要由规模经济战略调整至范围经济战略,推动企业间并购等行为的发生,减少产业内的企业数量,增加产业的市场集中度。产业融合过程在上述看似矛盾的运动过程中,实现规模报酬与竞争活力的平衡,创造新的有效竞争的市场结构。在技术创新效应、竞争合作效应、组织创新效应和市场结构创新效应的共同作用下,实现产业的创新效应。

5. 区域效应

产业融合突破传统区域边界,提高区域间从生产要素市场、产品市场到政策制度之间的联系。第一,产业融合促进区域间的贸易与竞争活动,提高区域间资源的流动与配置效率,从而带动区域的贸易效应和竞争效应。第二,产业融合有利于企业组织突破原有区域之间的壁垒,增加企业组织的区域联系水平。第三,产业融合能够改善区域原有的空间二元结构,扩展中心区域的扩散与极化效应。产业融合有利于构建通用的区域经济制度框架,降低区域制度造成的障碍。

6. 产业间的技术融合加强

随着数字经济的发展,大数据、云计算、人工智能等数字技术在不同产业领域发生着广泛的渗透和应用,如车联网、智慧城市、无人超市、智慧物流等,数字技术已经成为不同产业的关键性、通用性技术手段,进而形成了产业间的技术融合。技术融合将逐步消除产业间的技术壁垒,使得不同产业间的技术、工艺逐步走向同质化,具有替代性或关联性特点,实现相关技术和工艺在第二、第三产业间广泛应用,进而改变产品和服务的技术特性及价值实现方式，促使原有产业部门更替，最终模糊不同产业间的边界，形成不同产业间的融合。同时，数字技术被广泛应用于信息的收集、处理、传输和存储。一方面，数字技术将相互独立的电视、电话、传真、网络等信息传播形态逐步融为一体；另一方面，数字技术将文字、图像、音频、视频等不同的信息载体数字化，使得信息结构改变，催生了新信息平台和传统企业平台化的新生态。新平台和新生态促使传统企业在供应链、研发、生产、销售、售后等环节不断协同发展，不同产业企业充分利用相对优势，对资源、技术等进行整合与配置，调整原有的生产合作与经营服务方式，改变传统的产业组织形态，并发展出新的产业模式和业态，实现不同产业间的融合。

7. 催生新的需求市场

据《中国互联网发展状况统计报告》，截至 2020 年 3 月，我国网民规模达 9.04 亿，数字经济规模达 31.3 万亿元，占国内生产总值（GDP）的比重达到 34.8%。数字经济在消费者和企业间架设起新的沟通桥梁，催生了数字化的产品和服务，改变了人们对产品和服务的需求，将人们的需求从传统的物质占有性需求转变为数字化、多样化的服务需求；而且，数字技术的创新也改变了传统产业产品与服务的技术路线，进而改变了传统市场的需求特征，促进形成新的市场需求。适应市场需求变化是产业融合的根本动因，为满足消费者不断变化的需求，各产业主体将改变自身的产品及服务，使之往整套或全套解决方案的方向发展，以满足消费者消费数字化多样化的需求。而整套或全套的方案往往意味着产品和服务是一站式、全方位的，传统产业模式下的单一产业显然无法满足消费者多样化的需求，需要不同产业间的相互分工合作，进而促进了第二、第三产业的融合。

8. 促进范围经济实现

企业通过跨产业合作获得的净收益称为范围经济，产业融合的推动者和主体是企业，而企业的天性是追逐利益，只有当企业能够通过跨产业经营获得净收益，使其利润增加的情况下，企业才会选择跨产业经营，进而促进不同产业间的融合。

在数字经济的作用下，企业的诸多生产要素实现了数字化，同时数字技术的应用改良了企业的供应链，使得企业供应成本降低，数字技术的创新更是促进了不同产业间的技术融合，一定程度上避免了不同产业资产间的排他性，进而增加了不同产业间资产的通用性，降低了企业跨产业经营的成本；同时数字经济催生了消费者和市场的个性化、多元化需求，推动着企业向产品服务和经营方式的多元化发展，从而追求范围经济。在成本和需求的双重驱动下，数字经济带来的范围经济能够有力促进企业跨产业经营，推动产业融合。

9. 外部管制放松

许多研究表明管制的放松是促成产业融合的外在原因，如西方一些国家对运输业管制的放松促进了西方物流产业的融合发展；美国政府放松对电信产业的管制，促成了电信业和电视业的产业融合；我国对现代服务业管制的放松推进了制造业和服务业的融合，对物流业规制的放松促进了物流业内各产业的融合。外部管制放松推进产业融合的原因主要有以下三方面：第一，管制的放松可以降低企业进入其他行业的壁垒；第二，管制的放松能够鼓励独立产业间通过技术创新实现技术融合和范围经济；第三，管制放松能够促进新技术的溢出效益进而改变相关产业的管制情况。在全球经济数字化的大背景下，我国鼓励数字经济与实体经济的融合，党的十九大报告明确指出"要促进推动互联网、大数据、人工智能和实体经济深度融合"，G20大阪峰会上习近平主席再次提出"要促进数字经济和实体经济的融合"，相应的也适当放松了部分经济产业领域的管制，如知识产权共享领域、现代服务业领域等。

4.2.2 湾区数字经济产业融合的动因

产业融合作为一种新的产业创新方式，是社会生产力进步和产业结构高度化的必然趋势。产业融合的动因既有数字经济基础产业的自身融合及其他产业与数字经济基础产业的产业融合，又取决于产业融合的动力机制，是产业融合内在规律与外在动力共同作用的结果。

1. 创新的推动

1）数字技术创新的推动

推动产业融合发生和发展的最直接动力是数字技术创新。第一，不论是革命性的数字技术创新还是扩散型的数字技术创新，在不同产业间均发生广泛的渗透与应用，成为不同产业部门的关键技术和通用技术。一方面，数字技术消除了不同数据信息的形式差异，促使文字、视频、语音、邮政、传真等数据信息的数字化；另一方面，数字技术具备广泛应用于数据信息的收集、处理、存储、传输、收发等环节的基础条件。第二，不论是革命性的数字技术创新还是扩散型的数字技术创新均能实现原有技术、产品和工艺之间的替代性或者关联性，通过在不同产业间的扩散渗透，改变原产业产品的成本函数。一方面，促进不同产业产品数字化，加强不同数字产品之间的互换性和互联性，实现产品融合；另一方面，创造产品与服务的新技术路线，改变原有市场的需求特征，创造新的经营模式与内容，为产业融合的发展创造空间。第三，数字技术创新提高不同产业间的资产通用性,为实现更加广泛的产业融合创造物质基础。

2)组织结构创新的推动

互联网、宽带等数字基础设施的建设为全球市场的连通创造了条件,极大拓宽了企业的市场规模。一方面,市场规模的延伸促进企业从传统的分工模式向跨产业分工模式转变,在降低市场不确定性的同时,也降低了因市场不确定性造成的交易成本,如资产专用性向资产通用性的转化。另一方面,交易费用的降低会进一步促进跨产业模块化分工模式的发展。市场规模的扩大和分工方式的演进共同推动企业组织结构的变革和创新,并最终推动产业融合方向的产业变革。

2. 产业活动主体的推动

1)产业活动主体新竞争与合作模式的推动

第一,在数字经济背景下,产业活动主体在变化的环境中意识到进行产业间的合作较独立产业部门间的竞争更具优势,因此产业活动主体将积极突破原有产业分立与产业分工状态,并拓展在同一产业的不同部门及不同产业部门间的融合平台和融合产品,不同产业间的活动主体构建的新竞争与合作模式推动了产业融合组织基础的形成。第二,新的竞争与合作模式,突破了产业之间的条块分割,降低了产业间的进入壁垒,有效减少了交易成本,提高了劳动生产率,培育了新的竞争比较优势。

2)产业活动主体从追求规模经济向范围经济的转变

在数字经济的背景下,产业活动主体逐渐从对规模经济的追求发展到对范围经济的追求。第一,工业经济背景下的标准化大批量生产无法满足数字经济创造的个性化订制品的需求,数字经济设施为消费者个性化和多样化的产品与服务需求提供了基础条件。产业活动主体在需求的推动下进行多产品和多元化经营,就是对范围经济的追求,即通过增加产品和服务种类,引起总经济效益的增加。实现范围经济的关键在于通过通用生产要素的使用,降低多种产品及服务的供给成本,结合新的消费内容和消费习惯,创造新的融合产品与融合服务,在业务融合和市场融合的基础上,最终实现产业融合。第二,当产业活动主体内部存在可使用的剩余资源时,由于市场和产业的限制,如果既不能扩大生产规模,也无法出售剩余资源,这时只要存在范围经济和改变成本结构的外部资源,产业活动主体就具备主动进行多元化和多产品的跨产业经营动力,从而有力推动产业融合的发展。

3)产业活动主体的全球化发展

一方面,产业活动主体面对竞争环境的复杂性和不稳定性,利用互联网等数字基础设施拓展全球市场,突破地域垄断的局限性,重构市场竞争格局,促进数字经济的发展。另一方面，数字经济基础产业为跨国公司的全球一体化经营活动提供重要支撑，如数字技术对跨国公司研发、投资、生产、加工、贸易等领域的渗透，促使跨国公司的经营战略由产业划分向产业融合转变，成为推动产业融合的主要载体。

3. 融合演化规律的推动

数字技术向不同产业部门的扩散和应用促进了技术融合，技术融合进一步催生了业务融合和市场融合，导致原有产业边界的模糊化，最终实现产业融合。首先，数字技术创新为不同产业创造了通用的技术基础，形成技术融合。技术融合消除了不同产业部门间的技术壁垒，促使不同产业间的成本、生产、技术边界趋同，并创造具有相似功能的新产品和新服务。不同产业部门以技术融合为导向，重新整合与配置要素、资源和技术，并调整传统业务模式，发展出适应技术融合的业务融合模式。在技术融合与业务融合的基础上，新产品和新服务对原有市场需求产生替代效应，催生新的市场特征和市场需求，产生市场融合，使融合后的产业能够真正进入其他产业领域的市场空间，完成最终的产业融合过程。

4. 市场需求的推动

一方面，技术创新改变了市场需求的特征，带来新的市场需求。数字技术将生产者和消费者以新的方式连接起来，催生数字化产品与服务，实现市场需求从工业经济背景下对物质的占有性需求转变为数字经济背景下的服务型需求，改变了传统产业的市场需求、产品特点、竞争与合作状态和价值创造过程，导致了市场供给侧与需求侧的融合，创造新的市场需求；另一方面，新的市场需求反过来也能够促进产品创新，为产业融合创造市场空间，促使更大范围的产业融合。学者Holler通过构建社会认知模型证明了市场需求与消费者需求对产业融合的推动作用。

5. 外部规制环境的推动

若政府基于某种因素考虑，对产业制定了政策性的准入壁垒，约束了企业跨产业经营和并购等行为，那么即使存在创新推动、产业活动主体的积极参与、存在市场需求的情况下，由于不具备外部环境条件，市场自发启动的产业融合也无法最终完成。施蒂格勒提出各国政府的经济性产业管制是造成不同产业部门壁垒和产业边界的主要原因。而政府放松管制，如取消对产业的准入、价格、投资及服务等方面的规制，则能够鼓励产业内的不同行业及原本独立的产业间通过技术创新实现共同的技术基础和范围经济能够在产业间相互介入，不同产业部门的企业在新技术带来的溢出效应下，引起原产业的成本函数、市场规模和经济规律的改变，导致原有产业管制、规制失去效应，而在融合过程中经历的技术融合、业务融合和市场融合促进了管制的再次放松，最终形成数字经济基础产业内部融合及其与制造业的产业融合。例如美国政府出台《电信法》，放松对电信产业管制，在开放的环境下，促成了电信业和有线电视业间的产业融合。

4.3 湾区数字经济产业融合发展的政策

4.3.1 分类推动各功能产业调整发展

一般而言，对核心功能产业和高端功能产业，应打造最有利的发展条件，强化其规模发展优势。对基本功能产业，则应持续提升产业品质，对阶段功能产业，可侧重于提升产业绿色低端发展能力，推动将制造环节向研发环节和销售网络控制环节转变，而对技术含量低的劳动密集型产业则应引导有序腾退空间。

1. 突出增强航运、金融、贸易等核心功能业态

提升港口及机场枢纽的发展能级，推动金融、航运和贸易的资管部门、功能性机构、公共服务平台和行业协会落户，促进总部经济发展，推动形成互联网金融、对冲基金、融资租赁、股权投资、航运保险、商业保险、电子商务、技术贸易、服务贸易等新业态、新模式，突出发展以市场需求为导向的研发产业，促进方案设计提供商、委托研发等研发新要素发展，推动产业链和价值链向高端延伸。

2. 支持高端功能业态发展

推动服装、钟表传统产业转向时尚创意产业，推动发展国际会展、邮轮游等新兴业态。推动会计咨询、规划设计、律师等专业服务业与核心功能业态同步发展，鼓励依托航空航运大规模运输条件的集成电路、可穿戴设备、智能手机等制造业的发展。

3. 提升基础功能产业发展层级

促进基于港口、机场的国际采购、国际配送和全球集散分拨的临港产业、临空经济等新业态的发展，推动传统港口物流、临空物流产业转型升级。促进市政服务业向规模化、高端化转化，促进生活性服务业的集约发展和新业态探索，推动产业链的跨区域布局。

4. 推动阶段功能产业转移转型

对重化工业、一般加工装备制造业等产业，视其产业生命周期情况与湾区生态状况做相适应的产业转移或升级，按总部基地模式推动其向湾区战略腹地转移生产环节。而对劳动密集型的"五小"制造业等，可按照湾区城市功能疏解情况分别采取"并（兼并重组）、转（转型生产）、腾（腾出厂房）、退（退出淘汰）"等措施。

4.3.2 促进湾区内部产业协同发展

在经济全球化背景下，产业结构调整是产业参与国际价值链分工的过程。产业结构差异化和市场分工结果催生了产业系统，产业结构差异化源于资源禀赋、比较优势、区位条件及区域贸易的差异，产业发展分工则源于技术进步、供求结构、制度及社会变量、产品和服务在产业链或价值链上的纵向关联，以及产业集聚空间演化和布局的差异。产业发展原则上由市场机制调节，但在市场机制不够成熟或行政壁垒较强的情况下，则需要较高级的政府或受政府委托的组织进行协同。

从本质上来看，区域经济发展的过程是效率高者生存和发展，效率低者不断被淘汰的过程。合理的分工协作是提高经济效益的重要基础。湾区内城市间分工协作有助于促进区域效率最大化，在湾区发展中发挥重要作用，对于湾区整体发展而言，须将各城市的比较优势转为产业链协同优势，将产业梯度转化为协同布局，形成产业链、价值链、服务链的有效整合。在湾区整体框架下，湾区内部产业发展协同有利于推动产业合理分工布局，消除发展要素流动障碍，推动湾区持续发展。

1. 产业合理分工布局

以实现整个区域利益最优而不是局部区域利益最优为原则，推进产业布局分工，引导湾区各城市按照比较优势原则发展相应的专业化产业部门，突出分工协作、因地制宜的特点。在全区域范围内引导产业要素集聚，促进产业集群发展，以主导产业为基础，增强特色与优势产业空间集聚，引导产业空间集聚规模化发展，组建产业共链、风险共担、收益共享的链上共同体，形成区域产业梯度结构和分工链条，塑造湾区整体比较优势。依托轨道交通、高速和快速公路等综合交通网络，提升交通枢纽周边地区产业承接能力，增强交通沿线产业的集聚功能，构建互为补充的生产配套体系和服务配套体系。

2. 促进发展要素无障碍流动

基于市场机制的要素和产品的自由充分流动，是湾区一体化发展的基础，要突破行政区划限制，实现要素在各城市间的无障碍流动，最大限度地降低区内交易成本，应着力提升要素从湾区中心城区到边缘地区流动的市场承载能力，促进港口中心城市向中小城市、边缘地区输出资金、技术和就业机会等各类要素，建立银行、证券、基金等各类资本市场有效分工协作机制，推动湾区内抵押、质押、支付结算、融资信贷、信用担保等业务同城化，降低跨行政区划的交易成本。

3. 推进湾区经济绿色转型发展

在全球经济可持续发展的大背景下，湾区应在绿色发展、低碳发展等方面起到引领作用，通过产业协同引导湾区产业整体上更快地向更加清洁、高效、集约的方向发展。实施"以海定陆"产业发展策略，推动产业生态化升级改造，优化湾区产业生态布局。可探索实施湾区内生态补偿机制和生态环境产权交易制度，建立湾区内外产业转移对接的企业税收分享及利益协调机制，降低湾区整体能耗水平和碳排放水平，提升宜居宜业层级。

4.3.3 推进湾区传统产业数字化转型发展

1. 产业数字化转型的内涵与外延

产业数字化转型的概念包含内涵与外延两个方面，其中，产业数字化转型的内涵是围绕业务流程将大数据、云计算、人工智能、物联网、先进生产方法等前沿技术与生产业务相结合，打通不同层级与行业间的数据壁垒，改变产业原有的商业模式、组织结构、管理模式、决策模式、供应链协同模式，通过扁平化的产业形态、高效的业务流程、完善的客户体验、广阔的价值创造、新兴的产业生态，实现产业协同发展与转型升级。产业数字化转型的外延包含支撑产业数字化转型所需的经济、社会体系等外部支撑环境全方位的转变，从经济维度上看，主要涵盖数字化背景下的经济结构、创新体系、市场竞争方式、贸易规则的全面转变；从社会维度上看，主要包括社会治理模式、就业模式、教育体系等可持续发展问题。

2. 产业数字化转型的核心特征

数字经济时代，产业数字化转型成为大势所趋，并呈现出4个方面的核心特征：①数据成为新的生产要素；②供求信息精准匹配成为商业模式创新的动力；③产业互联网成为产业振兴的助推器；④"区块链+供应链"成为产业大规模协同发展的技术支撑。

1）数据成为新的生产要素

农业时代，以土地和劳动为生产要素；工业时代，土地、劳动、资本、技术成为生产要素；数字时代，数据与土地、劳动、资本、技术一起成为新的生产要素。数据作为信息的载体,是产业数字化的核心,也是商业模式创新、业务流程优化、商业决策制定的核心依据,已经成为产业数字化转型的核心生产要素。大数据技术就是信息矿藏的开采和加工工具,让人们在结构数据之外,进一步挖掘多种数据类型和巨大数据体量下的商业价值,实现数据到价值创造的有效转化,从而成为业务创新、产业升级、社会变革的重要源泉。如我国百度搜索、百度地图、阿里电商、腾讯社交等产生的数据,成为产业发展的生产要素。

2)供求信息精准匹配成为商业模式创新的动力

传统产业数字化程度普遍偏低,在云计算、人工智能、物联网等数字技术的推动下,产业数字化转型驱动商业模式的智能化变革,基于应用需求驱动的软件功能创新成为数字化转型的重要抓手,数字化平台颠覆传统产品驱动的商业模式,生产端企业直接触及消费端用户,消费者需求或体验成为驱动企业生产的新动力,形成生产商、中间商、消费者的信息互联互通,促使传统产业向柔性化、定制化和个性化方向变革,供求信息精准匹配为商业模式创新提供新动力。如我国服装业领先的个性化定制厂商红领集团运用大数据、云计算、物联网、智能化的方式,提供互联网化的 C2M 平台,打造全定制工业化、流程化生产方式,实现商业模式创新。

3)产业互联网成为产业振兴的助推器

产业互联网是基于海量数据采集、汇聚、分析,融合应用云计算、大数据、物联网、人工智能等数字技术,构建生产服务体系,支撑产业资源的泛在连接、弹性有效供给、高效精准配置,实现最新数字化技术与现代技术的深度融合,产业全要素的泛在链接,构成了资源汇聚分享的重要平台,使得产业能够实现数据的全面感知、动态传输,提高资源配置效率,构建智能生产模式、达成互动化服务闭环,成为传统产业振兴的助推器。如华为公司的 Ocean Connect IoT 平台、西门子集团的 Mindsphere 平台等产业互联网平台,通过数字化技术、大数据挖掘、智能化应用,支撑制造业数字化转型升级;上海钢联通过钢铁网发布的 Myspic 价格指数消除了信息不对称,提供撮合交易、金融服务、物流整合三位一体的钢贸服务;用友软件、软控股份、广联达、瑞茂通、汉得信息、保税科技等企业依托产业互联网,实现企业数字化创新发展。

4)"区块链+供应链"成为产业大规模协同发展的技术支撑

区块链具有去中心化、开放性、共享性、透明性、私密性等特征,能够提供块链式数据存储、数据防篡改、基于共识的透明可信等信任协作机制,可以构建可信的应用环境,满足供应链管理的需求,为解决产业大规模协作问题提供了可靠的技术支撑,实时了解商品的状态,有效避免信息的失真和扭曲,满足联盟企业之间的利益,打破传统封闭的运营模式，优化生产运营和管理，提升运行效率和产出效益，形成开放共享的产业生态。区块链在供应链领域发挥着重要作用，为产业大规模协同发展提供技术支撑。如"京东区块链防伪追溯开放平台"通过联盟链方式，实现全流程零售商品追溯与防伪；国际运输物流集团马士基推出首个基于区块链的行业级跨境供应链解决方案；区块链科技公司联合大型保险公司发布"基于区块链的中小企业信用险增信平台"，开创破解中小企业融资难的融资增信新模式。

3. 产业数字化转型动力机制

产业数字化转型以数字技术赋能和经济模式变革为内在驱动力，以治理模式创新和基础保障支撑为外在拉力，最终驱动产业数字化转型。

1）数字技术赋能

产业数字化转型的数字技术赋能将数字技术与产业设计、生产、制造、销售、服务等各环节充分融合，从数字层、平台层、物理层、前沿技术4个方面数字化赋能产业发展。①数字层。数字层由数据汇聚而成，主要进行数据资源的采集、存储、分析和应用，将产业底层的物理层通过数字化技术虚拟产业生产过程形成大数据服务，同时通过数据建模等方式实现数据知识化赋能。②平台层。平台层主要由大数据和云计算平台构成，围绕数字闭环、业务闭环等，搭建数字监控平台、数字技能培训平台、社会治理平台、网络安全检测平台等，解决产业数字化转型中面临的问题。③物理层。物理层由传感器、网络等硬件基础设备和物联网、5G、超算中心等技术构成，负责数据采集、传输和生产执行。④前沿技术。人工智能、区块链、人机交互、安全防护体系等数字化转型的前沿技术，推进产业价值链数字化。

2）经济模式变革

产业数字化转型的经济模式变革是在数字技术的作用下，突破产业传统经济模式，创新产业经济形态，从而催生新业态、新组织以及新管理，拓宽产业价值创造模式，提升产业生产效率，增加产业产出效益。①新业态。数字化重构供应链和产业链，重塑传统产业价值创造模式，创新商业模式，创造新兴业态。②新组织。数字技术为规模化个性定制、网络化协同制造、生产服务型制造、智能化生产协作等新型数字化生产方式的实现提供有力的基础支撑。各专业化产业互联网平台互联互通，各要素、各环节和各流程的运营成本降低，规模效应显现，形成合作共赢的产业生态系统，通过整合产品和服务供给资源，促进产业组织间的交易协作，共同创造产业价值。③新管理。数字化转型推进了管理运行效率的提升，形成由数据驱动的扁平化管理结构和自组织形态的管理模式，为产业制定更科学的决策提供依据。

3）治理模式创新

产业数字化转型的治理模式创新是在新的产业发展模式下建立新的社会治理模式，包括数据治理、人才支撑、可持续发展三个方面。①数据治理。在世界数字经济组织重塑全球合作背景下，将从数据确权制度、数据安全与保护制度、数字产权交易制度、数据跨境流动制度方面创新数据治理。②人才支撑。产业数字化转型背景下，数字化人才需求规模激增，推动数字化人才结构性转变，倒逼社会就业升级及教育方式转变。③可持续发展。数字化基础设施降低社会经济成本，数字化平台实现社会资源共享和集约化利用，数字化产业生态突破传统供应链供需边界、传统封闭式生产和运营模式，数字化转型重新定义传统商业模式，简化业务流程，扩大生产可能性边界，降低企业成本，提升运营效率，为社会创造更多的、灵活的就业机会，从而推动经济可持续增长。

4）基础保障支撑

产业数字化转型的基础保障支撑以"数字经济新基建"硬实力和"数字经济新管理"软保障为基石。①数字经济新基建。运用互联网、5G、云计算、物联网、人工智能等先进的数字化技术手段，促进传统产业技术改造和设备更新，支撑新型产业发展，产生新型经济模式。②数字经济新管理。通过数字化战略、数字化思维理念，整合数字化资源，运用数字化工具，制定数字化规则，打造信息治理社会空间，优化政府数字化服务水平，提升政府数字化服务效率和质量，降低产业贸易成本、提供产业激励机制。同时，完备的技术伦理制度可以避免大数据引发的隐私问题、人工智能引发的安全伦理问题、算法歧视引发的公平问题等。

4. 产业数字化转型的产业链重塑效应

产业数字化转型通过研发重塑、生产重塑、消费重塑、协同重塑，重构企业组织架构、再造全产业链流程。

1）研发重塑

传统产业研发环节由企业自身研发团队主导，没有直接了解消费者需求，针对消费者的市场调研也具有局限性，时效性不强。产业数字化转型直接通过数字化平台与消费者进行及时、深度、持久的双向交互，更加精准快速地把握市场变化和用户痛点，有针对性地随时调整研发方向和内容；同时可以让消费者直接参与到产品研发设计中，为产业带来更多的创新源泉，推动研发由过去封闭式自我研发向开放式众包研发转型，如小米手机通过消费者参与，不断优化升级研发方案，增强了研发能力。

2）生产重塑

通过云计算、大数据分析、物联网等数字化技术，企业不仅可以更加及时精准地定位用户群体和需求，还能够挖掘出生产环节产生的大量数据信息的深度价值，再造企业的全产业链流程。如海尔集团借助数字化技术，通过相关应用软件实现生产要素的智能配置、生产流程的动态管理，为消费者提供个性化定制服务，最终实现智能化、定制化、柔性化生产。

3）消费重塑

传统消费模式下，企业依赖于中间渠道寻找客户，市场信息不对称，限制了市场和利润的拓展，增加了交易双方的时间与经济成本。数字化技术极大地削弱了信息的不对称性，通过线上线下的多渠道交互实现供需两端的精准高效对接，重构传统消费业态，实现全渠道、交互式、精准化营销，如以阿里巴巴、京东为代表的电子商务平台兴起，不仅减少了产品销售中间环节，还增强了市场的公开性和透明度。

4）协同重塑

产业数字化转型不仅有助于企业内部协作，还能够从整体产业层面实现不同环节的协同联动，打造更具有生命力的全产业生态系统。通过产业数字化转型既可以实现电子商务、互联网金融、智能生产、移动办公等分散应用的连接整合，又能够将产业链的不同环节连接起来，实现上下游企业的协同联动，以及产业生态系统的优化完善。如汽车产业通过数字化平台积累的交易信息，在汽车产业链研发、试生产、销售等各环节发挥巨大效用，打造协同共生的生态系统，实现多方共赢。

5. 产业数字化转型政策机制

湾区产业数字化转型应构建推进机制、协同机制、共享机制、保障机制四大政策机制。

1）推进机制

一是从国家层面制定我国产业数字化转型战略；二是从建立研发投入机制、产学研合作机制、完善知识产权制度等方面，强化产业数字化转型的体制机制创新；三是加强组织保障，确定行政管理部门，建立健全完善的组织机制，统筹产业数字化转型相关政策的规划制定和实施工作；四是运用政府和市场两种手段，科学制定产业数字化转型行动方案；五是以项目引领为推进思路，以破解难题为推进导向，以典型示范为推进效果，形成模式创新—试点应用—经验总结—模式推广等完整的产业数字化转型示范推广机制。

2）协同机制

一是建设产业数字化数据治理平台、交流平台、信息安全平台、技能培训平台等产业公共平台，解决产业数字化转型中的共性问题；二是搭建产业数字化跨界融合平台，加强产业主体协同合作，整合产业链、价值链；三是依托全球电子商务平台，整合产业资源，加快产业链协同发展；四是积极与国际社会建立产业数字化合作治理机制，推动国际产业链合作体系和治理机制的形成，提升我国在全球产业体系中的话语权；五是以产业数字化平台企业为核心，推进跨行业、跨区域、跨国界的产业链协同平台发展。

3）共享机制

一是加快建立政府、协会、企业、研发、学校等机构间的数据开放共享机制，加强数据资源整合、管理、融合共享，提升产业数字化转型的政府治理能力、产业研发能力、企业竞争力和公共服务能力；二是加快不同类型数据标准体系建设，推进产业数字化转型采集、存储、流通、交易、保密等不同环节数据管理标准的制定和实施，支撑产业数字化转型标准化发展；三是加强数字企业的全球化合作共享，深化数字全球化战略，提高产业数字化全球资源配置能力；四是强化数字技术领域的专利布局，建立产业数字化专利保护体系，鼓励数字技术高效共享；五是加快产业数字化转型的技术和数据对接工作，加快数字化转型企业数据开放步伐，积极拓展企业数据应用范围，探索共享互利发展模式。

4）保障机制

一是完善政策法规，推进法律法规、管理规范等制度建设，落实和出台完善的财政金融、税收优惠、产业创新等方面政策，加大国家对产业数字化转型的支持力度，鼓励传统产业向数字化服务环节延伸，拓宽产业数字化融资渠道；二是营造良好的产业数字化转型市场环境，发挥市场主导作用，深化"放管服"改革，消除产业数字化转型的行政和区域壁垒，清理产业数字化转型所需要素自由流动的制度障碍；三是加强针对中小微产业数字化转型企业的政策扶持，从薄弱环节入手，提高中国产业链数字化水平；四是扩大对产业数字化转型的金融供给，提升数字化企业的金融服务水平，深化多层次金融合作，优化金融生态体系，引导扶持产业数字化转型。

6. 产业数字化转型的主要措施

湾区产业数字化转型应当构建自主创新与开放共享结合的数字技术体系，推动产业数字化模式创新与变革，提升产业数字化治理模式水平，加快产业数字基础设施建设。

1) 构建自主创新与开放共享结合的数字技术体系

一是建立和完善自主创新的数字技术体系，明确数字核心技术的主攻方向及优先序列，强化数字技术基础研究、打造长线研发模式、加快数字技术产业应用、培育数字技术人才等，自主研发创新数字核心技术；二是形成全球开放共享的数字技术体系，通过全球范围内横向开放合作，产业链上下游纵向开放对接，成立数字技术产业联盟，推动数字技术全球开放共享；三是以资本为纽带，加快形成一批掌握核心技术的跨国企业，实施产业数字化工程，建立合理有序的开放竞争并存的产业数字化生态系统。

2) 推动产业数字化模式创新与变革

一是产业数字化商业模式创新。深入挖掘产业数字化转型带来的业务价值，推进新业态、新模式、新产品、新服务等变革，积极推动我国产业数字化转型的商业模式创新；二是产业数字化组织管理模式变革。推动产业组织管理模式由传统的垂直型组织结构管理向扁平化、多元化、模块化的新型产业组织管理模式转变，重构产业组织运行管理模式。

3) 提升产业数字化治理模式水平

一是探索产学研相结合的系统化产业数字化人才培养机制和人才能力体系；二是制定统一的产业数据标准，为数据开放共享提供基础保障；三是形成产业、企业、行业协会多方共治格局，全面提升数字化治理能力；四是加强产业数据信息保护、安全监管等安全保护体系建设，建立健全的产业数字化信息安全体系。

4) 加快产业数字基础设施建设

一是加强大数据、人工智能、5G等数字化技术研发，提升产业数字化基础设施水平；二是加快推进传统产业基础设施数字化进程，提升传统产业数字化发展水平；三是搭建产业数字化赋能平台，加快产业价值链的数字化渗透，改造升级产业环节，提高产业资源配置效率。

小结

本章首先阐述湾区经济产业融合理论，在此基础上具体探究湾区数字经济产业融合理论，最后阐述湾区数字经济产业融合发展的政策。

思考题：

1. 什么是产业融合？产业融合包括哪些类型？
2. 试述产业融合的动因。
3. 简述湾区数字经济的产业融合效应。
4. 试述湾区数字经济的产业融合的动因。
5. 简述湾区数字经济的产业融合政策有哪些？

参考文献

［1］ European Commission. Green Paper on the convergence of the telecommunications media and information technology sectors, and the implications for regulation–Towards an information society approach ［R］. Brussels: European Commission, 1997.

［2］ Greenstein S, Khanna T. What does industry convergence mean? ［A］// Yellie.D（ed）: Competing the Age of Digital Coec Boston, 1997：201-222.

［3］ Malhotra A. Firm strategy in converging industries an investigation of US commercial bank responses to US commercial investment–banking convergence ［D］. Doctorial thesis of Maryland University, 2001.

［4］ Australian Government National Office for the Information Economy. Convergence report ［Z］. http://www.noie.au.2000.

［5］ Lind J. Ubiquitous convergence Market redefinitions generated by technological change and the industry life cycle ［R］. New York: Paper for the Druid Academy Winter Conference, 2005.

［6］ 李美云. 国外产业融合研究新进展［J］. 外国经济与管理，2005，27（12）：12-20.

［7］ 周振华. 信息化与产业融合［M］. 上海：上海三联书店，上海人民出版社，2003.

［8］ 郁明华，陈抗. 国外产业融合理论研究的新进展［J］. 现代管理科学，2006（2）：36-38.

［9］ 厉无畏，王振. 中国产业发展前沿问题［M］. 上海：上海人民出版社，2003.

［10］ 何立胜，李世新. 产业融合与产业变革［J］. 中州学刊，2004（6）：59-62.

［11］ 何立胜，李世新. 产业融合与产业竞争力研究［J］. 产业与科技论坛，2006（1）：55-57.

［12］ 胡金星. 企业多元化战略与产业融合［J］. 中国科技产业，2007（7）：94-96.

［13］ 植草益. 产业融合-产业组织的新方向［M］. 日本岩波书店，2000.

［14］ 马健. 产业融合论［M］. 南京：南京大学出版社，2006.

［15］ 胡汉辉，邢华. 产业融合理论以及对我国发展信息产业的启示［J］. 中国工业经济，2003（2）：23-29.

第 5 章

湾区数字经济的协同创新理论

> **学习目标**
>
> (1) 了解协同创新理论的基本原理和思想。
> (2) 掌握协同创新理论中最重要的几大理论。
> (3) 了解湾区数字经济协同发展的基本思路。

5.1 湾区经济协同创新理论

5.1.1 协同创新的概念及特点

1. 协同创新的概念

"协同创新"(synergetic innovation)一词最早由美国麻省理工学院斯隆中心(MIT Sloans Center for Collective Intelligence)研究员彼得·葛洛(Peter Cloor)提出。他认为协同创新是指"由自我激励的人员所组成的网络小组形成集体愿景,借助网络交流思路、信息及工作状况,合作实现共同的目标。"协同创新理论的先期基础是协同制造,它强调跨组织间的密切协作与全供应链范围内的资源共享,并以此实现产品设计制造的低成本、高效率目标。协同创新,是指创新资源和要素冲破创新主体间的壁垒,充分释放彼此间人才、资本、信息、技术等创新要素活力而实现有效汇聚与合作。协同创新注重突破传统创新模式下的资源、技术成果等壁垒,打破学科、部门、单位、区域的条块分割,实现对创新要素的有机汇聚与优化组合,充分激发人才、资本、技术、信息等创新潜能,极大地提高社会的创新效率与活力。协同创新大多为组织内各行动者共同形成的知识(思维意识、专业技能、先进技术)分享机制。在这一机制中,各独立的主体拥有相同的目标和内在动力,通过直接对话的方式,并依靠现代信息技术手段构建资源交易平台,进行全方位交流与多样化协作。

1）协同创新的基本内涵

关于协同创新基本内涵的研究，比较有代表性的观点主要有以下两个方面。

（1）主体间的协同创新论。主体间的协同创新论强调多元主体在创新过程中的协同效应。陈劲在《协同创新》一书中认为，协同创新的关键是形成以大学、企业、研究机构为核心要素，以政府、金融机构、中介组织、创新平台、非营利性组织等为辅助要素的多元主体协同互助的网络创新模式。通过知识创造主体和技术创新主体间的深入合作和资源整合，产生"1+1+1>3"的非线性效用。陈劲与阳银娟认为协同创新是指企业、政府、知识生产机构（大学、研究机构）、中介机构和用户等为了实现重大科技创新而开展的大跨度整合的创新组织模式。他们基于整合与互动两个维度，构建了以"知识增值"为核心的"沟通—协调—合作—协同"的协同创新理论框架。

（2）集群主义协同创新论。集群主义的协同创新论注重创新系统与外部环境之间的物质、能量与信息交换过程。任泽中、陈文娟认为协同创新是指某功能集群与群外环境之间既共同竞争、制约，又相互协同、受益，通过复杂的非线性关系作用产生、单个功能集群自身无法实现的整体协同效应的创新过程。

2）协同创新的本质

协同创新是科技、经济、教育协同的新范式。一方面要强调进一步提升科技对经济增长的贡献，积极发挥国家的有效引导、产业界的需求拉动效应、大学的创意启发活力，以及研究所提供技术支撑，形成协同创新机制，以重大专项项目牵引鼓励官产学研的开放共享和深度合作，进一步提高产业的国际竞争力。协同创新从本质上超越了以往各种产学、产学研、集群创新等模式，成为整合创新资源、提高创新效率更有效的途径。

另一方面，在协同创新过程中，科研机构和教育机构通过协同平台等形式进行资源整合和能力互补，是科研成果向教育成果转化的过程，是组织优化资源、提升效率的管理模式和战略手段。实施协同创新，就要加快建立技术创新、科学研究与高等教育有机结合的联动机制，深入推进科技产业体制改革和政策创新。

总之，协同创新的内涵本质是以知识增值为核心，企业、政府、知识生产机构（大学、研究机构）、中介机构和用户等为了实现重大科技创新而开展的大跨度整合的创新模式（图5-1），是通过国家意志的引导和机制安排，促进企业、大学、研究机构发挥各自的能力优势、整合互补性资源，实现各方的优势互补，加速技术推广应用和产业化，协作开展产业技术创新和科技成果产业化活动，是当今科技创新的新范式。协同创新既能有效促进科技成果的商品化、产业化，提高企业创新能力，更能促进大学的改革与发展,激发大学走研究型、创业型并存的发展模式,从而显著提高高等教育的质量与水平。

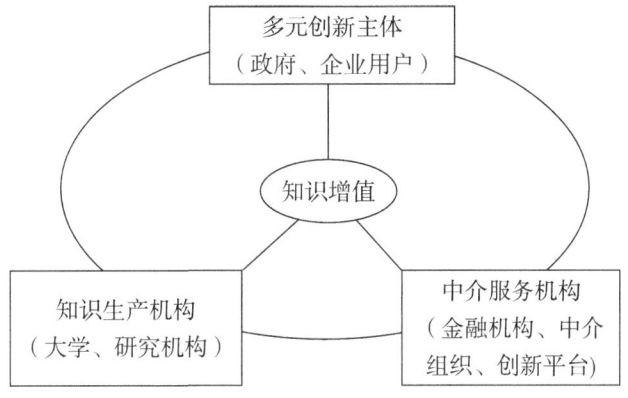

图 5-1 协同创新的本质结构

2. 协同创新的特点

相对于协同制造或同时利用内外部创新资源实现的开放式创新,协同创新是一项更为复杂的创新组织方式,其关键是形成以大学、企业、研究机构为核心要素,以政府、金融机构、中介组织、创新平台、非营利性组织等为辅助要素的多元主体协同互动的网络创新模式,通过知识创造主体和技术创新主体间的深入合作和资源整合,产生系统叠加的非线性效用。

协同创新的特点主要有:

(1)整体性。创新生态系统是各种要素的有机集合而不是简单相加,其存在的方式、目标、功能都表现出统一的整体性。

(2)层次性。协同创新包括战略协同、知识协同、组织协同多个层次,不同层次的创新有不同的性质,遵循不同的规律,而且不同层次之间存在着相互影响和作用。

(3)耗散性。形成耗散结构是协同创新系统提高环境适应性,实现可持续发展的重要途径。具有耗散结构的创新生态系统会与外部进行信息、能量和物质的互流。

(4)动态性。创新生态系统内各个主体和各个要素会随着时间的推移和环境的变化而不断发生变化,因此创新生态系统会随着它们不断进行变化,具有动态性。

(5)复杂性。组成创新生态系统的各要素比较多样,且存在着复杂的相互作用和相互依赖,具有复杂性的特点。

5.1.2 协同创新的理论基础

协同创新蕴含着丰富的系统科学思想，而系统科学中与协同创新最相契合的是系统论和协同学理论。

1. 系统论

系统论是研究系统的结构、特点、行为、动态、原则、规律以及系统间的联系，并对其功能进行数学描述的新兴学科。系统论的基本思想是把研究和处理的对象看作一个整体系统，分析系统的结构和功能，研究系统、要素、环境三者的相互关系和变动的规律。也就是说，系统作为一个整体是由部分构成的，但整体绝不是部分的机械性相加，部分属于整体而不能脱离于它。作为一个有机整体，系统具有其中任何要素在孤立状态（或封闭状态）下以及所有要素的总和所不具备的功能和性质。这就是系统论的整体性原则和协同性原则。这两个原则体现了系统作为一个整体，各要素之间的动态协同发展的特征。

系统论的主要任务就是以系统为对象，从整体出发研究系统整体和组成系统整体各要素的相互关系，从本质上说明其结构、功能、行为和动态，以把握系统整体，达到最优的目标。系统论的任务，不仅在于认识系统的特点和规律，更重要的还在于利用这些特点和规律去控制、管理、改造或创造系统，使它的存在与发展合乎人的需要。换言之，研究系统的目的在于调整系统结构，协调各要素关系，使系统达到优化目标。

科学技术与经济发展的协同创新系统有自己的结构，它由两部分组成：各个子系统本身的内部运行系统、子系统之间及系统与环境之间的外部协调系统。按照功能来分，这些子系统包括政府管理系统、社会协同系统、物质生产系统、知识生产系统（高等院校、科研机构）、中介组织系统和金融服务系统等。这些子系统具有相关性、协同性、整体性、自我生存与发展性、环境适应性、目的性等特征。多个子系统之间相互联系、相互作用而形成任何单独的子系统所不具备的合力。无论是知识生产系统、物质生产系统，还是与此相关的外围环境系统，从系统论的角度而言，都是一个完整的有机整体，都有自己存在、发展的规律。但同时它们又都是开放的，各大系统之间只有不断进行物质、能量和信息的交流，才可能实现各自结构和功能的优化而成为一个生机勃勃的整体，实现双赢乃至多赢。

2. 协同学理论

协同学是系统科学理论的一个分支，是协同创新的直接理论来源。协同学由德国斯图加特大学教授赫尔曼·哈肯（Haken）于20世纪70年代创立，该理论起源于20

世纪 60 年代，当时哈肯在研究激光理论的过程中提出了协同学的基本观点和理论基础，并于 1971 年与经济学家格雷厄姆合作撰文发表《协同学：一门协作的科学》，提出"无论何种对立的双方，只要在同一个统一体内，在同一目标下，都存在着协同发展的可能性和现实性，都可以实现协同发展"的论点。同年，协同学被正式作为一门学科进行研究。1977 年，哈肯正式出版《协同学导论》一书，建立协同学的理论构架，学科初步建立。1983 年，哈肯又出版了《高等协同学》，以信息论、控制论、突变理论等为基础，用统计学和动力学方法通过分析类比，建立数学模型，描述事物从无序到有序转变的规律。与此同时，他还出版了近 20 种关于协同学的专著。

协同学是研究各种不同的系统在质变的过程中所遵循的共同规律的科学，其中心议题是探讨支配生物界和非生物界的结构或功能的自组织形成过程的某些普遍原理。通俗地讲，协同学就是一门"协调合作之学"，它研究系统之中各子系统实现动态协调与合作的途径。哈肯认为自然界和人类社会的各种事物普遍存在有序和无序的现象，在一定条件下，有序和无序之间会相互转化。无序就是混沌，有序就是协同，这是一个普遍规律。"一个由多子系统构成的系统，如果在子系统之间相互配合产生合作效应，系统便处于自组织状态，从而在整体上表现出一定的结构和功能。"在当代，协同学广泛应用于物理、化学和生物等自然系统和社会经济文化系统。无论是数学关系的和谐之美，还是物理的守恒原理，再到化学和生物的大分子协同效应，都证明了运动的和谐性和协同性。有学者认为，"自组织理论是协同学的核心理论。"自组织现象在自然界和人类社会普遍存在，它是指一个开放系统在其子系统或元素间竞争与合作机制的作用下，自发产生新的宏观有序结构的现象。

协同学的核心概念有两个，即竞争和协同或合作。在一个开放系统中，任何自组织现象的产生和演变均由竞争和协同这两种因素共同实现。若各种子系统（要素）不能很好协同，甚至互相拆台，这样的系统必然呈现无序状态，发挥不了整体性而终至瓦解。要使一个系统实现从无序向有序的转化，这个系统的子系统之间必须通过非线性的相互作用产生协同现象和相干效应。这是在耗散结构理论基础上的一个重要飞跃。若系统中各子系统（要素）能很好配合、协同多种力量就能集聚成一个总力量，形成大大超越原各自功能总和的新功能。这就是协同效应。

在一个系统中，子系统或要素之间的竞争是协同或合作的基本前提和条件。辩证唯物主义指出，在事物的发展运动变化过程中，同一性只是相对的，而斗争性则是绝对的。因为事物处于永恒的运动变化之中，在此过程中矛盾无处不在、无时不有。因此，相互竞争是事物发展过程中普遍存在的一种事实。竞争性是一个系统内部或系统之间存在更大的差异和不平衡性的主要因素。但是，从开放系统的演化角度看，这种竞争一方面造就系统远离平衡态的自组织演化条件（至少对这种演化条件起到了推波助澜的作用），另一方面推动系统向有序结构的演化。一个处于非平衡状态的系统，内部各子系统或要素之间经常处于相互作用、相互竞争的状态之中，在这个看似无序的过程中，各子系统或要素完全可能因为某种原因在某一时刻形成协调一致的行动，这种协调一致的行动，在宏观上就对应表现为一种新的有序结构，或者说实现的系统进化。因此，系统内部的各子系统或要素之间的竞争是实现其协同或合作的基础。

哈肯认为协同概念比竞争概念更为重要和关键，协同学就是关于各个学科领域合作或协同的学说。协同就是系统中的诸多子系统之间相互协调的联合作用。因此，协同现象是一个系统整体性、相干性等性质的表现。协同使系统产生新的有序性，有序性是各子系统之间协同的产物。通过协同，系统具有新的整体性和稳定性，各种相矛盾和竞争的因素在新的系统中实现了整体统一，系统形成了新的结构，从而使得其整体功能得以放大，各个子系统之间产生互补效应。最后的结果就是系统整体的功能大于各子系统的功能之和，即实现了通常所说的"1+1>2"的协同效应。

1）管理协同理论

协同学在管理领域得到了长足的发展。安德鲁·坎贝尔在《战略协同》一书中将学者、教授们多年研究的成果进行了汇总，指出协同是企业应当重视的问题，协同公式"1+1>2"表达了公司整体价值大于各部分价值的简单加总。此后又有众多学者在这一领域开展研究。潘开灵、白列湖等提出了管理协同的概念，它是指在系统处于变革或临界状态下，以协同思想为指导，运用系统性的管理方法和手段促使各子系统或要素按照协同方式进行整合、相互合作和协调从而实现互补性和一致性，进而产生支配整个系统发展的序参量，使系统实现自组织，走向另一种新的有序状态，并使系统产生整体作用大于各要素作用力之和效应，他们还从系统和整体层面强调要素间的配合与协同，并从管理协同的形成和实现两个角度建立了模型。

2）知识协同理论

知识协同的概念最早由 Karlenzig 提出，其定义为"一种组织战略方法，可以动态集结内部和外部系统、商业过程、技术和关系（社区、客户、伙伴、供应商），以最大化商业绩效。"事实上，不仅商业领域需要知识协同，公共事业部门也需要知识协同，所以后续不断有学者对知识协同的定义进行扩充和丰富。

近年来，协同学理论为知识协同提供了坚实的理论基础，互联网和信息技术的快速发展则提供了必要的支持保障。形成知识协同的原因可从外部环境和内部需求上来分析：外部环境上，是由于全球经济一体化和信息技术的发展；内部需求上，则是由于知识成为重要资源且组织自身对知识需求增大。在这些动因的推动下，知识协同作为协同学的衍生品孕育而生。美国学者 Anklam 提出，"知识协同是知识管理的第三阶段，即发展阶段"，共享、协作、开放和创新是这个阶段的核心要点。根据《知识协同的发展及研究展望》一文的观点，知识协同的特征包括面向知识创新、知识互补性、共赢性、知识协同平台支撑和"1+1>2"的效应等。知识协同最重要的目的是推动知识创新，通过协同平台将各知识主体中互补的知识资源进行整合，弥补各主体的知识短板，为各主体提供整体效益的最大化和互利共赢。知识协同理论解释了科研和教育进行协同的意义。

5.1.3 协同创新的优势

相对于开放式创新，协同创新是一项更为复杂、更重视要素结合效果的创新组织方式，也可以说是开放式创新的形式之一。协同创新的关键是形成以大学、企业、研究机构为核心要素，以政府、金融机构、中介组织、创新平台等为辅助要素的多元主体协同互动的网络创新模式，通过知识创造主体和技术创新主体间的深入合作和资源整合，产生"1+1+1>3"的非线性效用。美国的硅谷把创新型企业、研究型大学、研究机构、行业协会、服务型企业等紧密连在一起，演化出扁平化和自治型的"联合创新网络"。

与传统意义上的产学研合作创新相比，协同创新更强调政府的介入、金融的参与、中介的完善，这些主体的加入可以为协同创新的顺利开展提供良好的环境和支持。

1. 政府的介入

由于目前我国的市场机制还不够完善，各种创新资源和生产要素容易被区域分割、组织垄断，在此情况下，各级政府发挥的作用不容忽视。政府可以通过战略导向、健全政策法规体系、构建灵活的支持平台等方式来组织实施创新主体间的协同合作，在政府的参与下，企业与高校或科研机构的合作要比通过市场的自由合作更加顺畅和有效。在协同创新过程中，政府的作用大致体现在宏观指导、政策引导、利益整合、服务保障、财政支持等方面。因此，在协同创新过程中政府的作用必不可少，而且还处在首要位置。

从理论上看，协同创新机制代表政府对于自身在市场经济初期全能角色的清醒意识。要打造良好软硬件创新环境，少不了要由政府带动企业、高校和科研机构共同进行创造。政府是协同创新机制的灵魂，企业是机制中的主体，高校和科研机构是机制的源泉。

从物质生产环节看，政府在协同创新过程中发挥衔接各创新主体的优势和宏观配置资源的作用，政府的加入可以灵活调配支撑科技事业发展的物质基础。

2. 金融的参与

知识经济时代下，没有金融资本的结合，知识要转化成效益是行不通的。协同创新机制中的金融包括银行、投资融资、风险机制、社会资金等。金融机构能够建立和完善一个强大的资本市场，支持协同创新中高新技术产业的发展，并在其中发挥重要作用。

3. 中介的完善

协同创新强调中介组织在国家创新体系中的功能。国际经验表明，国家创新网络需要有一个完善而高效的社会化服务体系，这个服务体系是由以知识服务于技术创新的各类中介机构组合而成，为协同创新平台或联盟提供各项服务。

协同创新是创新资源重组、各创新主体间协同合作的一个过程。创新主体通过有效利用外生"创新资源"实现协同合作，而创新主体要利用外生资源，就要先进行搜寻、选择以及被选择。无论是在企业间（包括与用户），还是企业与外部科研机构、高校之间，都要经过搜寻、识别，这个过程工作量大、成本高、风险也很大。想要找到合适的合作者，历经博弈走向合作，是一件非常困难的事情，而且这还会分散创新主体的精力，使其很难集中精力专注于技术创新等关键环节。而中介组织的参与可以综合由于社会高度分工而产生的众多比较优势，通过借助中介机构的核心协调能力，最大限度地降低协同创新运作成本与风险。

此外，中介组织还可起到沟通衔接作用，将拥有各类创新资源的主体衔接在一起，实现知识增值，在为用户提供服务的同时，达到价值创造的目的。中介组织所能提供的服务范围主要包括提供科技成果和技术咨询服务、人才中介服务、管理咨询服务、投融资服务、评估服务、信息服务等。中介机构的服务构成了协同创新网络中至关重要的节点。

总之，在协同创新系统中，政府是引导者、监督者，企业是创新主体、主力军，高校和科研机构是助推器，金融机构是支持者。协同创新是在政府、高校、科研院所、金融机构和企业之间优势互补、利益共享基础上的协同效益产生的过程，是风险共担、利益共享的合作机制，这对成功实现协同创新具有重要意义。

5.1.4 协同创新的驱动机理

协同创新主要表现为产学研的深度合作，但深度合作并不是自动自发的，因为各主体的利益诉求和出发点都不一样。科技、市场、文化是协同创新的三种驱动力。

1. 科技驱动

科技之所以成为协同创新的驱动要素之一，主要源于以下两个方面：

（1）从科学技术发展的角度来看，18世纪以前，只有少数人认识到科学和技术的价值，人们对科学成果的应用漠不关心，技术在没有科学帮助的情况下发展。进入20世纪，越来越多的人意识到科学与技术的融合具有改变物质生活和精神生活的巨大力量。科学发展及科学与技术的融合大大提高了技术进步速度。科学和技术的创造主体也发生了很大变化，逐步由单一的科学家主体发展成为多元化的大众创造主体，高校、科研院所、企业共同成为科学和技术的创造主体。越来越多的高新技术的研究和开发需要以科学为基础，而高新技术的进一步开发与应用也促进了科学的发展和进步，两者必须融合才能共同推动社会文明的进步。因此，科学与技术融合的需要，推动了高校、科研院所、企业三者之间的互动合作，成为协同创新的驱动要素之一。

（2）从技术多元化的角度来看，在知识经济时代，企业已经很难通过某一单项技术实现基业长青，需要多元化的技术和不断创新，才能适应社会市场需求的变化。由于企业财力有限，而且企业必须先求生存再求发展（这决定了企业行为的逐利性和短期性），因此企业无法仅通过内部自主研发实现技术多元化，必须利用外部资源获取技术的多元性，以降低自己的研发成本，提高创新效率。企业对多元化技术的需求，加强了企业与技术创新源——高校、科研院所合作的动力，推动了协同创新的实现。

科学与技术的融合推动了高校、科研院所及企业三者之间的合作，技术的多元性又有利于促使企业家实现创新、增加市场需求、促进经济发展。因此，科学与技术的融合以及技术的多元性共同驱动了协同创新。

另一方面，科技水平决定了一个国家乃至民族的核心竞争力。在没有硝烟的战争里，谁占据了科技高地，谁就掌控了发言权。构建自主创新型国家，必须坚持走科学与技术融合发展的道路，使科技发展成为夯实协同创新的基石。协同创新的本质是构建一个创新网络系统，而这个系统的目标是追求整体最优，这样才有利于实现各个创新主体的局部最优，实现可持续的良性发展循环。科学与技术的融合有利于企业突破传统的封闭式创新模式，破除"非此地发明"综合征，从外部获得智力资源。企业作为资本的提供方，是将科技进行市场化和商业化的主要载体，在科技驱动过程中占主导地位。企业积极寻找外部科技资源，通过契约的形式与企业外部的创新主体进行合作，实现外部智力资源的利益分享和信息共享。

2. 市场驱动

在市场驱动方面，市场运作机制是协同创新的前提条件，同时是促进创新主体合作的外在动力。企业具有与高校、科研院所合作的内在需求。企业要想获得持久的竞争优势，必须开放企业边界，与外部的创新资源构建联系，这样才能降低企业获取先进科学技术的显性成本和隐性成本，提高创新的速度和绩效。对于企业而言，通过与高校或科研机构合作可获得外部的技术支持，突破自身研发资源不足、研发经费短缺的局面。企业通过与高校、科研院所进行有效的资源整合，在技术、知识、营销、管理等方面进行优势合作，可以缩短创新时间、提高信息质量、增加信息占有量，及时将创新成果投向市场，从而有利于增强企业在市场上的竞争地位，提高企业的经济效益。我国大多数成功企业就是通过开放企业边界，不断与外部组织进行紧密的多元开放式合作，充分利用外部的创新资源，最终实现其战略发展目标的。例如，新和成股份有限公司、金川集团等通过借"智"发力，与高校、科研院所进行协同创新，通过利用外部智力资源来弥补自身研发资源的短缺。

高校是培养和造就高素质创新人才的摇篮，更是产生创新知识、推动科学技术成果向现实生产力转化的重要力量。而创新人才的培养环境和条件不是通过单纯的理论课堂能够实现的，必须结合实践。企业作为协同创新的实践主体之一，为高校的创新型人才培养提供了良好的实践环境和机会，能够促进高校学生进行理论与实践的结合，有利于强化学生的创新意识、提高创新能力以及加强创新实践应用。高校、科研院所作为科学技术的研发主体，其研发经费主要来源于中央或地方政府的科技项目拨款，以及与企业的合作，而中央及地方政府每年向高校拨付的科研经费难以满足高校日益增加的科研需求，因此，高校加强与企业的深度合作，一方面能够获得更多的经费支持，另一方面也有助于开展新知识、新技术、新方法的实践。各个创新主体之间相互合作的内在需求提高了协同创新的稳定性，为协同创新的长期合作和实现路径提供了保障。从经济学的视角看，企业与科研院所高校进行协同创新，能够降低企业的交易成本和信息不对称问题，实现资源互补和共赢的良性合作循环。

高校、科研院所具有与企业合作的内在需求，企业为了实现可持续发展也需要与高校、科研院所合作，两者相互合作的内在需求提高了产学研合作的稳定性，为产学研的长期合作提供保障。企业与高校、科研院所的合作需求成为协同创新的驱动要素之一。

3. 文化驱动

协同创新是复杂的系统工程，它不是简单的"1+1=2"的过程。要真正使具有不同利益诉求、不同背景、不同身份的创新要素形成一股强大的合力，首先需要形成一个各创新主体都能够认同的文化价值基础。

因此，协同创新不仅需要科技、市场的外部驱动，而且需要文化的内部驱动。文化是一种无形的、软的驱动力，影响到各个合作主体能否进行深层次的合作，各个创新主体对协同文化的共同认可是合作的精神内核，缺少精神内核的协同创新必将貌合神离，很难形成长久的共生发展机制。如果说科技、市场是协同创新的硬驱动，那么文化就是协同创新的软驱动。协同创新目前在实践和具体执行层面还存在很多需要克服的阻力，如科研管理体制条块分割，科技投入渠道重复，缺乏有效整合科研力量进行资源配置的平台，科研组织方式难以适应现代科学技术活动复杂化、交叉化、综合化、现代化的趋势等，这些障碍需要通过协同创新的文化驱动来克服。

对协同创新起作用的文化可分为内在的观念文化和外在的制度文化。观念文化包含信仰、理性、价值等，表现为创新主体对协同创新的态度，是影响协同创新最主要的文化，是创新的内在动力，决定了协同创新的不同要素是否能够实现合作并形成共生共存的协同创新体。制度文化是指协同创新的社会环境，是协同创新的外在动力，包括政策、法规、五大流渠道（商流、物流、资金流、信息流、促销流）市场等，它的变化将影响到协同创新是否能聚集到创新人才、整合创新资源、放大创新活动等。

文化在两个方面驱动协同创新的实现。一方面，文化促使宏观主体对协同创新管理实践形成统一的科学认识。为实现协同创新，宏观主体必须建立共同的创新追求，并以此引导各自的创新行动。而协同创新的文化观念可以促进共同的创新追求，促进宏观主体对其共同承担的公共创新使命形成统一的科学认识。另一方面，文化通过促使微观主体形成共同利益体而实现协同创新。微观主体合作创新的基础是基于市场机制形成的共同利益，这也是协同创新的前提。在自发市场机制的作用下，微观主体的共性需求可能来自多个方面，如通过合作实现能力互补，通过专业分工实现业务专精，通过合作追求规模效益，通过合作提高创新速度和创新绩效等。首先，微观主体只有形成上述需求才能形成促进彼此合作的共同利益，然而这不是天然形成的，而与其所选择的创新任务和自身能力基础等有关。其次，合作需求及共同利益是否存在以及到底有多大，主要取决于微观主体的主观判断，而这种主观判断会受到观念文化和价值文化的影响。观念文化中的信仰、理性、价值等，会影响协同创新的微观主体的合作动机和合作深度。而制度文化中的政策、法规、五大流渠道、市场等的变化也会影响微观主体能否合作形成共同利益体。

5.2 湾区数字经济的协同创新理论

数字经济时代的创新是指以使用数字化的知识和信息作为关键生产要素、以现代信息网络作为重要载体、以信息通信技术的有效使用在以下五个方面取得突破：引入一种新产品、采用一种新的生产方法、开辟一个新的市场、获得一种新的原材料或半成品的供应来源、实现一种新的工业组织形式和管理模式。具体而言，数字经济时代的创新具有以下一些特征：

首先，以往农业经济时代、工业经济时代的创新往往依赖的是对各种机器设备、生产工具等做的改进或改造等创新活动，比如工业经济时代电力的发明和应用，各种电器设备的广泛使用，开创了工业经济时代的新篇章。但数字经济时代的创新则是以数据、知识、信息、技术等作为最重要的要素来进行创新活动，即充分借助各种数字技术的帮助，在社会各个领域、各个行业广泛推广和使用各种数字技术，从而对社会的各个领域的数据、知识、信息、技术等方面做全方位的创新活动。可见，数字经济时代中的创新范围比农业经济时代、工业经济时代的创新更为广泛，影响也更为深远。同时，数字经济时代的创新更加强调新技术的使用，更加突出了产品的新颖性、独创性、科技含量等，从而对各创新主体——高校、企业和政府等科技、知识等方面的要求更高。

另外，数字经济时代中的创新传播速度更快，涉及范围更广，企业之间通过创新求发展，通过创新占领市场的特征更为明显。数字经济时代加快了对不肯创新、故步自封的企业的淘汰速度。比如手机行业中，诺基亚、摩托罗拉等曾经是行业的巨头，但它们不去积极进行技术创新，不去分析市场发展需求，不去充分利用最新的数字技术，从而被后起之秀企业打败。数字经济时代，创新周期加快，产品的生命周期缩短，技术变化速度加快，市场的竞争日益激烈，只有不断进行创新的企业才会在激烈的市场竞争中存活下来。

最后，单单企业一方已无力承担创新重任，更要强调高校、企业和政府三者的协同发展，整合大学、企业和市场、政府这三大力量的各自优势，发挥各自的强项，通过系统化设计、制度化安排，不断改革创新，不断破除旧的制度、旧的思想观念、旧的方法等不良束缚。以政府为主导力量，充分发挥政府的战略高度和调动国家财力物力的优势，充分发挥高校科研实力雄厚、科研基础扎实、科研潜力巨大的优势，充分发挥企业熟悉市场情况、管理组织制度灵活的优势，充分发挥政府在政策、资源、信息等方面的优势，建立起政府主导、大学引领研究方向、企业广泛参与的良好局面，从而为创新的各要素的整合、集聚和流动创造良好的生态系统。

数字经济时代创新具有以下几个特征：

（1）创新主体多元化。数字经济时代更加强调高校、企业和政府共同参与创新过程，从而导致创新主体出现多元化的趋势。大学、产业和政府的"三螺旋创新理论"日益成为指导数字经济时代创新的重要思想，数字经济创新的不断发展也在不断验证和深化该理论。高校在数字经济创新中发挥关键作用，高校已上升为数字经济中主要的创新机构，不仅是知识生产与转化的关键，还是知识空间、集聚空间和创新空间得以形成的关键。企业则是数字经济中创新理论转化成产品和效益的实践者，通过企业的具体生产和销售，创新产品得以被市场接受，被消费者使用，得到经济利益，从而推动创新活动的开展，企业是创新的重要参与者和推动者。政府则在数字经济的创新中起主导作用，推动数字技术在社会各个领域的应用和传播，推动企业数字化转型，促进高校向市场化转变等方面起到了重要作用。政府搭建数据中心、信息基础设施等发展数字经济必需的硬件基础设施；政府组建一个联系政产学研各方的创新开放平台，并利用数据的开放和创新资源的贡献来促进和推动创新创业主体与智能化需求所衍生的应用场景的结合；政府提供国家层面的制度安排和体系设计，从而影响高校、企业等创新主体参与创新资源配置、创新活动开展。总之，数字经济时代，通过高校、企业、政府等众多主体的相互合作、相互配合，整个社会的创新活动、创新水平、创新效率将会达到一个新的高度。

（2）企业的核心能力体现在数字化创新能力。"从数据中来，到实体中去"是发展数字经济的根本出发点与落脚点，也是企业数字化的根本任务。数字经济时代，企业的核心能力体现在数字化创新能力。数据可以打通线上与线下，数字化转型的过程将物理世界的多维信息以及产业知识数字化，产生海量数据，将大数据分析应用的结果反哺到实体场景中会释放数据红利，实现价值创造。同时，数字化可以重构企业组织架构，再造企业链流程，助推企业价值重塑。一方面，企业数字化转型直接通过数字化平台与消费者进行及时、深度、持久的双向交互，更加精准快速地把握市场变化和用户痛点，有针对性地随时调整研发方向和内容；同时可以让消费者直接参与到产品研发设计中，为产业带来更多的创新源泉，推动研发由过去封闭式自我研发向开放式众包研发转型。另一方面，通过云计算、大数据分析、物联网等数字化技术，企业不仅可以更加及时精准地定位用户群体和需求，还能够挖掘出生产环节产生的大量数据信息的深度价值，再造企业的全产业链流程。此外，数字化技术极大地削弱了传统消费模式下企业依赖中间渠道寻找客户而产生的信息的不对称性，通过线上线下的多渠道交互拉近了与客户和市场的距离，提高了企业对客户需求、市场变化的反应速度。与此同时，企业数字化转型加强了企业内部各部门的协同联动能力，从而打造出更具有生命力的企业生态系统。

湾区数字经济是一个涉及国家、区域、产业、企业、高校等多方面的复杂网络系统工程。湾区数字经济的协同创新理论往往涵盖了国家创新系统理论、区域创新系统理论、产业创新理论、三螺旋理论、网络系统创新理论等协同创新理论。

5.2.1 创新体系的协同：国家创新系统理论

国家创新系统理论的主要代表人物有弗里曼（Christopher Freeman）、伦德瓦尔（B. A. Lundvall）、纳尔逊（R. R. Nelson）等。国家创新系统理论将地理和行政边界作为创新系统的边界，关注国家经济和政策对技术创新和扩散过程的影响。"国家环境内，文化、语言的接近对学习、互动和创新有推动作用。"国家创新系统理论中，创新不是一个独立的过程，而是一个需要多种创新主体交互作用的系统性工程，是政府、企业、大学研究机构和中介机构等主体，为寻求一系列共同的社会经济目标而建立起来的，将创新作为国家变革和发展的关键动力系统。

国家创新系统理论的主要观点如下：

（1）弗里曼把国家创新系统定义为"公共和私人部门中的机构网络，通过其活动和相互作用激发、引入、改变和扩散各种新技术。"纳尔逊把国家创新系统定义为"其相互作用决定着一国企业的新实绩的一整套制度。"可见，国家创新理论认为是国家在主要推动技术创新。

（2）在整个国家创新系统中，国家的作用是提供一个国家层面的制度安排和体系设计，从而影响参与创新资源配置、创新活动开展、创新效率提升的众多创新主体，其中最主要的是企业和其他经济组织，并将整个国家的创新活动纳入国家的整体网络和运行机制中，推动整个国家的技术和科技的创新、发展、应用和扩展等。

（3）国家创新系统是政府、企业、大学研究机构、中介机构等为寻求一系列共同的社会经济目标而建立起来的，将创新作为国家变革和发展的关键动力系统。

（4）现代国家的创新系统在制度上相当复杂，既包括各种制度因素和技术行为因素，也包括致力于公共技术知识研究的大学和科研机构，以及政府部门中负责投资和规划等机构。

（5）国家创新系统中的制度安排应当具有弹性，发展战略应该具有适应性和灵活性，这是因为科技创新、产品发明具有高度不确定性，充满失败的风险，这就要求国家创新制度必须是柔性化管理，以应对各种突发事件。

5.2.2 创新要素的协同：区域创新系统理论

区域成为真正意义上的经济利益体，而跨国企业关键性的商业联系也集中于区域范围内。于是，在批判继承国家创新系统理论的基础上，学者们增加了对区域创新系统的关注，认为区域创新系统是由地理上相互分工与关联的生产企业、研究机构和高等教育机构等构成的区域性组织系统，这种系统支持并产生创新。

英国学者库克于1992年提出区域创新系统。库克认为区域创新系统主要是由在地理上相互分工与关联的生产企业、研究机构和高等教育机构等构成的区域性组织体系，且这种体系支持并产生创新。此后，库克经过大量研究后又对其定义做了进一步的说明：区域创新系统是指在一定的地理范围内，经常地、密切地与区域企业的创新投入相互作用的创新网络和制度的行政性支撑安排。

目前普遍认为，区域创新系统的基本内涵应包括以下几方面：①具有一定的地域空间；②以生产企业、研发机构、高等院校、地方政府机构和服务机构为主要的创新主体；③不同创新主体之间通过互动，构成创新系统的组织和空间结构，从而形成一个社会系统；④强调制度因素以及治理安排的作用。

相关研究表明，区域创新系统有三种类型，即企业基础型创新系统、科学基础型创新系统和政策基础型创新系统。在企业基础型创新系统中，企业与顾客和供应商之间的合作关系最重要，而与大学、研究机构等的关系则次之；在科学基础型创新系统中，企业除与顾客、供应商和咨询顾问保持重要的联系之外，与大学和研究机构的合作关系也相当重要；在政策基础型创新系统中，企业除与顾客、供应商和咨询顾问的合作之外，更多的是与技术转移机构、培训机构、创新支持机构或地区研究组织等保持着重要的合作关系。

5.2.3 产业技术创新的协同：产业创新系统理论

产业创新系统是指开发、生产和销售特定部门产品的参与者之间市场或非市场的联系所构成的网络。从学术发展的角度看，产业创新系统研究是一个新兴领域，其起源最早可追溯到20世纪80年代初期形成的网络合作化技术创新理论和20世纪80年代末期形成的国家创新系统理论。其后，波特在其创新模型（钻石模型）中，把产业基础纳入创新系统，贯穿了产业创新系统思想。下面依次介绍最主要的理论。

马莱尔巴认为，产业创新系统与国家创新系统和区域创新系统不同，技术创新是企业和组织之间的主要联系，企业和组织对技术的相互依赖、相互影响非常重要，从而技术创新在企业和组织中的动态协同和传播发展是一个非常重要的因素。产业创新系统理论强调理解产业部门的边界、各参与者之间的相互作用和影响、产业的发展和变化、国家在产业变化中的地位等方面的问题。另一个有重要影响力的理论是罗斯威尔提出的以并行工程为基础的综合创新模型。目前国际上较有影响的产业创新论著当属澳大利亚大学道奇森（Dodgson）教授和英国苏塞克斯大学罗斯威尔教授合编的《产业创新手册》（The Handbook of Industrial Innovation）。他们认为，产业创新系统的贡献在于其关注了不同的技术和产业创新过程各自的特征，必须更好地理解科学和技术的关系及技术的本质才能更好地理解创新过程。同时，他们在产业创新系统中还提出尽管不同产业存在不同的竞争、互动和组织状态，但其地理边界的延伸仍是动态的，既可能在某一个区域内，也有可能跨越多个国界。

5.2.4 创新要素协同：政府—产业—学界的三螺旋模型理论

三螺旋理论试图揭示和准确描述在创新系统中正在出现的制度力量的新结构，也就是说，新的这个三螺旋理论（相对于传统线性）抓住了在知识资本化过程不同阶段制度安排中的多元互惠关系。根据大学、产业与国家三者之间的作用关系，埃兹科维茨提出了"国家干预模式"（etatistic model）、"自由放任模式"（laissez-faire model）和"重叠模式"（over-lapping model）三种表现形式，见图5-2。

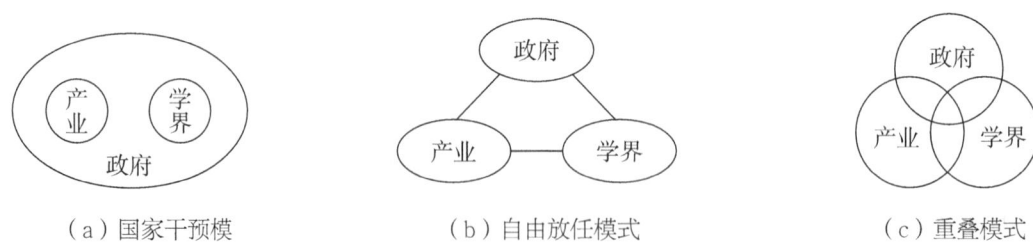

（a）国家干预模　　　（b）自由放任模式　　　（c）重叠模式

图5-2　三种三螺旋模式的表现形式

近年来，在走出一条有中国特色的湾区数字经济的过程中，产业与高校的互动愈加频繁，高校的角色和作用愈显突出。三螺旋模型对我们理顺传统大学、产业和政府之间的关系，发展新型的协同创新发展系统具有重要的参考价值。我国高校面临着数字人才培养和基础研究的双重创新重任，既需要按照学科前沿的指向为人才培养传授前沿的知识，培养具有创新能力的工程科技人员，又需要开展湾区数字经济基础研究探索。在这一过程中，高校创新活动从最初的研究人员间项目合作到高校和企业科研团队间建立长期互动关系，发展为高校与产业建立产学战略联盟，乃至协同创新体系的搭建，对高校的功能拓展和管理不断提出了新的要求。象牙塔不是庇荫之地，高校传统角色的出离和面向创新的重构势不可挡。

国家的湾区数字经济发展的重要手段和战略选择以将高校、企业和国家之间的协同创新作为重点考虑对象。高等院校，尤其是我国双一流类型的研究型大学，培养高层次的数字经济方面的创新人才，又是开展数字经济领域方面的研究和相关技术产品的重要基地，是国家创新战略体系的重要组成部分，是我国实施自主创新战略的重要力量。

鉴于高校在湾区数字经济协同创新中的重要地位与作用，高校已经成为湾区数字经济创新体系的重要力量。"十四五"期间，高校科技发展围绕提高高等教育质量，以强化科教结合为主线，以提升自主创新能力为核心，以推进协同创新为战略选择，以体制机制改革为突破口，通过试点先行、重点突破带动全局发展。我国开展了政府主导的、旨在促进高校间相互合作、高校和科研机构及企业间深度合作的协同创新计划，该计划是以人才、学科、科研"三位一体"创新能力的提升为核心任务，深化高校机制体制改革，转变高校创新方式，旨在突破高校内外部机制体制壁垒，促进高等教育与科技、经济、文化有机结合，建立协同创新的战略联盟，促进资源共享，联合开展重大科研项目攻关，在关键领域取得实质性成果。同时，该计划在政策支持上侧重于体制方面的支持，如在组建高水平队伍、协同机制、学者流动机制、学生培养方式以及资源共享上，而非简单的经费支持。

5.2.5 创新的网络协同：网络系统理论

创新过程是一个涉及多参与者、多部门、多主体、多学科、多层次的协同系统，没有一个主体能独立完成较为复杂高级的创新过程。尤其在数字经济时代，大学、企业和政府联系日益紧密，各自在创新过程中发挥着各自的优势，互相联系、互相促进，日益构成一个有机完整的创新生态系统。在数字经济时代，创新系统出现以下三个特点：①科技正以前所未有的速度加快向前发展，新的技术、产品日新月异，正极大地改变现有的市场结构和社会结构，这就需要我们积极系统考虑多学科、多部门的技术，从而适应数字经济时代的要求。②创新网络中各个主体分别有自己的创新动机与利益诉求、需要各主体间实现协同，达成创新目的。③创新系统本身具有多层次性，包括微观的企业创新系统、中观的产业创新系统、宏观的国家创新系统与区域创新系统，不同层次的创新系统会相互影响、相互作用，实现单一系统不能达到的创新效果。以上这些复杂的、非线性的、迭代的关系需要人们用系统的、协同的观点重新审视，深入剖析创新过程从无序到有序的内在规律和演进机制。

5.3 湾区数字经济协同发展思路

综合世界各国湾区数字经济发展的实践以及上一节介绍的湾区数字经济协同创新理论可知，湾区数字经济正进入数字经济迅速发展的新阶段，需要在共同合作原则下开展数字经济协同创新，既要考虑产业数字化和数字产业化中各个城市的比较优势和创新能力，又要坚持合作各方主体的收益共享，同时要遵从基础研究与应用技术开发并举的原则，不能短视地仅专注于数字技术应用和开发，必须坚持数字经济的基础研究、应用研究和开发研究并重并举、相互支持、相互促进，最终在坚持政府引导与市场推动相结合的道路上，以恰当的创新机制和产业政策引导市场主体开展数字经济合作的作用。国内学者对如何实现湾区数字经济的系统发展做了大量的研究，以下介绍其中一些具有代表性的工作。

关于湾区数字经济协同发展总体思路，杨海深、王茜做了较为详细的研究：

（1）建立湾区数字经济协调发展机制，加强湾区数字经济发展规划指引。各湾区需要组建适合实际情况的数字经济发展委员会，将各地自身的数字经济发展规划职能向上让渡给数字经济发展委员会，由其全面统筹制订湾区数字经济发展规划，不断深化数字经济各领域合作。各地的湾区数字经济发展规划和政策要在湾区整体规划下展开，建立起合作创新的整体规划和协调机制，以打破分散的、各自为政的创新规划和政策，避免重复建设和重叠同构，形成分工协作的合力。将数字经济发展融入湾区建设，统一规划部署，在湾区科技创新中心建设方案、基础设施互联互通、构建现代产业体系等专项规划中侧重数字经济的内容。将数字经济纳入湾区战略性新兴产业发展的重点领域，构建湾区信息高效流通体系，加强通信管线、基站、机房等信息基础设施共建共享，进一步推动扩容、提速、降费，实现湾区数据传输和网络互联的高速度、广覆盖、低成本。以数据流引领技术流、物资流、资金流、人才流汇聚流通，建设云上湾区、数字湾区、智慧湾区。

（2）推进数字经济综合基础设施构建高速、移动、安全、泛在的新一代信息基础设施是发展数字经济重要基础保障。加快建设新一代信息基础设施，推进湾区数字经济互联宽带扩容，全面布局基于互联网协议第六版（IPv6）的下一代互联网。加快互联网国际出入口宽带扩容。推动湾区内地无线宽带城市群建设，实现免费高速无线局域网在湾区热点区域和重点交通线路全覆盖，实现城市固定互联网宽带全部光纤接入。加快推动信息基础设施互联互通，推进基础设施数字化改造。在各类服务场所推进基础设施智能化改造，建设公共服务大数据采集、开发和应用体系，提升全社会基础设施数字化水平。统筹推进网络与信息安全技术手段建设，建立健全信息通报预警机制，全面提升关键信息基础设施、网络数据、个人信息等安全保障能力。

（3）构建分工与协同的数字经济创新体系，发挥湾区各城市在数字经济方面的特色优势，统筹规划空间布局、功能定位和产业发展，优化数字经济生产力布局，构建湾区数字经济分工与协同体系，形成数字经济创新合力。以粤港澳大湾区为例，香港的电信市场为全球最先进、最蓬勃的电信市场之一，具有完善的基础架构设施，并且智能产业的研发中心初具规模，应发挥其基础性、原创性的作用，同时充分扮演"超级联系人"角色，成为粤港澳大湾区数字经济研发中心，以及大湾区与世界主要数字经济创新区域的纽带。澳门应开展博彩产业数字化，打造数字娱乐之都，同时以中医药研发和集成电路设计为突破口，并扩大在大湾区各城市的应用。深圳在电子信息、新能源和新材料、生物医药等领域的创新已走在全国前列，且正在培育大数据、人工智能等新的创新点，并集聚了大批创新型企业，应专注数字创新领域和强化企业为主体的创新方式，成为大湾区的数据经济创新先锋。广州应发挥科技资源密集、人才资源丰富的优势，为大湾区数字经济创新提供智力和平台支撑。珠海应发挥在精密机械和先进装备制造领域的优势，深入开展先进装备制造数字化，广泛吸引数字人才。佛山、东莞、中山、惠州、江门、肇庆应强调已具备加工制造的产业优势，对传统产业进行全方位、全角度、全链条的数字化改造，成为数字创新成果转化和孵化的基地。通过城市数字经济的角色定位，在大湾区城市群中形成分工与协同的数字经济创新体系，成为推动中国数字经济发展的重要区域。

（4）搭建湾区数字经济开放合作平台，利用湾区沟通内外、辐射全球的独特优势，同时利用湾的区域叠加效应，建设湾区国际数字经济创新中心，引导全球资金、技术、人才和数据等核心创新资源汇聚，在工业互联网、大数据、云计算、人工智能等领域联合开展数字核心技术攻关，鼓励企业通过投资并购、知识产权合作、联合运营等多种方式开展跨境合作，培育一批领军企业和独角兽企业，打造全球数字技术创新高地和数字经济融合应用典范。同时，湾区加强与相关国家开展数字经济领域广泛合作，特别是与相关国家数字经济领域的政策沟通和战略对接，如中国—东盟信息港建设、中阿网上丝绸之路经济合作试验区建设，在宽带信息基础设施、大数据、跨境电商、智慧城市等新兴产业领域，为"一带一路"沿线国家和地区提供高质量的信息产品和技术服务。

（5）共建湾区数字经济合作重点工程——加快数字经济领域重点实验室建设。在新一代人工智能、新一代半导体等领域开展联合资助计划，谋划重点领域数字经济联合实验室，促进数字科技资源共享共用。重点支持与数字经济相关的重点实验室建设。以批准设立实验室为主体，逐步完善组织架构，启动科研项目和经费，重点在人工智能与数字经济、微纳电子等领域布局建设。以重点实验室为依托，加快构建自主可控的数字化技术体系，集中力量突破芯片硬件和基础软件等短板。加强基础研究，突破一批基础通用技术和颠覆性技术，引领产业迈向全球价值链中高端。

（6）着重构建湾区数字经济科技创新生态系统。科技创新生态系统是支撑湾区数字经济科技创新高质量发展的机制保障。一些湾区目前科技创新机制仍显得零散和碎片化。应加快推进如下几项工作：①积极引导国内外知名高校、科研院所在该湾区设立分校、分支机构或与湾区各地共建各种新型研发机构、重大项目实验室等创新平台，全面推动构筑科技创新网络体系。②进一步加强政产学研合作，推进科技创新走廊、创新圈、学研创新联盟建设，引导湾区内企业与高校、科研院所合作共建一批技术创新中心、制造业创新中心、新兴产业创新中心、技术转移机构等，推动研究开发、成果应用和推广；打破高校与科研院所创新成果转换的各种桎梏，引导、鼓励高校和科研院所创新合作交流模式，共建成果转化平台，制定创新成果转化的利益分配机制。③推动科技创新服务体系建设，使科技中介朝着多样化趋势发展，建立众创空间、孵化器，激发具有创新意识的人才创新创业，为科技创新的持续发展提供载体；全方位为科技创新企业提供一系列投融资服务，如搭建科技金融服务平台，为中小微科技企业创新创业提供资金支持；扶持风险投资基金发展，培育面向湾区的多元化风险投资和投融资主体，等等。

（7）抓紧布局未来科技产业新格局。全球新一轮科技革命和产业革命的纵深发展，催生了众多新技术，推动新兴产业实现快速迭代和衍生发展。由新一轮科技革命推动的新兴科技产业的爆发性增长已经出现明显特征。当前，旧金山湾区研发重点集中在人工智能、新能源、新材料、生物医药、空间技术等领域，在物联网、区块链、大数据、无人驾驶、精准医疗等方面，这些产业均孕育着新的革命性突破，很有可能即将以颠覆性的特点改变人类生产、生活方式，催生前景广阔的新业态和新模式。粤港澳大湾区各地都应该紧跟全球科技革命新态势特别是美国硅谷科技创新的动态，了解哪些领域将出现革命性的科技变化，抓住新一轮科技产业革命发展的契机，引导企业突破前沿技术，并加大对这些"硬科技"创业者的扶持力度，推动形成对新技术的开发、集成及市场应用，培养发展前沿新兴产业。同时，抓住产业爆发式增长机遇，积极营造适合跨界的产业生态和创新创业生态环境，大力培育独角兽企业，并发挥其带动作用，推进新型科技产业链的纵深发展。在参考国内外政府机构、咨询机构、智囊团、全球知名高科技企业和科研机构等相关研究调查报告的基础上，每年定期发布"年度粤港澳大湾区与全球新兴科技趋势报告"，既为粤港澳大湾区相关部门总体把握和追赶全球核心科技趋势提供依据，也为政府和社会资本指明科技投资方向，以确保大湾区在未来发展中的科技战略优势。

（8）极力营造良好的创新创业环境。各湾区各地都应该进一步深化商事制度改革，简化办事程序，加快降低企业创新创业的成本，打造制度优越、环境优美、成本低廉的全球创新创业高地。在社会上要大力推广允许失败的创新创业理念，利用传统媒体和新媒体相结合的方式广泛宣传，激励企业家和科研人员大胆创新。要加快推进理性文化的培育，削弱投机文化和民粹主义的发展，培育敢为人先的创新创业精神和理念。要进一步弘扬、保护企业家精神，尤其是创新创业的拼搏精神，加快鼓励、引导企业家创新和社会大众创业，营造浓郁的创新创业氛围。

小结

本章首先介绍了协同创新理论，界定协同创新的概念，并说明了协同创新的特点，然后介绍了协同创新理论的基础理论，并分析了协同创新与传统创新对比存在的优势，再对协同创新的驱动机理进行了分析。

接着介绍和湾区数字经济协同创新最为相关的几大理论，主要有国家创新系统理论、区域创新系统理论、产业创新理论、三螺旋理论、网络系统创新理论等协同创新理论。

最后重点介绍国内学者关于湾区数字经济协同发展的总体思路，主要有加强规划指导、推进基础设施建设、构建新型的创新体系等等。然后以粤港澳大湾区的数字经济协同发展为例，介绍了国内学者关于这方面的政策建议。

思考题：

1. 协同创新具有哪些特点？

2. 分析系统性的优势。

3. 阐述协同创新的驱动机理。

4. 阅读有关书籍，详细论述"三螺旋理论"的主要内容及对湾区数字经济协同创新发展的指导意义。

5. 数字经济中的协同创新管理是目前的一个研究热点，谈谈你对这一方面的看法。

6. 借鉴国外经验，对发展粤港澳大湾区数字经济的协同创新发表见解。

参考文献

[1] 魏讲，吴伟，朱凌.协同创新：理论与探索［M］.杭州：浙江大学出版社，2017.

[2] 陈劲.协同创新［M］.杭州：浙江大学出版社，2012.

[3] 王聪.基于人才聚集效应的区域协同创新网络研究［M］.北京：知识产权出版社，2019.

[4] 吴长锦.思想政治教育协同创新研究［M］.北京：中央编译出版社，2019.

[5] 任泽中，陈文胡.引入协同创新理念优化高校创业教育［J］.中国高等教育，2013（10）：45-47.

[6] 陈劲，阳银娟.协同创新的理论基础与内涵［J］.科学学研究，2012，30（2）：161-164.

[7] 车林杰.协同创新系统耗散结构判定研究：基于熵理论和耗散结构理论［D］.重庆大学，2016.

[8] 陈喜乐，李腾达.构建促进协同创新的人文社科科研评价体系研究［M］.厦门：厦门大学出版社，2016.

[9] 潘开灵，白列湖.管理协同机制研究［J］.系统科学学报，2006（1）：45-48.

[10] 杨海深，王茜.全面构建粤港澳大湾区数字经济协同发展新路径［J］.新经济，2019（10）：15-19.

[11] 易高峰.数字经济与创新管理实务［M］.北京：中国经济出版社，2018.

[12] 刘延平，王方方，李超.粤港澳大湾区影响力指数报告［M］.北京：中国社会科学出版社，2019.

[13] 卢文彬，等.湾区经济：探索与实践［M］.北京：社会科学文献出版社，2018.

[14] 林勇，沈玲娣.湾区之道：世界湾区经济发展模式比较研究［M］.广州：广州出版社，2019.

第 6 章

旧金山湾区数字经济发展实践

学习目标

(1) 了解旧金山湾区的发展历程和现状。
(2) 掌握从空间结构、产业融合和协同创新角度来分析旧金山湾区的发展。
(3) 了解旧金山湾区的发展对我们的启示。

6.1 湾区概况

美国的旧金山湾区是举世闻名的世界级大型湾区之一。旧金山湾区位于美国西海岸的加州北部，由旧金山市、半岛、北湾、东湾和南湾五大板块组成，其中很多高科技公司聚集在南湾，南湾又被称为硅谷。旧金山湾区是一个多核心结构的区域，三个核心城市分别是旧金山半岛上的旧金山市、东湾的奥克兰市和南湾的圣何塞市。旧金山市是整个湾区的核心城市，以旅游业、金融业等现代服务业为主导；奥克兰市位于东湾滨水地带，以港口经济为主导；圣何塞市是南湾硅谷的核心，以高新科技和生物医药业为主导。湾区拥有数目众多的世界 500 强企业，众多高科技企业纷纷在此设立总部或分公司，如谷歌、苹果、Facebook 等大型公司的总部即设在旧金山湾区。支持旧金山湾区发展的四大经济板块是科技创新、总部服务、港口贸易、旅游消费。科技创新主要集中在南湾的硅谷片区，总部服务主要集中在旧金山市，港口贸易主要集中在东湾的奥克兰片区，旅游消费主要集中在北湾的农场片区、旧金山市的金门大桥和硅谷片区。作为老牌湾区，旧金山湾区的人口总量、经济规模和经济增长速度均位于美国前列。

它的成功得益于以下几个因素：①旧金山湾区基本上是以市场调节这只看不见的手为主，区内政府干预的有形之手的影响较弱，区内的市场机制较为完善，各种基础设施也较为齐备，较为发达。区内的各城市间的行政壁垒较低，有利于生产要素的自由流动，人才、资金、物资都可以相对比较自由地在区内快速流动，从而实现了资源的最优配置，也有利于资源获得较高的收益。与此同时，湾区发达的经济状况、良好的基础设施、巨大的发展潜力和前景，吸引了大量的人才和资金等资源向湾区集中，这进一步推动了旧金山湾区的经济发展，保证了湾区的国际竞争力和国际地位。②旧金山湾区得天独厚的地理位置环境，为发展港口贸易、货物运输等提供了先天有力的条件，旧金山湾区拥有众多的各具特色的城市，从而可以充分发挥各个城市的优势，为旧金山湾区整体发展提供坚实的基础。③旧金山湾区也被称为世界上最适合居住的地方之一。旧金山湾区不仅拥有优越的海洋地理环境，还享有高度自治、高度自由的市场经济制度，从而可以吸引大量的人才、企业、资金，积极参与国际化分工和合作，积极发展对外贸易，发挥自身的比较优势，在湾区内部建立起了协同发展、创新发展的理念，这些都是旧金山湾区得以成功发展，能被称为美国经济中极为重要的一个部分的根本原因。

6.1.1 湾区的形成和演化

回顾旧金山湾区的经济发展历史，可概括为以下三大阶段。

1. 1848 年到 19 世纪 70 年代，旧金山湾区的初步发展

19 世纪 50 年代美国西部的"淘金热"，吸引了大批淘金者向美国西部发展，旧金山也成为当时庞大的淘金队伍首选的目的地之一。据统计，1850—1860 年，旧金山的人口增长非常迅速，接近 100%。大量人口的涌入为旧金山日后的发展提供了宝贵的劳动资源，成为日后发展的重要基础。大量淘金者的到来，也拉动了相关的货物贸易、生活物质交易的发展，而旧金山得天独厚的地理环境，为发展海洋贸易、货物运输提供了天然有利的条件。这一期间，旧金山还同时发展了钢铁、汽车等相关的重工业，成为美国的一个制造业中心。

2. 19 世纪 80 年代到二战期间，旧金山的发展转型时期

随着时间推移，淘金热逐渐开始回落，旧金山已不能再像之前那样吸引大量的人，人口方面的优势逐渐消失，旧金山抓住这一形式变化，开始积极推动产业转型，从单纯依赖人口的劳动密集型发展向更多依靠资本、资金等发展方向努力，加大对基础设施的投入、积极开展国际贸易、不断提升制造业和工业水平。首先，湾区内的基础设施，如公路、铁路、跨海大桥等巨大工程，都是在这一时期建设完成的，而基础设施的完善，为湾区内各个城市的发展提供了方便、快捷、低廉的运输和流通工具，促进了各个城市贸易、工业、制造业等方面的发展，比如奥克兰充分利用低廉的铁路运输优势，在短短十多年的时间里，工业产值就增长了好几倍。基础设施也延伸到湾区的周边地区，帮助原本在湾区的企业搬迁到湾区周边的地区，从而形成了湾区辐射周边地区、周边地区服务湾区的良好局面。其次，旧金山湾区拥有极为优异的海洋资源，为湾区向海上贸易、海洋经济等方面转型提供了有利条件。通过十多年的转型发展，湾区已掌握了美国国内的海洋贸易，控制了美国通过太平洋与国外贸易往来的主要货物。

3. 二战结束后至今，旧金山的成熟发展

到二战结束，旧金山湾区已成为美国经济中一个重要组成部分，湾区内的制造业、金融业、传统农业等已取得长足发展，但湾区并没有在成绩面前止步，而是紧紧抓住当时开始发展起来的高科技、新型信息技术带来的产品、产业的新机会和新方向，成功实现了向高科技产业转型、向高附加值产品转变的目标，为今天旧金山湾区在世界经济中占据重要地位做出了巨大的贡献。首先，硅谷的兴起是旧金山湾区发展历史上的一个影响深远的事件。硅谷坐落在湾区的圣何塞市一带，这一带传统上是湾区的农业区域，凭借其低廉的土地价格和生活成本，灵活、宽松、优惠的扶持政策，鼓励创新、鼓励创业的社会风气和优美舒适的居住环境，吸引了大批高科技创业者来此发展。20世纪90年代，IT产业在这里迅速发展，随后又带动了一大批网络、生物医药、能源等新型产业的发展，日益成为美国最有影响力、最有创新活力的地区之一。其次，众多世界级高水平大学落户旧金山湾区，为湾区的发展提供了源源不断的人才。斯坦福大学、加利福尼亚大学伯克利分校和加州理工学院纷纷集聚在旧金山湾区，为旧金山湾区注入新的活力。最后，湾区依靠高新技术，努力实现金融、贸易等传统领域的数字化升级，为湾区引领世界科技潮流、实现更高程度的发展奠定了基础。

6.1.2 湾区形成的主要动因

1. 旧金山湾区形成的地理因素

地理因素是旧金山湾区经济形成的基本条件。以下从几个方面介绍旧金山湾区优越的地理条件。

首先，从地理形状上看，旧金山湾区呈现出半圆形或弧形，三面与陆地连接，这种得天独厚的地理位置，赋予了旧金山湾区发展重要的自然资源。旧金山湾区拥有夏季凉爽、冬季暖和的地中海气候，与海洋相邻，导致湾区四季气候宜人，昼夜温差较小，湾区大力提倡环保意识，区内绿化覆盖率较高，空气污染程度较小，提供了一个舒适的生活环境，从而吸引大量人才、高校和企业。

其次，湾区内有数目众多的城市，每个城市都有独特的历史发展背景、自然资源、比较优势，而湾区四通八达的运输网络，方便快捷的海洋运输、内河运输、陆地运输等极大地便利了区内城市之间在资金、人员、货物等方面的流通，促进区内城市与国内其他城市、尤其是内陆城市的贸易往来，促进了区内城市与国际开展投资合作、交流沟通等工作，这些都促进了湾区的发展。

2. 旧金山湾区形成的社会因素

回顾旧金山湾区的发展历程，其成功一方面离不开地理环境和高科技等的吸引力，另一方面，很大程度上也要归功于湾区在文化和制度建设方面做的扎实工作。旧金山湾区主要通过以下方面推动湾区文化建设。

（1）推动各项文化政策的实施和开展。

湾区政府高度重视区内文化政策的建设，根据湾区不同的发展阶段、面临的不同环境而制定相应的文化政策，从而不断推动开展湾区的文化交流活动，不断提升湾区居民的文化生活水平，不断加强湾区崇尚创新文化的社会理念建设，从而增强湾区居民的文化认同感和归属感，为凝聚湾区力量、建设美好湾区做出了巨大贡献。湾区政府通过整合湾区的各种文化资源，发挥各个地区特有的文化优势，发展湾区各个地方不同的文化产业，培育湾区具有国际竞争力和创新性的文化资源，从而极大减少了各地争夺文化资源、重复建设、无序建设的情况发生，为湾区的发展提供了文化层面的重要保障。

（2）文化志愿行动、共享文化活动为湾区文化建设注入新的活力。

湾区的文化建设除了需要政府的重要推动，也需要社会各界自发成立的志愿团体、合作组织和机构，在城市规划、艺术教育、公共文化服务等领域发挥重要作用。比如旧金山湾区规划和城市研究协会，作为民间自发成立的文化团体，为湾区发展的各种规划、城市的定位、发展目标等方面提供了大量的政策建议，从而保障了湾区的顺利发展、可持续性发展，为湾区的繁荣贡献了力量。湾区居民不断增强对湾区的认同感等主人翁精神，从而促使大量的文化共享活动的开展。通过文化共享，湾区不同城市、不同区域的居民加强文化交流，互相取长补短、互相借鉴，从而为整个湾区的文化融合、文化创新提供保障。

3. 旧金山湾区形成的人口因素

纵观世界上几大湾区的形成，人口在该湾区的迅速增长是一个极为重要的因素。湾区的发展往往由劳动密集型产业开始，没有一定规模的人口，湾区无法获得发展的最初动力，无法为需要大量劳动力的制造业、农业提供源源不断的支持，从而导致湾区产业发展长期处于停滞不前的地步，也为今后的发展设置了障碍。没有庞大的人口，湾区无法形成一定规模的消费市场，极大制约湾区产业种类、规模、类型等方面的发展，导致湾区没有形成规模经济，更无法在国际竞争中于成本、技术、产品等方面取得优势。

旧金山湾区拥有得天独厚的海洋自然环境，拥有优美舒适的居住条件，吸引了来自美国国内和世界各地的人来此居住和发展，为湾区提供了发展所亟需的宝贵人口资源和消费市场。回顾旧金山湾区的人口增长历史，我们发现在湾区发展的各个阶段都离不开丰富的人口资源提供的强大动力。早在19世纪中叶的"淘金热"时期，大量淘金者的涌入，带动了旧金山湾区的初步发展。第二次世界大战后，湾区内的大城市发展迅速，人口过五百万的大规模城市也开始出现，湾区人口迅速增长。根据美国加州政府公布的2013年人口统计数据，加州总人口达3834万，居全美第一，为旧金山湾区人口增长速度最快的州。发达的金融业和制造业、便利的交通、高水平的教育和优良的环境，吸引人口聚集，达到美国总人口6.2%。

丰富的人口资源加快了湾区内各个城市的发展、加快了城市之间的聚集和扩散效应，推动一些人口规模庞大的中心城市发展，从而更好地发挥其主导产业发展趋势、主导技术创新未来、主导湾区整体发展方向的重要作用，同时周边的城市也依托一定的人口规模得以发展，从而发挥其服务中心城市、提升湾区整体水平的作用。

4. 旧金山湾区形成的城市因素

世界上主要湾区的发展都离不开湾区内众多城市的协同发展，而城市对旧金山湾区的发展更是起到了尤为重要的作用。首先，湾区独特的半圆形和弧形的地理形状，使得湾区内可以容纳众多的港口城市，而各港口城市具有不同的发展历史背景、自然资源、技术条件，从而具有不同的优势。旧金山湾区充分发挥各个城市的优势，积极培育相应的发展方向，比如旧金山地区发展金融业与旅游业，奥克兰发展装备制造与港口经济，圣何塞是最大的电子制造工业基地，从而实现了各个主要港口城市在分工合作、优势互补的基础上形成组合，成为一个多功能复合体，能够充分利用资源，增强综合竞争力。另外，由于湾区绵长的海岸线、广袤的腹地，能在面积相对较小的空间内孕育多个港口城市，同时湾区四通八达的海运、陆运、空运等运输网络加强了湾区内城市间的联系，推动了湾区城镇化的进程。除了发展规模较大的中心城市外，旧金山湾区还积极推动周边城市的发展，通过采取向周边城市转移原来在大型城市里的企业和产业群，修建连接周边城市和中心城市之间交通运输网络等措施，极大帮助了周边城市的发展，实现了湾区内中心城市和周边城市互相促进、优势互补、共同发展的良好局面。

5. 旧金山湾区形成的制度因素

根据制度经济学的观点,制度在资源配置、经济效果、生产经营绩效等方面发挥着重要的作用,一个良好的制度将极大地推动社会经济活动的开展,确保经济活动取得更大更好的成果。旧金山湾区的发展,离不开其实施的市场和政府良性互动、互相配合、互为补充的良好制度。旧金山湾区的市场经济制度极大提高了湾区的经济活力,为湾区的发展做出了重要贡献。

6. 旧金山湾区形成的技术产业因素

科学技术、新兴产业在旧金山湾区的发展中发挥重要的作用。从科技水平、技术创新能力、产业发达程度来看,旧金山湾区名列世界几大湾区前茅。

旧金山湾区正是抓住了三次科技革命的历史机遇,引导各种要素资源加快向湾区集聚,实现了产业的升级和跨海交通的通达,从而形成了以中心城市为核心,以周边腹地为支撑的开放型经济体系。旧金山湾区抓住了第三次科技革命浪潮的趋势,形成了以硅谷为核心的高新技术产业集聚区,拥有大批研发机构和大量科技资源。20世纪90年代,IT产业在这里迅速发展,随后又带动了一大批网络、生物医药、能源等新型产业的发展,日益成为美国最有影响力、最有创新活力的地区之一。其次,众多世界级高水平大学落户旧金山湾区,为湾区的发展提供了源源不断的人才。最后,湾区依靠高新技术,努力实现金融、贸易等传统领域的数字化升级,为湾区引领世界科技潮流,实现更高程度的发展奠定了基础。

6.1.3 湾区的数字经济发展状况

旧金山湾区保持了较高的经济活力,其增长主要得益于技术领域,以信息经济为主导的旧金山—奥克兰都市区和圣何塞都市区引领了整个湾区的发展。2017年,旧金山湾区信息产业增加值达到962.03亿美元,占加州信息产业份额的34.92%,占全美信息产业份额的9.16%。旧金山—奥克兰都市区在湾区经济中占据绝对份额,占比接近60%,2017年GDP达到5007.1亿美元,略高于上海同期水平。

可见,旧金山湾区是世界著名的高科技园区,其高科技产业集中在旧金山—奥克兰和圣何塞两个都市区。这两个地方的高科技产业的规模、发展水平和发展前景都名列前茅。旧金山湾区在数字经济方面保持着以下几个方面的优势,从而使得湾区在今后数字经济的发展中能占据领先地位,保持较好的发展势头。

1. 众多互联网、高科技公司聚集在旧金山湾区，并且湾区内信息产业发展势头很好

根据2018年"美国财富500强企业榜单"，33家500强企业总部位于旧金山湾区。这些公司的市值总和约80%集中在信息技术领域，其余部分广泛涉及消费品、金融服务、医疗保健等领域，但是几乎都与数字经济和信息技术息息相关，经营范围涉及多个数字经济技术领域，湾区内有超过半数的企业生产范围跟数字经济有关。苹果、谷歌、Facebook等几大全球数字经济中的领头企业，总部也都设在旧金山湾区。信息产业、高科技产业在湾区内持续保持较好的发展势头，年增速多年保持领先美国其他地方和世界其他国家和地区的水平，为今后湾区数字经济的发展提供了保障。

2. 湾区具有非常开放包容的文化氛围

来自世界各地的移民给旧金山带来了不同的文化、思想、技术，形成了旧金山湾区开放包容的文化氛围。首先，旧金山湾区多元文化相互学习、相互借鉴、共同发展，湾区内文化元素非常多样，很少有排外的氛围，这就吸引了大批移民纷纷来此定居和发展，为湾区的数字经济创新活动提供了源源不绝的新鲜力量。其次，湾区主要是市场机制在配置资源，从而湾区内人才、资金、资源流动非常灵活，较少受到行政干预和外在的壁垒约束。湾区支持和鼓励高科技人才自由流通，跳槽和自立门户或自己建立公司是湾区各大高科技企业常常发生的事情，这就极大促进了湾区内创新思想的发展、促进了各个企业之间技术、人才、产品、市场等多方面的竞争，为湾区数字经济的发展提供了很好的保障。最后，数字经济是创新型经济，失败、尝试是经常发生的事情，旧金山湾区具有良好的容许失败的文化氛围，具有较强的鼓励创新、鼓励尝试、敢于接受新事物、敢于否定权威的精神，这些都是促使湾区数字经济迅速发展的重要保障。

3. 湾区有较高质量的人力资源

众多世界级高水平大学落户旧金山湾区，为湾区的发展提供了源源不断的人才。劳动力受教育程度高、人力资源质量较好，这些都极大保障了湾区数字经济的蓬勃发展。据统计，2016年，旧金山湾区25岁以上的成年人中拥有大学及以上教育程度的人数占46%，这一数字远高于31%的美国平均水平。2010年，上海常住人口中获得大学及以上教育程度的人数占比约22%，同期中国平均值仅有9%。

6.2 湾区数字经济的空间结构概况

6.2.1 湾区数字经济空间结构的演化与特征

从行政管辖来看，旧金山湾区包括9个县，即阿拉米达县、康特拉斯塔县、马林县、纳帕县、旧金山、圣马特奥县、圣塔克拉拉县、索拉诺县和索诺马县。旧金山湾区又可分为旧金山、北湾、南湾、东湾和半岛5个区域。从面积来看，旧金山湾区仅次于纽约湾区，为1.79万平方千米。

从历史发展历程来看，19世纪50年代美国西部的"淘金热"，吸引了大批的淘金者向美国西部发展，旧金山也成为当时庞大的淘金队伍首选的目的地之一。据统计，1850—1860年，旧金山的人口增长非常迅速，接近100%。大量人口的涌入为旧金山日后的发展提供了宝贵的劳动资源，成为日后发展的重要基础。19世纪80年代到二战期间是旧金山的发展转型时期。随着时间推移，淘金热逐渐开始回落，旧金山已不能再像之前那样吸引大量的人，人口方面的优势逐渐不复存在，旧金山抓住这一形式变化，开始积极推动产业转型，从单纯依赖人口的劳动密集型发展向更多依靠资本、资金等发展方向努力，加大对基础设施的投入、积极开展国际贸易、不断提升制造业和工业水平。到二战结束时，旧金山湾区已成为美国经济中一个重要组成部分，湾区内的制造业、金融业、传统农业等已取得长足发展，但湾区并没有在成绩面前止步，而是紧紧抓住当时开始发展起来的高科技、新型信息技术带来的产品、产业的众多方面的新机会和新方向，成功实现了向高科技产业转型，向高附加值产品提升的目标，为今天旧金山湾区在世界经济中占据重要地位做出了巨大的贡献。

西部的旧金山市，东部的奥克兰和南部的圣何塞是旧金山湾区的核心城市。奥克兰是湾区仅次于旧金山开始崛起发展的城市，而圣何塞则在二战后得到极大的发展，这样，三所城市构成三足鼎立之势，带来了整个湾区的数字经济一体化和综合化发展。这三座城市的发展历史、资源特色、技术水平不一、产业状况、发展前景等在整个湾区中处于核心地位，推动湾区内其他中小规模的城市数字经济的发展，为湾区发展提供了重要的保障。

三个城市有不同的区域空间发展特征，这主要是由以下两个因素导致的：①圣何塞传统上是一个农业大市，但二战后凭借其低廉的土地价格和生活成本，灵活、宽松、优惠的扶持政策，鼓励创新、鼓励创业的社会风气和优美舒适的居住环境，吸引了大批高科技创业者来此发展。20世纪90年代，IT产业在这里迅速发展，随后又带动了一大批网络、生物医药、能源等新型产业的发展，日益成为美国最有影响力、最有创新活力的地区之一，逐渐形成今天的硅谷这一世界级的高科技园区。②圣何塞的人口迅速增长，城市面积迅速扩大，而旧金山和奥克兰相对发展得比较成熟，人口增长比较缓慢，城市也较难继续扩张。

6.2.2 湾区数字经济空间结构演化的动力机制

旧金山湾区目前的数字经济空间结构，是在许多因素共同作用下逐渐形成的，其中最重要的有以下几个因素。

（1）旧金山湾区具有优异的地理位置和地理资源优势。从地理形状上看，旧金山湾区呈现出半圆形或弧形，三面与陆地连接，这种得天独厚的地理位置，赋予了旧金山湾区发展重要的自然资源。旧金山湾区属地中海气候，湾区内绿化覆盖率较高，空气污染程度较小，这就提供了一个舒适的生活环境，从而吸引大量人才、高校和企业。旧金山湾区拥有大量的天然良港，这就为湾区发展国际贸易，吸收国外的投资和技术提供了独特的条件。旧金山湾区与内陆城市有着发达、便捷的铁路、内河、空运等运输渠道，这就为旧金山加强和内陆城市之间的联系、共同发展提供了保障。

（2）健全、完善、方便的交通基础设施，如铁路、公路、飞机等构成的立体交通网络，为旧金山湾区的发展提供了有力的帮助。基础设施缩短了物质、人员、信息在湾区内部流通的速度，促进了湾区人员和生产要素的快速流通，从而为湾区的数字经济的发展提供了基础。湾区的人口数量决定整个湾区的规模并且决定了湾区空间结构从集聚到扩散的方向发展。19世纪初，旧金山湾区人口已超过百万，旧金山、奥克兰、圣何塞及周边地区的人口规模不断集聚并逐渐向周边郊区扩散，成了经济发展的主要动力要素。

（3）以市场为主导，政府宏观调控为辅助的制度，保障了旧金山湾区数字经济发展的极大活力和前景。旧金山湾区主要是以市场机制为主，人才、资金、资源等各种生产要素可以相对便利地、不受阻碍地在湾区内自由流动，从而保证各种生长要素可以向最能获利的方向流通，促进要素的合理配置，促进湾区的经济发展。同时，通过政府的有效调控，尤其是政府充当市场经济的创作者和服务者的角色，积极制定相关的法律法规，消除各项贸易、生产活动、资金流动、人员流动等方面遇到的障碍，形成政府与市场之间比较良性的关系，为湾区数字经济的发展制定相关的产业政策、城市基础设施规划、区内城市协调发展计划等重大方针政策，对湾区数字经济的发展做出了重要贡献。

6.2.3 湾区数字经济的空间形成的理论基础

1. 中心城市带动区域发展

根据增长极理论，区域经济的发展需要具备一个发展程度较高的中心城市作为区域经济的一种发展模式，湾区的发展需要至少一个对区域经济起绝对核心作用的中心城市。显然，旧金山作为中心城市承担起了这样的角色。比如在旧金山，以高科技产业和金融业为首的第三产业是该城市的支柱产业，这不仅为整个湾区的发展提供了必要的资本与服务，还通过整合全球资源和信息为湾区其他地区提供及时快捷、有价值的信息直接推动了整个湾区的发展。

2. 合理的城市等级体系

根据中心外围理论，仅凭中心城市推动整个区域经济的全面发展是远远不够的。旧金山作为中心城市，不仅要起到核心作用，还要引领与协调区域内各城市共同发展。因此，要有合理的城市等级体系，形成一种空间聚合体，才能促进整个湾区经济的共同发展。

3. 紧密的区域经济联系

发展程度高的中心城市能够对区域经济起到辐射作用，完备的城市等级体系为湾区各城市提供良好的发展基础。紧密的经济联系体系则对城市间的分工与合作起到重要作用。旧金山湾区城市间的经济联系除了主要经济要素，如人口与资本的自由流动外，还包括了交通、运输、通信网络等基础设施的密切联系，比如四通八达的铁路、高速公路网络，便捷快速的互联网，方便快捷的物流网络，都极大地促进了湾区内各种生产要素的自由流动，各要素纷纷流向回报率最高的行业，极大促进了整个湾区的经济发展。

6.3 湾区数字经济的产业融合概况

6.3.1 湾区产业融合的特征

旧金山湾区目前的产业融合状态受诸多因素的影响，呈现出以下两个较为明显的特征。

（1）湾区内的中心城市和周边城市都有自己明确的产业发展定位，各个产业在湾区不同的城市根据每个城市的自然资源、技术水平等方面而得到了合理的布局。比如圣何塞的硅谷主要聚集了高科技、互联网等企业；旧金山市的主要产业包括飞机制造、火箭部件、金属加工、造船、仪表、食品、化学、印刷等。如今整个城市的支柱产业是服务业，同时旧金山也是美国西部最大的金融中心。每个城市或地区根据自身的特点制定相关的产业发展规划，互通有无、取长补短、错位发展，使得整个区域的产业分工合理、资源得到有效的配置，实现经济结构的合理布局。

旧金山湾区的城市发展生动验证了城市经济学的一个基本结论，即当城市经济发展到一定阶段后，往往会出现核心城市集聚金融、管理服务等第三产业，而制造业、生产性的产业则转移到周边城市。比如奥克兰，原本是一个农业产业城市，但19世纪80年代到二战结束期间，该市充分利用低廉的铁路运输优势，大力发展工业、制造业。二战后，抓住科学技术发展的新突破和新机遇，大力发展电子、信息等产业，形成了硅谷这一著名的高科技产业区。旧金山拥有极为优异的海洋资源，所以一直以来海上贸易、海洋经济等方面是该市的优势产业，随着城市化的进程和郊区化的发展，金融业、高科技服务业等比重逐渐加大。可见，旧金山湾区的城市产业布局体现了第一、第二产业的比例随着城市化进程不断下降，第三产业的比例不断上升的基本规律。

（2）产业结构的高级化。旧金山湾区中心区域的产业组织结构从第一产业和第二产业逐渐向第三产业转移，推动了劳动、资本、技术等生产要素在区域内的优化组合，实现资源的合理有效配置。通过向高级产业结构转移，湾区成功实现了生产的高附加值、提升了自身在产业价值链中的地位，从而获得了更多的利润。同时，通过产业结构的升级，加快湾区内产业分工体系的形成，优化区域内各城市的功能定位，共同发挥湾区城市群的聚合力量，不断推动湾区经济发展。

6.3.2 湾区各主要城市产业融合情况

1. 圣何塞（San Jose）

第二次世界大战后，该市人口成倍增长，工业发展较快。电子工业发达，东南郊的圣克拉拉谷地有"硅谷"之称，集中电子计算机、电子仪表、宇航设备等许多工厂；传统的水果罐头和果品加工工业仍占重要地位，其他产业还有农业机械、服装和酿酒等；市内商业繁荣，有140多个购物中心。该地是州际公路的中心，有2条铁路线和1个大型机场。

2. 旧金山（San Francisco）

旧金山市是湾区最早发展起来的城市，是美国重要的海军基地和贸易港口。旧金山市的主要产业包括飞机制造、火箭部件、金属加工、造船、仪表、食品、化学、印刷等。如今整个城市的支柱产业是服务业，旅游是该市的十大产业之一。国际贸易发达，同时旧金山也是美国西部最大的金融中心。新兴的宇航、汽车装配、电子、石油加工等产业部门近年来也有一定程度的发展。

旧金山的经济以服务业为主，金融业和国际贸易也很发达，以上产业的就业人口约占市区的一半以上，工业仅占15%。城市的批发、零售商有2.6万多家。旧金山为美国西部的金融中心，有40家银行及其147家分行。它还是太平洋岸证券交易所和美国最大的银行之一——美洲银行的总部所在地。旧金山的工业以传统的服装、食品、印刷为主。新兴的宇航、汽车装配、电子、炼油等工业部门也有了较大的发展。此外，旧金山的城郊农业也十分发达，盛产蔬菜和亚热带水果，还是重要的花卉产区。

3. 奥克兰（Oakland）

奥克兰是湾区第一个发展起来的城市，是商业发展的城市。二战期间军事造船业空前发展起来。如今，电动设备、玻璃、化学、数控机械、儿童食品、汽车制造与装配和生物制药行业是主要产业部门，同时奥克兰也是美国西部交通运输体系的中心，是西部铁路枢纽。

4. 森尼韦尔（Sunnyvale）

森尼韦尔是旧金山南湾硅谷高科技集中地，北部毗邻圣何塞，101高速公路穿行而过，作为加利福布亚州硅谷高科技地区的一部分。森尼韦尔是Juniper Networks、Fortinct、Advanced Micro Devices、NetApp、Spansion、雅虎、Applied Micro、领英和Ariba等公司总部所在地，也是几家航空航天和国防机构的所在地。

6.4 湾区数字经济的协同创新概况

旧金山湾区的成功发展是多种原因共同作用下形成的。首先，旧金山湾区充分利用了第三次科技革命带来的新机遇、新机会，大力发展高科技产业，成功建造了硅谷等高科技产业区，吸引了大量高科技、高附加值的企业来湾区发展，从而极大提高了湾区的整体水平。其次，湾区具有较好的创新氛围、创新文化、创新制度等软实力，这些都为湾区发展提供了不可缺少的保障。最后，湾区采取以市场机制为主导，政府宏观调节为辅助的资源配置模式，市场与政府合理定位，发挥各自的主要功能，互相配合、取长补短，从而带动了湾区不断发展。

黎友焕（2020）从政产学协同创新理论的角度，对旧金山湾区创新的发展历程做了回顾，并指出政产学研科技协同创新生态系统是旧金山湾区科技创新发展取得成功的关键。

旧金山湾区政产学研科技协同创新生态系统独具特色，大体包括创新核心网络层和创新环境支撑层两个层面。创新核心网络层以硅谷为中心，创新环境支撑层包括创新基础设施、专业性服务机构以及社区配套等，如图 6-1 所示。

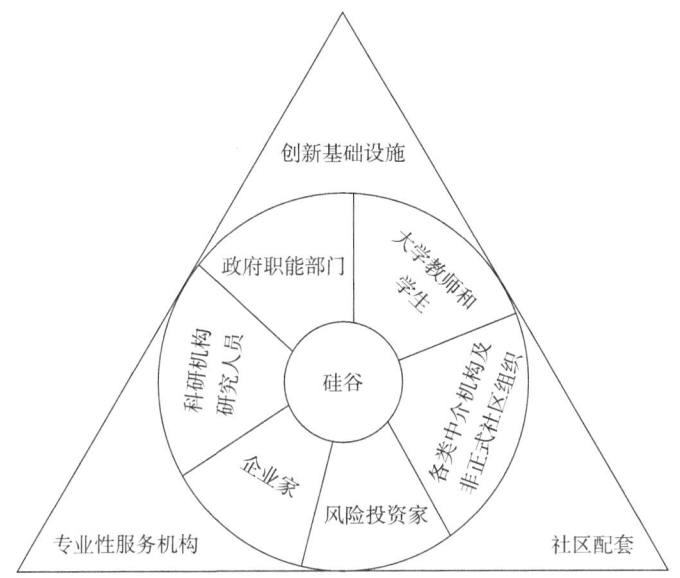

图 6-1 旧金山湾区政产学研科技协同创新生态系统

纵观旧金山湾区的创新发展过程，其成功经验主要有以下几点。

1. 宽松的制度环境

"小政府，大市场"的制度环境是旧金山湾区创新发展外部环境的重要表现。

（1）旧金山湾区主要是以市场机制为主，人才、资金等各种生产要素可以相对较为便利地、不受阻碍地在湾区内自由流动，从而保证了各种生长要素可以向最能获利的方向流通，促进要素的合理配置，促进湾区的经济发展。

（2）开放自由的市场经济，以价格作为条件供求方和需求方的主要手段，当湾区内某产品的市场出现过度供给时，市场价格及时回落，从而拉动了需求；同样的，当市场出现过度需求时，市场价格及时上涨，从而增加的供给，这就保证了湾区各个产品的供求双方处于一个动态均衡的状态，不会出现长期的失衡，从而保障湾区资源配置没有出现极大的浪费。

（3）湾区内的企业在自由竞争的市场经济中拥有较大的生产经营自主权，可以根据对市场、对行业发展等方面的判断，自行决定应该生长什么、生产多少等主要问题，较少受到各种行政干扰和各种贸易、生产、经营上的壁垒，这就极大保障了湾区的企业形成公平竞争、自由发展的良性局面。

（4）湾区内的众多中心城市和周边城市享有较大的发展自主权，根据自身的实际情况，制定适合当地情况的具体发展计划，从而有利于湾区中的各个城市充分发挥市场经济在配置资源、提升效率等方面做出的作用。

2. 完备的创新体制机制

创新体制机制是整个创新生态系统中最为关键和重要的构成要素。有了完备的创新体制机制，才能保证各项创新措施能顺利实施，创新过程能有序进行，创新活动不受外界不良事件的影响。首先，旧金山湾区多元文化相互学习、相互借鉴、共同发展，湾区内文化元素非常多样，很少有排外的氛围，这就吸引了大批移民纷纷来此定居和发展，为湾区的数字经济创新活动提供了源源不绝的新鲜力量。其次，湾区主要是市场机制在配置资源，从而使湾区内人才、资金流动非常灵活，较少受到行政干预和外在的壁垒约束。湾区支持和鼓励高科技人才自由流通，跳槽和自立门户或自己建立公司是湾区各大高科技企业常发生的事情，这极大促进了湾区内创新思想的发展，促进了各个企业之间技术竞争、人才竞争、产品竞争、市场竞争等多方面的竞争，为湾区数字经济的发展提供很好的保障。最后，数字经济是创新型经济，失败、尝试是常发生的事情，旧金山湾区具有良好的容许失败的文化氛围，具有较强的鼓励创新、鼓励尝试、敢于接受新事物、敢于否定权威的精神，这些都是促使湾区数字经济迅速发展的重要保障。

3. 充足的人才资源

创新的竞争首先是科技人才的竞争，丰富的人才资源是旧金山湾区创新发展的重要原动力。旧金山湾区这方面有两点成功的做法：①湾区积聚了多家世界级的研究型大学，这些高水平的大学为湾区的发展源源不断地提供了宝贵的人才。其次，湾区十分重视科技人才的培养和引进，通过采取各种优惠政策，广泛培育和引进各类科技创新人力资源，对于特殊的高层次人才，更是给出了丰厚的待遇和条件，这就吸引了来自世界各地的优秀人才纷纷来此发展。

4. 良性发展的高科技产业集群

通过产业集群，能够带动知识、技术、人才、资金、信息、科技等诸多生产要素的集聚和互相交互，从而带来规模效益，带来创新收益的成倍增长。旧金山湾区已经形成了大、中、小型科技创新企业协同发展的高新技术产业集群，融科研、技术、生产为一体，在信息技术、人工智能、无人驾驶、新材料、新能源、航天科技、生命医药等多个领域在全球独领风骚。可见，高科技产业在旧金山湾区的集群发展，极大支持了旧金山湾区的科技创新，各大高科技公司引领世界高科技的发展趋势和走向，带动众多的中小企业一起发展，这都为旧金山湾区的协同创新发展打下了坚实的基础。

6.5 湾区数字经济发展启示

从旧金山湾区数字经济发展的过程可以看出湾区的数字经济发展是一个长期复杂的过程，针对湾区数字经济发展的规划更是一项浩大的工程，充满了很多不确定的因素，需要通过协调多层次的协作网络体系，对发展规划做出谨慎的安排，从而实现未来的可持续发展。

旧金山湾区数字经济的发展经验为我们带来以下启示。

1. 需要鼓励包容性强的文化氛围

旧金山湾区的发展历史进程显示高度开放的市场环境，良好的居住生态，丰饶的创业土壤和充满竞争的工作机会使得湾区成为大量外来人口的聚集地。来自世界各地的移民给旧金山带来了不同的文化、思想、技术，形成了旧金山湾区开放包容的文化氛围。相互学习、相互借鉴，共同发展，湾区内文化元素非常多样的氛围，吸引了大批移民纷纷来此定居和发展，为湾区的数字经济创新活动提供了源源不绝的新鲜力量。其次，湾区主要是市场机制在配置资源，湾区内人才、资金、资源流动非常灵活，较少受到行政干预和外在的壁垒约束。湾区支持和鼓励高科技人才自由流通，极大促进了湾区内创新思想的发展、促进了各个企业之间技术、人才、产品、市场等多方面的竞争，为湾区数字经济的发展提供了很好的保障。最后，旧金山湾区具有良好的容许创业失败的文化氛围，具有较强的鼓励创新、鼓励尝试、敢于接受新事物、敢于否定权威的精神，这些都是促使湾区数字经济迅速发展的重要保障。

2. 建立起以市场机制为主导，以政府调节为辅助的制度，从而优化湾区资源配置

市场机制有助于建立良性的市场竞争。而只有良性的市场竞争，才能有效协调好不同的行政区域之间的产业分工、合作、城市基础设施衔接、生态环境保护等方面的问题，最终在湾区培育其良好的区域协调机制。旧金山湾区通过成立相关政府协调协会等治理组织，明确各城市的定位，促进区域内良性竞争与互动。与此同时，旧金山湾区在市场主导的基础上，还形成了政府的有效调控，这包括以下几个方面：①政府充当市场经济的创作者和服务者的角色，积极制定相关的法律法规，消除各项贸易、生产活动、资金流动、人员流动等方面遇到的障碍，形成了政府与市场之间比较良性的关系。②政府不干预企业的具体生产经济活动，而是在宏观层面上把握湾区发展方向，在每一次产业转型的关键时期，都高瞻远瞩，根据时代的发展趋势，制定相关的产业政策、城市基础设施规划、区内城市协调发展计划等重大方针政策，从而为湾区的发展提供保障。

3. 需要构建健全的创新创业体系

旧金山湾区目前已建立起了一个较为完整的创新创业体系，既有汇集大量高端人才的世界知名学府，也有大量高新科技的研发中心，创新发展机构，还有众多的世界500强的企业和大量中小型企业。完善的融资环境、完整的产业集群等都为湾区创新创业体系做出了贡献。

小结

本章首先介绍旧金山湾区的基本经济状况和历史发展历程，介绍了旧金山湾区三个主要的发展历程，然后分别从地理、社会、文化、人口、城市、制度、技术等方面具体细致地分析了旧金山湾区形成的主要动因。

然后从空间结构理论、产业融合理论和协同创新理论对湾区经济，尤其是数字经济的发展做了详细的分析。空间结构理论方面，分析了湾区的空间结构的演化和特征，湾区的空间演化的动力机制，以及湾区的空间形成的理论基础。产业融合理论方面，首先分析湾区的产业结构的演变，然后分析湾区的产业融合的特征，最后介绍了湾区内主要城市的产业情况。协同创新理论方面，介绍了湾区数字经济创新发展的几大因素，比如完备的创新体制体系、一流的大学、高科技产业集群、完善的科技中介服务体系，然后分析了湾区协同创新取得成功的几个原因。

最后介绍了湾区数字经济发展对我们的启示，比如充分发挥地理优势，发展港口城市群，发挥核心城市作用等，为今后借鉴旧金山湾区的发展提供了思路。

思考题：

1. 查阅有关资料，从地理、社会、文化、人口、城市、制度、技术等方面分析世界几大湾区形成的主要动因。

2.结合空间结构理论的最新进展,对旧金山湾区数字经济做进一步的分析。

3.分析一下旧金山湾区的高等教育与该湾区经济发展的关系。

4.利用协同创新理论,借鉴旧金山湾区的成功经验,谈谈你对发展我国几大湾区的设想。

5.比较一下世界主要几大湾区发展成功的经验和面临的普遍问题。

参考文献

[1] 魏讲,吴伟,朱凌.协同创新:理论与探索[M].杭州:浙江大学出版社,2017.

[2] 杨海深,王茜.全面构建粤港澳大湾区数字经济协同发展新路径[J],新经济,2019,(10):15-19.

[3] 易高峰.数字经济与创新管理实务[M].北京:中国经济出版社,2018.

[4] 刘延平,王方方,李超.粤港澳大湾区影响力指数报告[M].北京:中国社会科学出版社,2019.

[5] 卢文彬,等.湾区经济:探索与实践[M].北京:社会科学文献出版社,2018.

[6] 林勇,沈玲娣.湾区之道——世界湾区经济发展模式比较研究[M].广州:广州出版社,2019.

[7] 黎友焕.旧金山湾区政产学研协同创新对粤港澳大湾区的启示[J].华南理工大学学报,2020,22(1):1-11.

[8] 杨静,赵骏杰.四大湾区科技创新发展情况比较及其对粤港澳大湾区建设的启示[J].科技管理研究,2021,41(10):60-69.

[9] 张振刚,尚希磊.旧金山湾区创新生态系统构建对粤港澳大湾区建设的启示[J].科技管理研究,2020,40(5):1-5.

[10] 钟嘉毅.协同创新视阈下粤港澳大湾区发展问题研究——以旧金山湾区为例[J].淮南职业技术学院学报,2018,18(6):106-108.

[11] 林贡钦,徐广林.国外著名湾区发展经验及对我国的启示[J].深圳大学学报,2017,34(5):25-31.

第 7 章

纽约湾区数字经济发展实践

学习目标

(1) 了解纽约湾区的发展历程和现状。
(2) 掌握从空间结构、产业融合和协同创新角度来分析纽约湾区的发展。
(3) 了解纽约湾区的发展对我们的启示。

湾区数字经济是沿海经济的主要表现形式之一。纽约湾区是国际上最负盛名的湾区之一，创新性、开放性、宜居性和国际化是其最重要的发展特征。纽约湾区开放的经济结构、高效的资源配置、发达的国际交往网络，使纽约湾区引领创新，成为拉动全球数字经济发展的核心力量和驱动技术创新的领头羊。本章着重对纽约湾区的数字经济发展进行分析。

7.1 湾区概况

7.1.1 湾区基本情况

纽约湾区处于美国东北部、大西洋的西岸，是由纽约州、康涅狄格州等 31 个县市组成的大都市带，面积约 2.15 万平方千米，人口数量约 2032 万。2015 年，纽约湾区 GDP 为 1.4 万亿美元。纽约湾区依靠发达的金融业和制造业，极高水平的教育与科研，以仅占美国约 1% 的面积，聚集了美国约 7% 的人口，创造了占全美约 9% 的生产总值，被公认为全球最有影响力、发展水平最高的湾区。

纽约湾区主要的产业有制造业、金融业、国际贸易和计算机。知名的企业包括花旗、IBM 和 AIG 等。湾区集中了证券、期货、保险和金融等行业的精英，支撑着纽约湾区的产业群发展。美国纽约的华尔街号称世界金融的心脏，象征着美国的财富与经济实力，美国的 500 强公司有超过三分之一把总部设立在纽约湾区中的曼哈顿。

湾区文化：纽约湾区是世界金融的大首都，主要的发展优势为现代服务业，尤其发达的是金融和保险业。湾区云集全球保险公司、银行、交易所的总部。

区位优势：纽约湾区位于大西洋沿岸的中心，美国的东北部，有着无可比拟的位置优势。纽约湾区连接五大湖贸易和大西洋的中转站，港口有优越的自然条件，宽阔的港口和足够的水深能够容纳多只船通行。

开放文化：纽约湾区汇聚150多个国家和地区的外籍居民，800多种语言，有着多元文化和移民文化，世界不同文明和不同文化在此融合和相互碰撞。

文化创新：纽约聚集了全球知名金融公司——俗称"大摩"的摩根士丹利；全球规模最大和历史最悠久的投资银行高盛集团；全美最大的金融机构之一摩根大通；世界连锁性最高，规模最大，业务最齐全，利润最多的金融服务集团花旗银行等。

7.1.2 湾区基本特征

1. 功能互补，错位发展

纽约湾区拥有悠久的历史，使湾区的区域分工与产业结构合理化。纽约的产业、资本和科技等三大优势带动着周边城市的发展。纽约湾区利用战略性的产业转型，把制造业转向费城和巴尔的摩，高技术产业转到波士顿，使湾区的各个城市有明确的职能分工，优势得以互补。纽约承担着全美金融中心和商贸中心的职能；费城是重要的炼油中心和钢铁中心，也是主要的交通枢纽；波士顿以造船业、纺织业为主导；华盛顿以政府职能为主，世界银行、国际货币基金组织等国际组织都集中于此。

表7-1 纽约湾区城市的职能分工

城 市	职能分工	
纽约	金融	商业
费城	交通服务	能源
波士顿	高科技产业	教育研发
华盛顿	政府	高科技服务
巴尔的摩	制造业服务业	服务业

2. 发达的海陆空交通体系

纽约湾区有发达完善的交通枢纽。湾区内有三个国际机场（肯尼迪机场、纽瓦克机场、拉瓜迪亚机场）和若干中小型机场，人均出行量排在世界前列。湾区的陆地交通是以高速公路为主，形成放射形轨道交通网络的是大都会北方铁路和新泽西捷运。湾区还有重要的港口群。陆路、航空和水运形成了立体的交通网络，促进了湾区城市分工协作的有序性。

纽约湾区具有北美最大的交通运输网络，服务于从纽约市至长岛，纽约州的东南部和康涅狄格州大约5000平方千米内的1530万人口。大都会交通管理局（MTA）给通勤距离远的居民提供便捷的交通服务，居民可以乘坐巴士、地铁、列车等公共交通工具通勤，推动了纽约湾区的经济发展。根据MTA官方统计，其巴士、地铁、列车每年给纽约提供27亿人次运力（为全美公共交通运能的三分之一以及全美铁路运能的三分之二）。MTA统计还得出桥梁和隧道每年运载2.97亿辆车，超越了全美的任何一个桥梁和隧道管理机构。在美国将近85%的上班族都要开车上班，但每5个在纽约市中心商务区工作的上班人里就有4人选择乘坐公共交通来避免交通拥堵。

据统计，截至2015年，由MTA运营的长岛铁路系统（LIRR）是美国最繁忙的通勤铁路。终点站是位于曼哈顿城中心的宾夕法尼亚车站和布鲁克林市中心的大西洋站，而皇后区的牙买加车站是主要的换乘车站。

运能仅次于长岛铁路的是新泽西运输系统（NJT），由新泽西运输公司与大都会北方铁路系统和Amtrak公司共同运营。曼哈顿市中心的宾夕法尼亚车站、霍博肯站、纽瓦克站是主要的终点站，新泽西州哈德逊县的希考克斯是它主要的中转站。新泽西运输公司同时运营哈德逊—伯根的轻轨、纽瓦克城市地铁以及进出曼哈顿的通勤巴士。

美国第三繁忙的铁路系统Metro-North Railroad（MNRR）也是由MTA与康涅狄格州交通运输部以及新泽西州交通局合作运营，它的主要终点站是中央车站。上班通勤的人既可以在锡考克斯中转站从新泽西运输系统至纽约宾夕法尼亚车站，也可以在霍博根终点站乘坐PATH列车进入曼哈顿。

3. 发达的教育资源

纽约湾区聚集了很多名声显赫的高校，最有名的是新泽西州的普林斯顿大学、康州的耶鲁大学和曼哈顿的哥伦比亚大学。泰晤士高等教育网站公布的数据显示，2016年世界百强大学排名，三者依次排在第6名、第11名和第14名，而且都为常春藤联盟成员。位于曼哈顿的纽约大学和洛克菲勒大学也是世界著名的高校，前者在阿布扎比和上海都设有分校，并且于10个国家设立了学术研究中心，是一所国际性的大学；后者在全球的范围内设立有科学研究机构，主要从事医药和生物领域的研究。这所高校的96名任职教师中有38位是国家科学院院士，18位是国家医学院的成员，并有8位拉斯克奖（美国最具声望的生物医学奖项）获得者和5名诺贝尔奖获得者。其次，纽约湾区内还有像纽约理工学院、罗格斯大学和福特汉姆大学等一些美国国内的知名大学。由此可见，完善的教育资源让纽约湾区在教育领域上具有优势。

4. 知名企业

（1）华尔街。华尔街是美国的金融核心领域，为纽约湾区经济做出三成以上的贡献。很多金融巨头都把总部设在纽约，推动了纽约湾区对金融企业产生聚集效应。两座世界上最大的股票交易所，即纳斯达克交易所（NASDAQ）和纽约证券交易所（New York Stock Exchange），美国商品交易所（New York Mercantile Exchange）和美国贸易委员会（New York Board of Trade）等金融交易所的总部都位于华尔街。

（2）硅巷（Silicon Alley）。硅巷位于曼哈顿中心区，是纽约大都会区高科技产业的代名词，与硅谷和波士顿组成美国三大科技中心。区域产业包含软件开发、互联网、新媒体、游戏设计和金融科技等信息技术领域，代表公司有 IBM Watson、E-Trade、Oscar Health 和 Double Click。硅巷的创业生态系统和风险投资方面也发展成熟。根据美国全国风险投资协会（National Venture Capital Association）2016年的数据显示，接受风险投资的纽约湾区公司有 888 家，风投项目一共 940 个，投资总价值约 75.6 亿美元，大约是全美风险投资总额的 11%。风投资金给高科技初创公司提供了人才和资本，推动着区域内的创新创业全球化发展。

7.1.3 湾区经济发展情况

纽约湾区政府自 20 世纪 90 年代以来提出了房地产减税计划、商业房租税免除计划等一些优惠新创企业的政策。与此同时，湾区也加强地铁 Wi-Fi 和移动信号，促进"硅巷"逐渐形成。推动中小型数字企业集体化的发展是湾区经济发展的重点偏向，这些企业的领域包含内容广泛，跨越商业、传媒、服务、时尚等多个领域。推动传统产业和互联网技术的联合，发现数字经济的可发展方向，给湾区经济的发展带来了一股推动力。

纽约湾区根据自身经济发展的需求，依托各大国际知名大学，如纽约大学等，引入了大量的高层次、高素质的人才。纽约湾区利用本地顶尖的高等学府培养世界级技术人才，给湾区经济发展创造了良好的条件，也吸引了许多重要的互联网企业于纽约湾区设立办事处。现阶段，湾区具有 300 个科技产业机构，覆盖了广告、时尚、媒体、出版、金融等各类产业，使产业之间的互助系统完善地建立起来，推动了良好的科技生态环境的发展，为初创企业的快速成长提供了一定的发展空间和推动力。

纽约湾区的交通运输系统是最重要的基础设施之一，而且是能够快速从新技术中受益的领域。自动驾驶汽车与更加互联的公共交通运输，依靠技术的发展开放的数据给湾区企业带来双赢的机会。企业能够利用这些数据进行产品的改良，效率和服务得以提高，政府部门也能从中获得社区需求和社区公共服务的意见与见解，整个湾区达到一个更加融合的经济发展状态。

纽约湾区是全球的金融中心，在比较早之前纽约市对内部的产业结构进行了三次调整，使产业结构重心移向金融贸易和现代服务业。纽约湾区的发展路径是湾区经济发展的典型样例。早期为港口经济，后转向以制造业为中心，到现在发展成为全球科技创新和金融中心。

20世纪80年代前，纽约湾区利用自身良好的外向型经济的条件发展贸易，使得大量的资本流入。美元霸权的确立使美元成为国际流通货币，推动了专业服务业的迅速发展，使纽约成了国际金融中心，这为纽约湾区成为世界三大湾区奠定了基础。

纽约湾区拥有的纽约港是天然的深水港，港口创造的财富吸引了世界各地的移民，大大推动了湾区的迅速发展。纽约港的发展促进了湾区内其他港口城市的快速发展。发达的水运航线、稠密的铁路网与公路网都是湾区贸易、金融业和制造业发展的重要因素。

20世纪70年代是美国经济的转型期，工业制造的发展放慢速度。湾区进入产业转型升级，大量的制造业工厂迁移到郊区。工业的就业人数从1965年的87万人降低到1988年的36万人。同时，工厂外移使纽约市中心的生产性服务业快速崛起，就业人口的转移加速了服务业经济转型。第三产业对纽约市的发展起到重要的作用，在整个城市的GDP比重提升到约90%。随着纽约湾区国际贸易和金融业的繁荣发展，知识密集型和技术密集型生产服务业成为第三产业发展的重要主体。

纽约湾区的县市都有各自的产业发展特色。比如，波士顿是很多高科技企业的聚集地，它有着发达的高新技术产业。美国军事订单为波士顿提供了良好的发展机会，因此，有更多的雷达、导弹制造等项目研发机构拔地而起。康州是纽约湾区的制造业中心，有着历史悠久的的传统工业。新泽西州是制药业之都，全球最大的21家医疗技术和制药企业都设于此。

20世纪90年代，纽约市保险、金融和房地产产业占GDP的比例大幅攀升，全球金融服务业核心的地位得以保持并强化。纽约聚集了美国10家最大的咨询公司且有超过20万家专业服务业的企业，其中号称"世界金融的心脏"的华尔街更是云集了大银行、保险、金融、贸易公司。

1990年后，过去过度依靠计算机制造的波士顿开始转向软件开发、电子通信、生物技术等产业。康州的制造业、新泽西的制药业等产业的繁荣都得以持续。

7.2 湾区数字经济的空间结构概况

纽约湾区的区域经济空间结构是指在一定地域范围内经济要素的相对区位关系和分布形式,是在长期经济发展过程中人类经济活动和区位选择的累积结果。区域经济空间内部的协调发展能够促进区域增长极对地区经济单位的经济辐射作用,提升区域经济发展效率。因此,研究区域空间经济结构发展有助于区域经济发展。在空间统计分析方法应用方面,国外的空间统计分析方法现已广泛运用到经济、金融、医疗、卫生、人文等多个方面。

各国及组织对数字经济的理解随着外部环境的变化以及自身的发展产生了不同程度的分化。纽约将数字经济描述为通过将数字化知识、信息网络及通信技术有机结合并推动经济结构优化的一系列经济活动。俄罗斯认为数字经济是在生产管理过程中运用数字技术的经济活动。韩国则认为以信息通信产业为基础产生的经济活动即为数字经济。美国从测量角度指出,数字经济应包括电子商务和新的数字服务。法国从行业角度指出,数字经济包括电信、互联网等行业以及需要运用这些行业的技术来进行经济活动的行业。英国从产出角度指出,数字经济是数字化投入创造的经济产出。

7.2.1 湾区空间演变历史发展

20世纪初,欧洲扩张殖民地的脚步依然未停,新建港口遍布全球。东西方的经济路线图,被港口贸易勾连起来。大批劳动力前往港口城市寻找工作,促进了当地制造业的兴盛。人口与产业链的集聚,从此开始循环起来。在当时的人们眼中,纽约的市场机会无限。《纽约晨递报》专栏作家费兹·葛瑞德,在1921年给纽约起了个绰号叫"大苹果"。

到了今天,港口城市所占据的优势仍然是不可逆的。根据世界银行2010年的一项统计,全球经济总量的50%集中在入海口。当然,制造业不再是创造财富最主要的产业,纽约在20世纪50年代即转向服务型经济。确切地说,纽约彼时的主导产业是金融服务型产业。二战以后,制造业步入衰退期,大量工厂搬迁或倒闭。20世纪70年代开始,金融服务业成为纽约最耀眼的产业。加上港湾的天然优势,这里成为全球金融聚集地,华尔街声名鹊起。

到现在,金融业依然是纽约的核心竞争力。华尔街联结着全球金融体系,此处的波澜会立刻影响到世界金融体系的稳定。截至 2019 年 2 月，全球主要证券交易所股票市值的排名上，纽约证交所和纳斯达克占据前两名，上市企业市值合计为 37.68 万亿美元，是香港证交所和深圳证交所上市企业市值之和的 6 倍。

学者将湾区经济分为四个阶段：港口型经济、制造业经济、服务型经济和高新技术型经济。每一次经济模式的变迁，势必引起贸易地图的重新绘制，即经济重心的转移。那么，纽约湾区如何能每次都立于不败之地呢？

RPA 是理解纽约湾区常胜的关键。它的全称是纽约区域规划委员会，后称纽约区域规划协会。1921 年，由罗素·赛奇基金会资助，查尔斯·诺顿召集建筑师和规划师建立 RPA，该机构伴随纽约湾区成长，指引了纽约湾区百年发展进程。

RPA 形成以前，纽约受益于"1811 年委员计划"。这是一份关于纽约城市发展的规划文件。为了解决移民潮问题，文件规划了独特的网格状城市结构。日后各国的大城市，对此多有模仿和借鉴。

但是，人口的膨胀是后来的曼哈顿所不能承受的。RPA 发布第一次区域规划是在 1929 年，这份《纽约及其周边地区的区域规划》范围包括 22 个县，面积达 5528 平方英里①。此版规划的亮点在于，将纽约和周边区域作为整体考虑，制定了建立开放空间、缓解交通拥堵、放弃高层建筑、预留机场用地、减少财产税、建设卫星城等十项政策，同时提议构建公路、铁路和公园网络，以及居住、商业和工业中心，作为该区域发展的基础。

在这之后，纽约不再是单纯的一个城市或港口，它成为第一个跨越行政区的大都市圈。在规划中，韦拉札诺海峡大桥的建设、乔治·华盛顿大桥的选址以及主要港口迁出曼哈顿等建议，都出自这一规划。"卫星城"的概念此时已经生根发芽。

RPA 已经有近百年的历史，至今共作出了四次规划，都是在经济潮流变化之初，对纽约的产业进行颇具远见的调整。例如，它的第二次规划是在 1968 年，当时纽约制造业的兴旺已经难以为继，旧的自由主义经济学面临破产，纽约湾区也出现了老城区空心化的问题。在这次规划中，RPA 提出利用轨道交通连接各区域，缓解小汽车过度使用带来的环境问题，同时把曼哈顿建设成为全国性的金融和商业中心，来促进城市中心再繁荣。

金融产业就这样被引进纽约，并在 70 年代开启的新自由贸易的体系中躬逢其盛。这项颇具前瞻性的规划调整，奠定了纽约湾区后来成为世界金融高地的基础。

RPA 发布第三次区域规划是在 1996 年，这次主要意在巩固和加强金融机构的制度

---

① 英里，非法定计量单位，1 英里 =1.609344 千米。

设计，核心是借投资与政策来重新构建3E，即经济、环境和公平。可惜的是，2008年金融危机重创了纽约金融业的声誉。

2016年，纽约湾区来自金融、保险、地产和租赁产业的GDP达5473.71亿美元，占纽约湾区GDP总量的33%左右，高于同年旧金山湾区整体的GDP。根据2018年的一份统计，纽约湾区的GDP规模达1.72万亿美元，人均达到8.46万美元。但即便如此，纽约湾区亦不见得能维系"湾区之首"的地位。

纽约湾区在金融业上的成功，是抓住了20世纪70年代以来新自由主义贸易的机遇。当下，经济领域的变革动力更加细微和分散，这会使抓住下一次机遇的经济体能够更稳固地建造知识壁垒，享有领先优势。而专家们的明确共识是，科技变革将引领湾区经济下一阶段的发展。

美国西海岸的旧金山湾区，拥有包括硅谷在内的高科技产业群，曾让其他地区望尘莫及，纽约湾区也不例外。但是，差距并非不可弥补，科技的动力引擎——大学——同样是纽约湾区的强势所在。

7.2.2 湾区空间形态

纽约市是纽约湾区的首要核心城市，费城、巴尔的摩、波士顿、华盛顿等城市是次中心城市，纽约湾区因此构建成第一个中心城市—次中心城市—中小城市的扩散式格局。城市的合理分工和市场的稳定力量和意识推动着纽约湾区各大产业实现规模集聚效益，然后再快速向中心以外进行扩散，在不断地扩散中实现中心城市和其他城市的错位发展。

1. 城市功能合理分工，错位发展

纽约湾区各大城市有着自己的特色，优势之间可以进行互补，各自承担着不同的功能分工，构建成了集聚的空间优势。湾区内的中心城市有明确的分工合作、合理的功能定位，周边城市经济发展路径由中心城市关联度决定，由此而构建成不同产业集群的空间组织布局。

纽约湾区的各大城市通过垂直和水平分工，形成产业的多样化和城市自己的特色产业与优势。纽约市是全美的金融和商贸中心，也是全球金融中心和国际重要的政治中心。费城承载着纽约都市圈的重要铁路枢纽和港口，费城也是美国的制造业中心，是美国东海岸的主要造船基地、炼油和钢铁中心。波士顿原以传统工业，如造船、纺织作为城市的支柱，如今已经成为全美最著名的高科技产业基地和高等教育名城，与"硅谷"齐名的是沿波士顿128号公路所形成的"高科技走廊"。美国的主要海港和工商业中心是巴尔的摩,它也是重要的国防工业区。巴尔的摩还有其他的重要工业部门,包括造船、钢铁和有色冶金。由于巴尔的摩临近华盛顿特区,能够分享许多政府采购合同和联邦开支。政府职能是华盛顿的主要职能。华盛顿作为现代化的城市,有突出的经济优势来汇聚许多全球组织,如国际货币基金组织、世界银行和美洲发展银行等。

纽约湾区的各个城市都有自己独特的一面,使城市能够形成优势的产业部门,发挥湾区都市圈内自己的特色功能。而且,纽约金融中心给予其他城市一定的辐射作用,如费城的国防和航空业功能、波士顿的高科技产业核心功能、巴尔的摩的矿产功能与华盛顿的政治中心功能。单独从每个城市来看,它们的主要领导产业是相对单一的,但是从纽约湾区的总体来看,整体的功能具有多样性和综合性,组合成的功能远远大于把每个城市的功能简单地叠加起来,纽约作为周边城市的核心,把交通带、工业带、城市带融为一体,构成了纽约湾区整体功能多元互补的重要格局。

2. 全球最发达海陆空交通布局

纽约湾区内有纽瓦克机场、约翰·肯尼迪机场、拉瓜迪亚机场等国际大机场,还有一些中小型的机场、通用航空机场,人均出行量位于全球前列。纽约湾区内有费城港、纽约港、巴尔的摩港等运输效率非常高的港口群,各个港口分工明确,互相补充。美国东部最大的港口是纽约港,发展重点为高端的远航集装箱运输,费城港以近海海运为主,巴尔的摩港是谷物、煤、矿石等原材料产品的转运港,波士顿港则是有渔港性质的港口。各大港口之间的分工合理促进了有序的区域分工格局,如表7-2所示。

纽约湾区具有闻名且发达的公路交通系统,纽约湾区都市圈是全球小汽车拥有量最大的,有着非常发达的公路网络系统,高速公路的四通八达形成纽约都市圈分散的多中心格局。纽约湾区主要以高速公路和高速铁路来满足直径500千米范围内的腹地、枢纽联系;以航空运输作为直径1000千米范围内的客运交通需求的主要支撑。纽约湾区城际轨道为放射形轨道网络,包括新泽西捷运、长岛铁路、大都会北方铁路。纽约湾区的14条铁路线与周边城市连接,与高速公路、水运和航运一起构成立体复合式的交通网络,推动了湾区内要素由点到面的轴向集聚和扩散,领导着湾区空间结构的变更和产业结构的合理分工,让"跨城而居、跨州而居"成为普遍现象。

表7-2 纽约湾区城市主体功能

纽约湾区	城市功能布局
纽约	金融、商业和生产服务业
波士顿	高科技产业和教育
费城	制药、清洁能源、空间制造和交通服务
华盛顿	旅游、政府与高科技服务
巴尔的摩	制造业和服务业

3. 湾区多中心网络空间架构

纽约湾区城市化率超过90%，是世界城市化水平最高的区域，纽约湾区在城市化发展过程中，也推进着中心城市居住功能、产业功能和商业功能的郊区化布局，中心城市发展的同时推动着周围中小城镇的联合发展，有效地缓解了都市居住环境恶化、规模膨胀的问题。城市功能布局呈现出分散的多核型发展架构，不是简单地把城市划分为几个区域，而是根据各个城市的区位条件配以相应的中心功能。

纽约湾区内各大城市通过自身的特点与纽约错位发展，力求差异化发展；纽约则运用金融中心的地位对其他城市产生影响，构成互补发展的良好态势。各具优势的城市功能定位避免了城市与城市之间的恶性竞争，也推动了纽约湾区资源总体的合理和有效配置。

7.2.3 湾区经济水平空间结构演变分析

纽约湾区区域呈现出明显的梯度推移性。纽约湾区成为研究期内稳固的经济发展热点区，在中部地区形成以纽约城市圈及纽约城市群为核心的次热点区，西部地区次冷点区形成团状分布、冷点区集聚明显；整体来看，纽约湾区梯度推移能力明显增强，东部及中部地区次冷点区基本形成覆盖。

从次热点以上区域的变迁来看，1988年该类型区域集中分布在泛纽约湾区等省域范围内；2001年经济次热点以上区域在泛纽约湾区呈现出明显扩张的态势，而以纽约为核心的城市圈逐步形成次热点区，纽约集聚区退出热点区域；2012年，区域内形成以纽约为核心的热点—次热点扇形扩散区、以纽约为核心的团状次热点区及以纽约为核心的带状次热点区的"三足鼎立"的空间结构。

7.2.4 湾区经济空间结构演化机理分析

1. 成因层

纽约地域广阔，区域发展呈现出明显的地带差异性，影响区域经济空间结构因素繁多，作用机制复杂多样，总体划分为自然及人文因素，两者间相互影响、相互作用，共同促进区域发展效应的显现。

（1）资源禀赋与自然环境：自然资源及环境与区域经济发展具有明显的相关性，其中自然资源的地域组合及开发利用状况、自然环境中地形与气候因素对纽约经济结构影响显著。

（2）交通区位与全球化水平：区域交通发展在极大程度上促进区域间经济联系，交通枢纽及轴线对人口及产业集聚具有强大的吸引力，为经济发展提供动力。

（3）产业结构与科技创新：产业结构不仅表示各产业间比例关系，同样反映技术水平与经济绩效的分布态势，产业结构是影响经济空间结构最重要的因素之一，东部地区产业结构多样、集约化，第三产业比重较大、产品附加值高，而西部地区产业结构单一。

2. 效应层

区域发展效应主要有扩散效应与集聚效应。其中扩散效应表现为核心区与周边地区进行资金、技术、产品等交流带动周边地区经济发展，纽约都市圈城市经济逐步迈向高水平区，显示出以纽约为核心的圈层扩散结构，并且区域中部地区的"峰状"空间范围明显扩大，一定程度表明中部经济发展核心增长极的辐射扩散作用得到明显释放，区域内进一步融合发展。集聚效应表现为产业与经济活动在空间上集中，特大城市以其优越的区位条件成为引力中心，吸引各地劳动力、资源等要素集聚。

3. 结果层

通过集聚与扩散效应建立有机联系、相互作用，当前纽约已经形成以东部地区为核心、中部地区为次核心、西部地区为边缘的"核心—边缘"渐进发展模式，两种发展模式共同组成现今纽约串珠状条带经济空间格局。未来区域发展态势表现为两方面：一是区域一体化发展，导致区域整体繁荣昌盛；二是区域差异性扩大，区域不稳定性增加导致区域整体衰落。研究显示纽约空间差异正逐渐扩大，厘清区域经济空间结构演变机制，廓清区域经济差异显得尤为迫切。

纽约一体化发展总结：纽约湾区重点培育中西部经济增长极，利用增长极带动区域发展，缩小东西差距，促进区域一体化；打造内通外联的高效立体交通网络，推进经济要素合理流动及优化配置，促进区域经济协调发展。

7.3 湾区数字经济的产业融合概况

当今世界，信息技术高速发展，数字技术在各行各业逐步深入，新经济建立在信息技术基础之上，追求的是差异化、个性化、网络化和速度化。数字经济正潜移默化地影响我们的生活，蓬勃发展的数字经济正逐步成为引领经济发展的重要引擎。而建立在制造业基础之上的传统经济，以标准化、规模化、模式化、讲求效率和层次化为其特点。

数字经济作为新兴的、处于蓬勃发展的经济，对纽约经济结构优化和创新驱动发展发挥着不可磨灭的作用。数字经济涵盖广泛，涉及方方面面，而纽约经济朝着高质发展的道路与数字经济的增长动力和发展目标相互协调。虽然数字经济的发展也给传统经济带来了巨大的冲击，然而数字经济与传统经济之间并非对立的关系。实际上，数字经济赋能传统经济，与传统经济深度融合，可以为传统经济带来蓬勃的发展生机与活力。本小节从纽约湾区数字经济与传统经济各自的发展特点入手，分析纽约湾区数字经济与传统经济融合对传统经济的经济模式、资源配置、组织结构方面的改变，分析当前时代背景下数字经济与传统经济融合需关注与亟待解决的问题，深入理解纽约经济发展的前景和趋势。

7.3.1 湾区数字经济与产业融合的概况

1. 纽约湾区数字经济发展特征

数据成为新的关键生产要素。以波特生产要素理论为基础进行分析，在数字经济时代，数据作为一种高水平的生产要素，对物联网和互联网的迅速发展做出了不可磨灭的贡献。数据每年增长 50%，每两年翻一番。数据的爆发式增长蕴藏着巨大的潜力和能量，以信息技术为代表的高新技术突飞猛进，科技创新水平不断发展，世界经济和人类社会面貌正经历深刻重塑的过程。

数字经济创新有源源不断的动力：纽约正处于数字转型的关键阶段，新技术和新应用是创新和经济增长的源泉，数据的快速增长和应用方式的变化是未来数据生态圈的主要趋势。

以数据为关键生产要素的数字经济在各个产业创新活跃并得到全面利用，体现在社会发展、人们生活的方方面面，拓宽了人类的认知和经济发展空间。近年来，大数据、互联网+、云计算、物联网等数字经济的融合应用为创新提供源源不断的动力，虚拟现实、区块链、人工智能等加速了技术的进步，此外，数字经济在生物、制造和能源等领域的融合也带来了新的机遇，带动多类群体产业融合。数据作为数字经济的关键生产要素，依托互联网与物联网的发展，通过数字经济与传统经济的融合，实现新旧能源的转换，以及利用数字技术改善传统产业的生产链，提升各生产要素间资源配置效率，使得经济结构优化。

2. 纽约湾区数字经济发展规模与结构

基础部分增势稳定结构优化：经济增长与数字基础设施建设相辅相成。经济增长需要数字基础设施不断完善，数字基础设施发展为动力变革创造条件。"动力变革"是指培植经济发展新动力，如以创新驱动经济发展。动力变革是高质量的经济发展的基础，动力变革发展需要基础设施的完善，从而在基础科学上取得突破，抢占发展先机。

融合部分成为数字经济增长主要引擎：数字经济的发展是推动纽约湾区经济高质发展的内在动力源泉，数字经济与传统经济的融合部分是纽约湾区数字经济增长的主要动力，对经济发展至关重要。

7.3.2 湾区数字经济与产业融合的必要性

在论述纽约湾区数字经济与传统经济融合的必要性前，需明确数字经济与传统经济都存在各自的优点与不足。目前数字经济发展势不可挡，而传统经济也有其不可替代的地方。传统经济的不可替代性主要表现在以下两点。

（1）传统经济整体发展稳定，传统经济以传统和习俗为基础，这些传统和习俗对所有参与者都以有意义的方式引导着他们，这种影响是深远且稳定的。而数字经济作为一种新经济，各个方面都处于起步发展阶段，各方面尚未稳定。此时传统经济的稳定性就发挥出巨大的作用，避免因冒进而带来巨大的风险，稳步融合促进经济发展。

（2）传统经济模式是以标准化、规模化、模式化、讲求效率和层次化为其特点，传统经济依靠产品自身来组织并发展，关注产品自身特点，能更明确把握产品特点，从而有针对性地提出产品对应发展策略，设计有针对性的营销策略，实现盈利的最终目的。而数字经济涵盖广泛，在对产品分析时缺乏传统经济的精细和深入。

总的来说，数字经济与传统经济并非对立，数字经济与传统经济的融合是博采众长，吸收两者优点。数字经济与传统经济的融合刻不容缓，融合的必要性主要体现在以下3方面。

1. 促进经济结构持续优化

纽约湾区数字经济与传统经济的融合带动经济发展一体化、经济结构的优化，使得传统产业资源配置更合理，结构得到优化，带动传统湾区产业数字化发展，最终加快传统经济的现代化进程。经济结构持续优化为经济高质发展带来强大内生动力，把握传统经济与数字经济融合发展的新机遇对经济发展起着至关重要的作用。

2. 带动生产方式升级发展

纽约湾区数字经济与传统经济的融合带动生产方式升级发展，带动创新新业态、新模式。数字经济背景下，纽约湾区各行业资源处理方式增多，使得能利用的资源增多，各大企业数据挖掘与分析能力大大提升，企业能够根据大数据的信息，提前了解客户需求，并据此进行有针对性、定制化、个性化的生产，不仅可以更好满足客户需求，也能避免不必要的资源浪费，带动生产方式升级发展。

3. 改善市场失灵问题

实际情况中，各种问题会导致市场失灵。信息的发布和收集都有时效，而各企业和部门所获取到的信息在内容和时间上具有不对称性，信息的不对称性是市场失灵的一大因素。数字经济中，数据能够实现共享和快速传播的目标。对企业和个人而言，在开放的共享平台上获取信息，大大减少了信息不对称现象，断绝想要依靠信息不对称性进行获利的企业的路径，使企业能够更加注重产品和服务本身，加强市场竞争能力，使生产效率大大提高。

7.3.3 湾区数字经济与产业融合路径

1. 决策层上设计引领数字经济发展

在新的经济范式和增长放缓的背景下，数字工业化和数字经济与实体经济一体化的发展是世界经济的重要趋势。数字经济与传统经济的融合对数字经济真正的发展起着至关重要的作用；此外，实体经济想要开辟更广阔的新空间也离不开数字化的新模式与新业态。数字化为传统产业的转型发展做出了贡献。从决策层上讲，纽约湾区目前的政策方针以及政府的系列活动都能彰显出对促进数字经济与传统经济融合的重视。纽约政府不断完善信息技术的法律法规，建成一系列的监督机制、数据安全保护规则，搭建数字经济发展平台的框架，引领数字经济发展。

2. 技术层上数字技术创新取得进步

纽约湾区数字经济在信息技术上的创新及应用发展显著。涌现出越来越多的高性能技术产业，且高新技术的应用涵盖面更加广泛。纽约从以移动互联应用和信息技术为主的阶段，进入"产业数字化"。实体工业正在进行深刻变革。数字经济与传统经济的融合表现在云计算、大数据等新技术、新产业的创新，为第三方平台运作提供了源源不竭的动力。

3. 建设层上有序推进数字化项目

数字经济正处于快速发展的新阶段。数字经济基础设施实现跨越式增长，在此背景下产生的新产业新模式一片欣欣向荣。在建设上加快传统产业的数字转型，逐层递进。新产业新模式是增长的主要动力，随着动力的增强发展，不断推进创新以数字经济为导向的社会治理模式。

4. 衔接层上推进经济融合

数字经济基础产业是国民经济的组成部分，数字经济基础产业的发展带来了产业结构的现代化，产业结构逐步朝着数字密集型转变。数字经济转变为传统经济与数字经济的深度融合。同时，数字经济转变带来了工业结构的升级，第三产业在纽约湾区工业结构中所占比例不断增加，第三产业发展方式和水平不断升级，朝着提高资源利用效率，实现可持续发展的绿色经济方面发展。服务成为经济发展的主要力量。此外，经济发展的动力依然离不开消费、投资和出口。消费为拉动经济增长贡献出巨大的力量。

总体而言，数字经济与传统经济的融合是经济发展的要求，是带动纽约湾区经济发展的新理念，是全球化的意识，数字经济与传统经济的融合也将继续蓬勃发展。目前，各个国家和地区更加重视数字经济发展，但数字经济仍在众多领域存在较大障碍。政府层面和企业层面需要提出相应对策，从国家与人民的角度出发，理解个人和国家应如何应对经济发展中的问题，承担在时代发展下各自的责任。从全球视角看，提出G20宣言和联合国报告等数字经济倡议，各国都表现出对数字经济发展的支持，也用实际行动促进各国数字经济的发展，颁布了数字经济相关的政策，在数字领域进行试水，力图带动全球数据互联互通，数据共享，争取实现共赢的局面。

7.4 湾区数字经济的协同创新概况

数字技术与其他产业模组的加速融合赋能传统实体经济新的活力。数字经济在决策层、技术层、建设层、衔接层等4个层面上为传统经济在商业模式方面的更新带来源源不断的动力，本小节以传统零售业为例，分析在数字经济的大背景下，纽约湾区如何依靠数字化信息和技术，推动数字经济与传统经济融合，带动传统零售业在"人、货、场"三个方面的变革，带动零售业资源整合，提高零售业利润率和资源利用率，使传统零售业适应社会脚步，不断创新发展，达到良性的可持续发展的目标。

随着纽约湾区经济朝着高质增长方面发展，经济发展更加关注结构方面的问题、致力于优化经济结构，提高资源利用效率等。而高新技术对于实现这些目的起着添砖加瓦的巨大作用，高新技术需要全面崛起并被广泛应用。数字经济与传统经济的融合研究是当今时代发展的重要课题。

7.4.1 湾区数字经济的发展机遇

1. 纽约湾区和发展数字经济两大国家战略交汇的机遇

国家主导推动的纽约湾区建设，将为数字经济发展带来广阔的应用场景。纽约湾区战略的空间布局将进一步优化数字经济发展布局，促进数字经济要素的内外联动；湾区建设具有全球影响力，国际科技创新中心的目标定位能够激发数字经济创新潜力，促进数字经济组织方式、生产方式的深刻变革；大湾区加快基础设施互联互通的重要任务，有利于筑牢数字经济基础，加速实现数字化、网络化、智能化升级；纽约湾区构建具有国际竞争力的现代产业体系，将促进数字经济与实体经济的深度融合；纽约湾区建设宜居宜业宜游的优质生活圈，将开启数字化生活新模式和新业态。反过来，作为战略性新兴产业，数字经济发展也给纽约湾区建设带来了重大的战略机遇。纽约湾区与其他湾区发展背景不同之处在于面临着以数字化转型为重要驱动力的全球经济转型，由此产生的数字化革命是纽约湾区跻身世界级湾区的重要机遇，而纽约湾区本身是全球数字经济最前沿和最活跃的地区，理所应当在全球数字经济中担当重要角色，成为全球数字经济发展的领跑者。

2. 纽约湾区制度差异带来的数字经济发展叠加效应

纽约湾区由处于不同制度框架之下的区域构成，形成体制性叠加效应。纽约湾区的经济技术开发区、出口加工区、高新技术产业开发区提出打造数字经济创新发展试验区，由此形成了纽约湾区多重经济体的体制叠加优势和开放叠加形态，这为探索数字经济跨境、跨制度的协同化发展奠定了重要基础。从长远来看，政府可以发挥顶层协调作用，纽约湾区内部多元主体又能充分沟通协调，最大程度利用体制性叠加红利，找到不同制度之间优化数字经济创新的最佳路径。

7.4.2 湾区创新链、产业链、供应链数字化转型升级的机遇

1. 纽约湾区协同创新模型

纽约湾区各主体主要通过技术市场和管理进行配合、合作和整合，采取创新主体协同、资源要素协同、方式协同以及维度内的相互耦合关联作用，从而实现资源的整合和在系统内的无障碍流动。目的是为了使政府、企业、高校三大主体明确自身在纽

约湾区建设和发展过程中的地位和作用，在数字经济背景下相互合作、相互融合，最终实现资源和要素的无障碍流通，推动纽约湾区协同创新。其本质是通过资源的优化配置获取外部效应。

纽约湾区协同创新机制是以企业为核心，纽约湾区外部主体为纽约湾区协同创新提供创新的资源要素，主要包括政府、大学及科研机构和企业。纽约湾区协同创新内部主体主要包括核心企业、上下游企业以及互补企业，主要作用是通过竞争与合作等形式加强企业内部以及企业间的资源整合来提升资源利用效率，实现资源的优化配置，提高企业的创新能力和产品的竞争力。纽约湾区协同创新系统中内部协同与外部协同之间的耦合主要是通过知识及信息要素协同层进行，协同创新所需的知识流、信息流在园区内三大主体之间充分流动，并通过知识以及信息的交流与共享连接外部主体与内部主体，达到最大化释放协同创新要素、提升创新要素活力的效果，促进协同创新深入化和全面化开展。

2. 纽约湾区协同创新模型运行机制

外部协同机制：纽约湾区的外部协同机制的核心是三螺旋协同或产学研协同，包括政府、外部企业（包括中介、金融机构等）和大学及科研机构。在纽约湾区中，政府根据当地情况，并结合区域的资源特点、优势和产业分布的情况制定发展的战略规划，同时通过相应的政策、法规驱动纽约湾区开展协同创新。因此，外部企业（包括金融机构、中介等）与纽约湾区的企业进行合作，为湾区的企业提供资金、人员、商品、中介服务、技术服务等创新要素，促进人员循环、信息循环以及输出循环，是纽约湾区的资金与服务驱动要素。一些中介和孵化组织，如银行、风投公司、基金管理公司以及保险公司等金融机构为提高资金使用和增值效率，积极与具有发展潜力的企业合作，为企业的研发和创新提供资金，以获取超额回报，成为协同创新的资金驱动要素。科技中介机构包括科技企业孵化器、专业咨询评估机构、技术市场和产权交易所、专利代理机构、专门技术协会和行业协会等，它们为企业提供信息咨询、孵化、管理、技术交易、评估、行业监管等服务，这些机构在寻求自身发展过程中，成为支撑企业间进行协同创新的服务驱动要素。大学及科研机构的产品主要是毕业生、新科技研究成果和新思想，这为纽约湾区提供人才、科技以及知识的支持，是协同创新的科技驱动要素。政府、大学及科研院所、金融机构和科技中介机构等孵化组织的三大主体通过政策要素、资金要素、科技要素以及服务要素协同纽约湾区创新活动的开展，促进协同创新成果转化。

内部协同机制：纽约湾区内部协同机制即企业间的协同创新，主要由三个层面构成：①基于价值链活动的企业内部协同创新；②基于供应链的企业间协同创新；③基于产业链的产业集群协同创新。其中，内部资源整合是企业协同创新的基础，供应链协同是企业内部价值链协同的延伸，多条供应链通过空间耦合形成产业链，进一步将协同创新范围扩大至产业集群层面。这3个层面由内而外，层层相扣，与外部协同机制相互融合，形成一个复杂、多维、立体的纽约湾区协同创新网络。

7.4.3 纽约湾区协同创新子系统因果分析

1. 创新环境子系统

基于价值链的企业自身的协同创新机制。企业的价值链活动为企业创新提供生产协同，市场销售等活动为企业提供营销协同。提供给企业使用的厂房办公室等都需要体现协同创新思想。企业的厂房、办公室等基础设施建设需要在组织框架、规章制度、管理流程、办公经营场所和企业文化等各个方面为纽约湾区协同创新提供管理协同。管理协同主要包括理念协同、文化协同、组织协同、制度协同、模式协同及方法协同等。技术研发活动是企业核心能力的体现，针对循环经济而言，资源再利用技术创新能力的高低直接决定了企业竞争能力的强弱。因此，企业的研发环节和资源再利用是纽约湾区企业内部协同的关键。

2. 创新主体子系统

基于供应链的企业间协同创新机制。在纽约湾区内部，核心产业或企业的上游及下游企业之间的协同创新主要强调供应链及生产链之间的协同，依托于核心企业的创新及研发平台，关联企业与核心企业之间进行投资和技术共享等，减少创新风险，建立共享的利益机制，风险共担，在原料研发、零部件研发以及产品研发等方面开展合作，充分发挥协同效应，促进企业间的协同创新。物流销售等类型的企业，进行资源互补型的协同创新活动，与创新能力较强的核心企业在互补的领域开展深度的协同合作，促进协同创新系统的完善。如供应链下游企业直接与顾客接触，通过协同机制，将相应的零部件创新需求反馈给供应链前端，供应链上企业相互配合完成零部件技术创新活动，为供应商产品研发提供技术支持。在纽约湾区内还有一种非常重要的供应链延伸是指企业的废料可以作为其他企业的原材料，这就要求企业生产过程中各个环节不仅要注意原材料的集约利用，还要关注废料的再利用和再循环，这就要求企业需要相互协同资源利用计划及生产技术创新。

3. 创新绩效子系统

基于产业链的协同创新是在供应链基础上进一步扩大。通过产业集聚与纽约湾区协同创新。企业间构成了密切的合作共赢关系，通过充分的分工和广泛的合作，寻求产业集群利益的最大化。由此形成"1+1>2"的效果，提高纽约湾区的整体生产技术水平，以吸引更多企业进入，提高资源配置效率，形成规模效应和产业集群效应。

纽约湾区协同创新的实现有助于循环经济在发展过程中整合社会资源，推动绿色经济发展。所构建的纽约湾区协同创新机制将政府、企业和高校三大主体有效整合，推进技术、管理、市场的协调，为未来纽约湾区的管理和规划提供新的路径和思路。

7.5 湾区数字经济发展启示

7.5.1 纽约湾区数字经济发展经验

由纽约湾区数字经济发展的历程可以看出，湾区的发展是一个长期且复杂的进程，对于纽约湾区的发展规划是一项庞大的工程，具有许多不确定性。通过协调协作网络和体系，对发展纽约湾区做出紧密的安排来实现未来的可持续发展。纽约湾区数字经济发展的经验给予我们以下启示。

（1）纽约湾区发展数字经济依托天然优越的地理区位优势。独特的地理优势，优越的生态环境，依托不冻、避风、水深等优势，使纽约湾区易于在湾区内构建众多的港群。

（2）纽约湾区发展数字经济的同时保护原有生态环境，提高湾区的可持续发展能力。在纽约湾区发展数字经济的历史经验中，我们要意识到自然环境的脆弱性。在满足近期发展需要的同时也应该避免重复低效开发和无序开发。结合纽约湾区的发展需要和结合特殊的湾区自然环境特点，制定合适的、有针对性的规划设计标准，对于规划的方案进行落实监管，保护纽约湾区原有的空间特征和优美的自然景观，使纽约湾区在高速发展数字经济的同时能够以优美宜人的自然风光吸引人才的聚集，从而达到可持续发展的长远目标。

（3）发展湾区经济需要善于利用发达的港口城市和周边的城市群。纽约湾区腹地广，海岸线长，让纽约湾区可以在较小的空间里孕育出多个港口。纽约湾区在原本的核心港口基础上，运用以港兴市的战略，加速港口的建设，带动周边的产业，也促进了周边城市的发展。

（4）纽约湾区发挥核心的都市功能，带动整个区域的数字经济发展。核心都市集政治、经济、金融和文化于一体，让周边的城市甚至是范围更广的区域围绕核心城市发展产业，形成多个特色城市，从而使整个纽约湾区的数字经济竞争能力提升。

（5）纽约湾区为发展数字经济配套了高效的交通基础设施。公共交通的便利促进了纽约湾区的城市网络效应，湾区具有最高效的公共交通网络，构建便捷的交通基础设施使纽约湾区的人才流、技术流、物流及资金流可以更快捷地完成投放和配置，人员的工作效率、企业的经营效率得到了大大的提升。发达的交通设施必定带来巨大的投资回报。

（6）纽约湾区在发展数字经济中鼓励良性的市场竞争，进行合理的分工协作。发展湾区的经济一般会涉及多个不同的行政区域，而不同的行政区域必须在产业的分工合作、城市的基础设施链接和生态保护等方面相互进行协调。在协作的同时需要考虑不同层次的需求与区域目标，协调好不同部门和各地方政府之间的关系，通过一定的机制，如成立相关政府协会进行协调工作，加强了湾区内的规划，确定各大城市的定位和促进湾区内的互动展开和良性的竞争。

（7）发展湾区的数字经济需要健全的创新创业体系，全面创新体系的高效运行是纽约湾区的发展体制保障。纽约湾区具有高度发达和齐全的产业体系，根据湾区的产业需求，湾区内具有培养高素质人才的世界知名高等学府、国家级的创新研发机构、国际高新技术产业研发中心和各类资本孵化组织。政府创立各种产业协作的平台来推动产学研的对接和互动。因此，大力发展科技、教育、文化等方向和通过建立创新创业体系，湾区的数字经济发展才可以催生出强大的产业聚集效应。

纽约湾区涉及的行业范围广泛，包括电子信息、计算机、海洋、新材料、生物、能源等各行各业，构建成融合研发、科学、生产和应用于一体，各类创新服务机构高效运行的系统。为了更加有效地服务于高校、企业和科研机构的技术研发与创新创业，纽约湾区创立了信息管理、金融服务、商事登记、法律保障和人力资源保障等服务平台。纽约湾区大力发展科技金融，建立完善的科技金融生态系统，以解决中小科技创新企业融资难的问题和给企业提供丰厚的资金保障，推动着科学技术创新的加速发展。

（8）发展纽约湾区数字经济要具有很强包容性的文化氛围。纽约湾区是高度开放的市场，宜人的居住环境和充满机会的竞争性工作机会让湾区吸引大量来自于国外和国内其他地区的高素质和高等技术人才。纽约湾区具有公平开放的多元文化，多元文化可以进一步促进湾区的国际化程度，推动纽约湾区的创新发展。纽约湾区鼓励和支持科技人员的自由流动，这种开放型的社会机制使科技人员充满动力和激情，也使纽约湾区呈现出高效的技术交流态势。此外，纽约湾区有着敢为人先、勇于冒险、接受新发明的文化，也促进了整个湾区的创新创业发展。

（9）纽约湾区充足的人力资源是发展湾区数字经济的重要动力。创新的竞争以科技人才的竞争为首，纽约湾区十分重视对高素质人才的培养与引进，政府采取各大优惠政策，广泛引进和培养各类科技创新人才。政府制定宽松的移民政策和其他优惠政策吸引来自世界各地的高技术创新型人才，对特殊和高技术的人才，更是以优越的研究环境和优厚的待遇吸引其落户。

（10）纽约湾区具有宽松的制度环境。纽约湾区的创新主要表现为"小政府，大市场"。纽约湾区的政产学研科技创新协同系统是自下而上构建而成的，政府的干预并不多。政府一般不对企业的经营行为作出干预，包括技术、资金、人才和成果等资源都能够在纽约湾区实行自由流动，主要是利用市场的配置来对资源进行优化。政府是以培育者、服务者和秩序维护者的角色来制定和实施产权的保护，制定公平竞争、科学技术投入、城市规划等有关的法律法规。政府能够正确定位使市场的作用能够充分发挥，市场和政府效用达到相对平衡的状态，给纽约湾区创造一个有序、自由、公平和相对宽松的创业创新环境。

7.5.2 粤港澳大湾区对标纽约湾区政产学研协同创新存在的问题

粤港澳大湾区与纽约湾区发展条件比较相似。两大湾区都适合发展外向型经济，两大湾区均是依靠沿海的优越环境发展成为产业的聚集地。在地域文化方面，两大湾区都有善于创新和敢为天下先的传统文化。粤港澳大湾区和纽约湾区的创新创业发展特色也很相似，粤港澳大湾区的创新资源和创新要素高度聚集，创新产业能力和新成果转化的能力位于我国的前列，但是和纽约湾区的政产学研比较，粤港澳大湾区仍然有比较明显的短板。

1. 体制机制不健全，创新要素未能实现高效流动

粤港澳大湾区最大的特点是"一国两制"，即一个国家、两种制度、三种货币、三个关税区，因此地区间有着发展阶段、核心能力、社会制度和法律体系等多方面的差异性。三个地区的协同发展体制尚未完全建立，粤港澳大湾区科技创新资源的自由流动在一定程度上被限制了，创新主体之间的交流合作仍然存在一定的障碍。再加上三地的创新科技尚未完善，粤港澳大湾区的创新成果还未能与产业的需求很好地融合，目前粤港澳大湾区的人才资质互认、通关便利化、科技资金的使用等方面还需要进一步完善。

2. 科技协调创新不足，区域创新优势尚未发挥

广州、深圳、香港、澳门是粤港澳大湾区的中心城市，在科学技术创新上有一定的优势和不足。如香港的科技产业发展基础比较薄弱，产业的配套尚未完善，缺乏国际性的创新企业。广州同样缺乏科技型的龙头企业。深圳产业化能够突显，但缺乏高质量的研究型大学和前沿性的研究平台。澳门的体制机制虽然有比较强的支撑能力，但同样有科研机构比较少、人才紧缺的情况。

3. 高质量大学较少

纽约湾区聚集了许多名声显赫的高等学府，多所高校进入世界百强大学排名，其中最为著名的是新泽西州的普林斯顿大学、康州的耶鲁大学和曼哈顿的哥伦比亚大学。粤港澳大湾区进入"世界百强大学"的有香港大学、香港中文大学、香港科技大学3所大学，而广东省和澳门则没有高校入选。这也反映了粤港澳大湾区世界名校，特别是具有比较强科研基础和能力的高等学府比较缺乏。因此，粤港澳大湾区的未来创新的研究平台还有待加强。

4. 产业生态发展有待提高，缺乏高科技龙头企业

粤港澳大湾区的生态发展水平与纽约湾区相比还有一定的差距。粤港澳大湾区的产业结构层次不够，直接影响到经济发展的质量和创新发展的驱动力。龙头企业的发展引领产业变革的方向，然而粤港澳大湾区缺乏独角兽企业，不能引领新经济发展。其次，由于培育企业家精神方面存在不足，使得投机性产业生态发达，战略性产业生态较弱，资源的投资流向失衡，这是制约粤港澳大湾区创新发展的一大因素。

7.5.3　纽约湾区数字经济给环杭州湾区的发展启示

纽约湾区从管辖领域上被分为狭义区和广义区，与环杭州湾大湾区"1+2+3+X"空间格局相似。纽约湾区的地理分布为一字排开，杭州湾的人口总量基数比较大，因此不能直接与纽约湾区进行比较。若关注人口密度指标，可以看出杭州湾区和纽约湾区人口集中度的结构很相似，证明上海和纽约湾区一样对人口具有吸附效应。

纽约的湾区经济是以第三产业为中心，拉动第三产业的重要推动力是高科技和金融业。纽约湾区是以金融和制药行业为主导。杭州湾区是以杭州阿里和基金小镇为代表的互联网和风险投资领域为主导，以上海陆家嘴和张江高科作为代表的金融和高科技行业可以从纽约湾区的发展中得到宝贵的经验。洋山深水港（上海港）和宁波—舟山港是杭州湾的两个超级港口，在吞吐量方面比纽约湾区更加具有优势。然而，美国的纽约—新泽西港在物联网的建设方面为杭州湾港口提供了很好的借鉴经验。

纽约湾区内的三座核心城之间可以进行直接互通，然而杭州湾区中宁波和上海间的铁路交通一定要经过杭州，需要进行中转，使湾区通勤效率在一定程度上受到影响。

在杭州湾区，上海的教育资源虽然比较丰富，但是相对于纽约湾区还是比较欠缺。杭州湾区的高等教育资源过于集中，分布结构的合理性不如纽约湾区。其次，纽约湾区把企业和教育紧密地结合起来，如普林斯顿大学、耶鲁大学和哥伦比亚大学为华尔街输送大量人才，这种成熟的人才输送模式值得杭州湾区借鉴。

小结

总体而言，纽约湾区具有金融产业的强大优势，辽阔的经济腹地，高端的人才资源，发达的内外交通条件和强大的国际贸易功能。纽约湾区高度重视技术的创新，在区块链、大数据、人工智能等方面的运用走在世界前列。这都是纽约湾区在数字经济上取得成果的关键因素，值得我国发展湾区经济时学习和借鉴。

思考题：

1. 论述纽约湾区数字经济的空间结构状况。
2. 论述纽约湾区数字经济的产业融合状况。
3. 论述纽约湾区数字经济的协同创新状况。
4. 纽约湾区给我国湾区经济带来什么发展启示？

参考文献

［1］卢文彬.湾区经济：探索与实践［M］.北京：社会科学文献出版社，2018.
［2］王廉总.粤港澳大湾区城市群文化特色与发展对标［M］.广州：花城出版社，2018.
［3］综合开发研究院.改革开放四十年与粤港澳大湾区发展［M］.北京：中国经济出版社，2019.
［4］冼雪琳.世界湾区与深圳湾区经济发展战略［M］.北京：北京理工大学出版社，2017.

第 8 章

东京湾区数字经济发展实践

> **学习目标**
>
> （1）了解东京湾区的发展历程和现状。
> （2）掌握东京湾区数字经济发展的空间结构状况、产业融合状况和协同创新状况。
> （3）了解东京湾区数字经济发展对我们的启示。

8.1 湾区概况

东京是世界传统五大国际金融中心之一，其所在的东京湾区以位居世界前列的经济发达水平和城市化而著称，集中了日本的钢铁、造船、炼油、石化、机械、电子、汽车、有色冶金等主要产业部门，是日本的工业中心，又被誉为"产业湾区"。东京湾区也是日本的经济、政治、物流商务、教育和文化中心，人口密集度高，产业密集，主导着日本城市和产业的发展。

8.1.1 湾区基本情况

日本全国分为47个一级行政区，包括一都（东京都）、一道（北海道）、二府（大阪府、京都府）、四十三县，行政级别相当于中国的省、直辖市和自治区。依托东京湾建设而成的东京湾区，位于日本本州岛关东平原南端、太平洋西岸，为房总、三浦两半岛所环抱，南北长80千米，东西宽20～30千米，湾口仅6千米，里阔外狭，形状如袋，是优良的深水港湾。东京湾区在日本被称为东京都市圈、大东京、首都圈等，不同称呼定义的边界也有差异，最常用的有狭义的"一都三县"和广义的"一都七县"。其中的"都"指日本首都东京都，"县"在日本是一级行政区划，相当于我国的省、美国的州，这里指东京都周边若干县。"一都三县"包括东京都、神奈川县、千叶县和埼玉县，"一都七县"则再加上外围的茨城县、栃木县、群马县和山梨县。东京湾区最经典的界定是"一都三县",包括东京、横滨、川崎、千叶、横须贺等几个大中城市,是日本最大的工业区,也是日本制造业的核心区域。湾区陆地面积约为1.36万平方千米,约占日本陆地面积的3.6%。湾区内呈现马蹄形的港口群包括横滨港、东京港、千叶港、木更津港、川崎港、横须贺港等,年吞吐总量超过5亿吨,是世界上著名的港口群之一,也是东京湾区经济发展的重要基石。在港口群的带动下,东京湾逐步形成京滨、京叶两大以制造业、重化工业为主的工业带。

1986年起东京湾区内建成第一条高速公路,由西端川崎市横越该湾至东端木更津市,大部分公路由海底隧道组成,又加建了一座桥及人工岛。湾区内现代物流、装备制造和高新技术等产业十分发达,三菱、丰田、索尼等一大批世界500强企业总部位于此地。2016年,东京湾区人口约3600万人,名义GDP总量达1.7万亿美元,聚集了日本将近1/3的人口、2/3的经济总量、3/4的工业产值,是日本最大的工业城市群和最大的国际金融中心、交通中心、商贸中心和消费中心,也是日本重要的能源基地、国际贸易和物流中心,还是日本的政治、经济和产业中心。

回顾东京湾区的经济发展历史,可概括为以下三大阶段:

1. 江户时代,东京湾区形成,成为日本经济核心与物流中心

东京湾区最早只是日本旧武藏省的一个区域,太田道灌武将于1457年在原来区域内的渔村上修建了江户城堡也就是东京城的前身,至今已有560多年的历史。1590年,德川家康开始以江户为基地,并于1603年在这里建立了中央集权的德川幕府。17世纪初,日本的政治中心由关西地区向关东地区转移。经过一段时间的发展,到了18世纪末期,江户逐渐从日本的政治中心成长为继京都和大阪之后日本又一大型城市,来自全国的人口都集中到了这里,人口总量超过100万,江户逐渐成为日本新的经济中心。至德川时代中期,江户已是全国最大的消费市场,每天都有全国各地的商船到江户港(东京港)停泊,17世纪末时江户人口数已达100多万。但是直至19世纪中叶,东京湾区还只是一个物流中心。

2. 明治时代至二战后,东京湾区现代产业逐渐形成,工业带发展

自明治时代,由于优良港湾条件以及19世纪下半期后不断填海造陆,大量资本、劳动人口、商业等经济发展要素向东京地区集聚,东京迅速成为日本的政治、经济和工业中心。工业沿着东京湾西岸——东京和横滨之间发展,造船业、制造业、采矿业、军工业集聚于此,形成京滨工业地带。第一次世界大战给东京湾区带来难得的发展机会,战争使世界范围内对物资的需求大量增加,有关参战国向日本订购了大量军需物品。湾区的海运异常繁荣,贸易出口激增。二战后,国际政治经济环境对日本极为有利，政治上美国采取扶日政策，经济上国际原材料价格下降给资源匮乏的日本带来发展契机，东京湾区得到极大的发展。城镇化进程的加速使得环绕东京湾的海滨90%都被开发为人工海岸线，人工岛屿相继产生，工业更沿岸向东、向北扩展，成为京叶工业地域，是日本发展加工贸易的心脏地带。

3. 1951年之后，日本把港口发展项目提高到国家和地区的发展战略高度加以规划和实施

东京湾区沿岸有横滨港、东京港、千叶港、川崎港、木更津港、横须贺港等6个港口，日本高度重视各港口的协调发展，把港口发展项目提高到国家和地区的发展战略高度加以规划和实施。1951年《港湾法》以及1967年《东京湾港湾计划的基本构想》的制定，将东京湾区的六大港口有机整合管理，形成广域的湾区，并以发挥港口群的整体优势来推进湾区内的区域一体化和增强其国际竞争力，从而将东京湾区各港口的竞争转换成整体合力。经过多年发展，东京湾港口群已形成鲜明的职能分工体系：横滨港专攻对外贸易，东京港主营内贸，千叶港是原料输入港，川崎港为企业输送原材料和制成品。各港口虽然保持各自独立经营，但在对外竞争中则成为一个整体，提升了东京湾港口群的整体竞争力，各种生产要素在城市群中自由流动，促使人口和经济活动更大规模地集聚，形成了城市群巨大的整体效应。同时，在政策的引导下，从20世纪六七十年代开始，在东京湾区逐步形成向西以横滨地区为中心的京滨工业地带和向东以千叶县为中心的京叶工业地带。其中京滨工业地带是当时日本的第一大工业地带。随着重工业、机械工业向京滨、京叶两大工业区转移，东京产业也向服务业转移。1986年东京离岸金融市场建立，日元开始走向国际化，东京从全国经济中心转变为国际金融中心。20世纪90年代之后，东京湾区进入知识技术密集型的创新经济阶段，产业进一步更新换代，金融业、信息产业和高新技术产业等服务型和知识型产业的比重逐渐增加，而传统工业的比重下降，如表8-1所示。

至此，东京湾区集中了包括钢铁、有色冶金、炼油、石化、机械、电子、汽车、造船、现代物流等产业，成为全球最大的工业产业地带，还建设了金融、研发、文化和大型娱乐设施、大型商业设施等，成为世界有名的金融中心、研发中心、娱乐中心和消费中心。

表8-1 东京湾区的发展演进路径

年代	演进路径
19世纪中叶—20世纪50年代	单级城市：依托湾区的天然港口优势，促进了港口工业、贸易快速发展，加上二战的推动，周边要素流往东京都，不断吸聚周边资源
20世纪50年代中期—20世纪70年代中期	都市区：伴随日本工业向太平洋扩散，沿轨道交通向外延伸，形成以核心城市东京为中心的同心圆式，圈层状大都市区空间结构
20世纪70年代末—20世纪90年代末	城市群：东京部分城市功能分散到周边的神奈川、埼玉、千叶等县，出现多个增长点，东京港口群形成鲜明的职能分工体系，形成区域"多极多圈层"的城市化空间结构
20世纪90年代末至今	湾区：以东京为核心的"中心——外围区域体系"，加速全球化分工协作，参与全球竞争

资料来源：林勇，沈玲娣. 湾区之道：世界湾区经济发展模式比较研究［M］. 广州：广州出版社，2019.

8.1.2 湾区基本特征

1. 湾区呈现出圈层式的区域结构与功能布局

基于原有规划中都市圈的规划理念，东京湾区以东京为核心的区域结构概念清晰。湾区共划分为东京首都圈、东京都市圈、东京都、东京区部和东京都心三区5个圈层，形成主中心区域—次中心区域—郊区区域—较边远的其他县区域的多核多中心的空间发展模式，湾区由此形成大规模的产业集聚和城市蔓延。多核多中心的空间发展模式有力地支持了湾区生产性服务业的发展。湾区城市功能也是基于圈层形态分布，10～20千米内为首都圈中心、物流纽中心，20～50千米圈主要为近郊住宅中心、产研联合工业城等，50千米圈以外主要是重工业生产区、汽车及其他工业带城市和地区等，从而形成合理有序的城市分工体系，促进了湾区整体经济结构的合理布局。

2. 湾区形成良好的港口职能分工

东京湾内的6个重要港口几乎首尾相接，由此形成沿海岸向东南开口的马蹄形港口群以及工业城镇群，港口年吞吐量超过5亿吨。六大港口根据自身基础和特色，承担不同的职能：东京港口是输入型港口，以外贸货物为主，是主要的商品进出口港；横滨港在京滨工业带的中心，承担工业品输出、集装箱集散功能，是国际贸易港和工业品输出港；千叶港属于能源输入港、工业港，以出口钢铁、汽车和化工品为主；川崎港与湾区的各港口之间协作发展，主要承担原料进口和产品输出；木更津港是地方商港和旅游港，同时主要服务于君津钢铁厂；横须贺港是军事港，也服务于船舶制造业。各港口整合为一个分工不同的有机整体，形成一个"广域港湾"。各个港口在分工合作、优势互补的基础上形成组合，对内保持独立运营，对外竞争时则形成一个整体。湾区港口的明确分工和协调发展使得六个港口整合为一个分工不同的有机整体，充分利用了资源，又增强了竞争力（表8-2）。

表8-2 东京湾区港口职能分工表

港口	港口级别	特点	职能
东京港	特定重要港口	较新港口，国内集装箱吞吐量占1/4，依托东京——日本最大的经济中心、金融中心、交通中心	输入型港口，商品进出口港，内贸港口，集装箱港
横滨港	特定重要港口	日本最大港口，世界亿级大港之一，历史上的重要国际贸易港，京滨工业区的重要组成部分，以重化工业、机械为主	国际贸易港，工业品输出港，集装箱货物集散港
千叶港	特定重要港口	新兴港口，日本最大的工业港口，京叶工业区的重要组成部分，日本的重化工业基地	能源输入港，工业港
川崎港	特定重要港口	与东京港和横滨港首位相连，多为企业专用码头，深水泊位少，京滨工业带的中心工业港，湾区能源供应基地	原料进口与成品输出
木更津港	重要港口	以服务境内的君津钢铁厂为主，旅游资源丰富	地方商港和旅游港
横须贺港	重要港口	主要为军事港口，少部分服务当地企业	军港兼贸易

资料来源：王建红.日本东京湾港口群的主要港口职能分工及启示［J］.中国港湾建设，2008（1）：5.

湾区经济的重要成功因素正是港口之间的协作分工，港口相近，但并没有恶性竞争。每个港口的职能互补，分工明确，使湾区成为一个发展协调的港口集群。东京湾区港口群的货物吞吐量占到全日本的四成，原油进口量占到三成，液化天然气占到五成。庞大港群支撑了京滨、京叶两大工业带的崛起，促进了产业和人口的大规模集聚，促进了以东京都为核心的湾区都市圈经济的繁荣发展。

3. 湾区拥有世界最为发达的轨道交通网络

东京湾区具有亚洲都市圈人口高度密集的显著特征，狭长的区域内聚集的人口数量达3600万以上。东京湾区之所以能容纳如此庞大的人口规模，并能有序运转，轨道交通的作用至关重要。东京湾区已形成了由铁路、地铁、单轨列车组成的综合轨道交通网，年运输人口规模居世界第一；结合圈层式的区域结构呈现出放射性环状道路，强化了湾区内各城市与地区之间的经济联系。虽然汽车是日本的支柱产业,但政府并不鼓励居民拥有和使用小汽车,反而严格控制居民小汽车数量增长,在高速公路网建设上也未投入太多。政府主要集中发展轨道交通,四通八达的蛛网型轨道交通基本覆盖到湾区每个角落,将庞大的地理空间进行另一种形式的"拉伸"和"折缩",从而有效解决城市空间的拥堵和隔离问题。作为拥有全世界最密集轨道交通网的湾区,东京湾区轨道交通系统通车里程超过 5500 千米,包括 JR 线(国家投资的承担城市间客运任务)、地下铁(东京都政府投资的满足 23 区内部交通的线路)以及各种形式的私铁(私人财团兴建的新城至中心区线路)。以东海道(东京—大阪)、东干线(东京—仙台)联系 500 千米范围(2～3 小时)主要城镇,强化湾区对全国发展的引领和辐射作用。城际轨道出行主要由"环形 + 放射线"的 JR 铁路承担,私铁为补充,以保证与中心区域和主要城镇间"1 小时"的出行服务水平。

4. 湾区制定了完善的政府规划

日本是政府主导型国家,政府对东京湾区的发展进行了较大的干预,为此政府颁布各项法律法规支撑着湾区的持久发展。从某种意义上看,在填海造陆等工程推动下,东京湾区可以被视为世界上第一个主要依靠人工规划缔造出的湾区。政府通过完善权威的区域规划体系、强有力的项目资金保障,及自上而下的宏观调控配套政策,实现了区域行政协作的目的,以解决专业性问题为导向的区域协议会等正式体制外的协调机制,如 2002 年成立的"首都圈港湾合作推进协议会"等,成为政府主导区域协同机制的重要补充。而以地方政府为主体的区域联合组织或机构的数量和活动范围,受到了诸多行政法令的限制。

东京湾区经历了数次政府统一规划。通过规划,区域范围不断调整产业整合升级,政府在东京湾区整体发展过程中起到了举足轻重的作用。政府也不断对湾区发展的规划方案进行更新完善。20 世纪 50—80 年代期间,日本国会制定了一系列相关的法律法规,包括《东京湾港湾计划的基本构想》《首都圈近郊绿地保护法》《首都圈整备法》《分级分散土地形成促进法》等。东京湾区有法可依,使湾区的建设不断优化,城市之间相互协同。

8.1.3 湾区经济发展情况

东京湾区的发展经历了工业集聚、服务业集聚及创新资源集聚等不同阶段,既有着显著的湾区经济特征,也有着浓厚的首都型经济特点,在日本经济发展格局中举足轻重。东京湾区经济综合实力强劲,在全球 500 强企业和最具创新力企业数量方面尤为突出,在全球经济增长中也发挥着重要作用。

第 8 章 > 东京湾区数字经济发展实践 >

1. 发展水平高,创造了日本 1/3 的 GDP

东京湾区是日本经济最活跃的区域。由于东京湾区具有东京港、横滨港、川崎港等优良港口和铁路、公路网络及填海造地的历史等,适合以原材料进口、制成品出口为基础的工业生产,并供应国内外市场,从而吸引大量的工业在东京湾聚集,并吸收了大量的农村劳动力向东京湾区集中。钢铁、机械、化学等重工业,造船、汽车等组装业,造纸、食品、服装等轻工业同时得到了发展。

20 世纪 60—80 年代,东京湾区 GDP 爆发式增长,占日本 GDP 的比重从 20 世纪 50 年代的 25% 左右,上升到 30% 左右,近年又进一步上升到 35% 左右,是日本经济最重要的组成部分。2016 年东京湾区名义 GDP 1.7 万亿美元,高于纽约湾区的 1.4 万亿美元和旧金山湾区的 0.84 万亿美元,位于全球湾区之首。作为单一经济体,东京湾区的 GDP 位列全球第十,略低于巴西,超过韩国、加拿大、俄罗斯等国家。湾区以约占日本 3.6% 的国土面积,创造了超过 1/3 的日本 GDP,人均 GDP 持续高于日本全国的人均 GDP,连续多年维持在 1.2 倍左右,经济效率在日本各都道府县中位居前列。东京湾区既是日本经济发展的领头羊,又是日本的政治、经济和产业中心。

2. 东京一极化明显,区域功能明确

东京作为日本的首都,既是日本政治、经济、文化与交流的中心,也是与纽约、伦敦、巴黎等齐名的世界城市,其辐射早已跨越本土波及全球。东京凭借着庞大的人口规模、经济规模以及大企业总部向东京集聚形成的总部城市功能,占据了日本城市体系最顶端。而且,随着日本经济的服务化和国际化,东京的地位和重要性不断增强,无论在东京湾区还是在全国范围内,都促成了"东京一极集中"。从经济体量看,东京在"一都三县"中的一极化优势非常明显。2016 年东京 GDP 占湾区 GDP 的 57.7%,第二大经济区域是神奈川县,GDP 占比 18.7%,千叶县和埼玉县的 GDP 占比相当,均在 12% 左右,如图 8-1 所示。

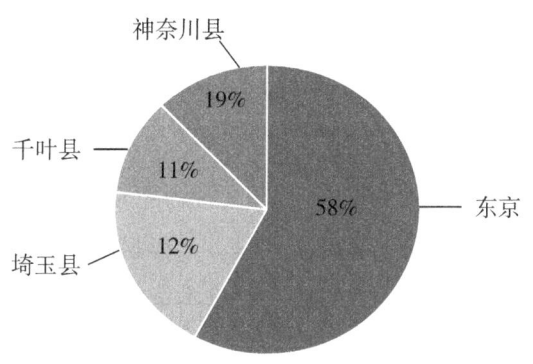

图 8-1 东京湾区内各区域 GDP 占比

东京湾区虽然一极化明显,但湾区注重各等级城市关系处理,比如东京都与其他县、市的关系,县、市之间的关系等,各城市功能定位明确,优势互补,形成了明显的多中心多圈层城市功能体系。东京都依靠港口优势,通过海运带动国际贸易,迅速成为区域经济发展的核心力量,不断向周边城市扩散和辐射,其包括东京中心区和多摩地区,分别承担着全国政治、文化、金融、信息枢纽的功能和高新技术研发职能(表8-3)。东京都东侧的千叶县拥有成田国际机场和千叶港口,是国际知名的空港、港湾,也是钢铁、石油、机械等工业聚集地。位于东京都北侧的埼玉县,是日本最重要的交通枢纽之一,铁路、公路发达,森林资源丰富,分担部分首都政府职能,也承担了国际交流和商务职能。神奈川县是日本四大工业基地之一,横滨市和川崎市不仅是京滨工业带上的核心工业城市,而且分别拥有横滨港和川崎港国际港湾,同时还在不断强化国际交流和国际商务职能。

表8-3 东京湾区各城市的职能

地区	部门	职能
东京中心区(东京都)	政府、行政、文化机构以及服务业、批发业、金融业等	政治行政的国际中枢职能;金融信息、科教文化等中枢职能
多摩区域(东京都)	东京都高科技产业,研究开发机构,商业、大学	接受东京区大学、研发机构和高新产业方面的产业转移
千叶县	化工、电气机械、钢铁等制造业,原料输入、国际商贸	国际空港、港湾、工业集聚地
埼玉县	零售业等商业、政府机构、房地产等	东京部分政府职能,成为国家机构、居住、生活、国际交流、国际商务集聚地
神奈川县	电气机械、运输机械、化工制造业、国际商务、房地产等	工业聚集地和国际港湾,商业和国际交流职能

资料来源:李奇霖:东京湾区崛起的启示

3. 第三产业为主,高端制造业发达

东京湾区产业结构较为发达。东京湾区服务业占主导地位,其GDP占比达80%以上,主要为高端制造业提供服务的金融、贸易、工程服务、研发等生产性服务业。第二产业工业次之,占比不足20%,但目前仍是日本全国制造业的核心,工业产值占全国的3/4以上。农林渔牧等第一产业占比极低,不足1%。从工业结构看,东京湾区高端制造业发达,优势产业包括汽车及其零部件制造、电子产品制造等,代表企业有日产汽车、丰田汽车、日本制铁、索尼、佳能等世界500强企业。批发零售、房地产和信息通信业等第三产业占GDP比重最高，超过80%。

东京湾区制造业是随着东京城区产业转移发展起来的，20世纪60年代，东京都步入经济高速发展时期，此时便开始实施"工业分散"战略，将一般制造业外迁至距离不远的东京湾区，以银座为辐射点，向西（川崎市和神奈川县方向）延伸出京滨工业带，向东（千叶县方向）延伸出京叶工业带。至此，东京湾区工业发展拉开序幕，历经从初级加工工业到重化工业再到高附加值制造业的转变。

东京湾区形成了京滨、京叶两大工业区，这两个工业带是全日本，也是全球最大的工业带，工业产值占全国40%，囊括了钢铁、有色、冶金、炼油、石化、机械、电子、汽车、造船和现代物流等产业。其中，京滨工业区以电子信息、精密机械制造为主，临近东京城区，集聚了NEC、佳能、三菱电机、三菱重工、三菱化学、丰田研究所、索尼、东芝、富士通等许多具有技术研发功能的大企业和研究所，以及庆应大学、武藏工业大学、横滨国立大学等高校，为高端制造业发展奠定良好基础，成为东京首都圈产业研发中心。京叶工业区较京滨工业区发展起步晚，又与东京都市圈相隔较远，以石油炼化、钢铁等重化工业为主，是世界最大规模的液化石油气储备基地、日本最大的材料与能源生产基地，但已规划向知识密集型产业转型。

东京湾区经济高度发展，使湾区内除生活娱乐业和食宿服务这两个行业外的其他行业，薪资水平都高于日本平均水平。比如，2017年，东京湾区金融保险业、高端制造业、运输邮政业、建筑业和电热水工业这5个行业的平均薪资是日本全国平均薪资的1.5倍以上。富有竞争力的薪资待遇，又进一步吸引人才，提升生产效率，促进产业升级，推动湾区经济发展，形成良性循环。

4. 交通网络发达，促进城市间联动

东京湾区拥有发达的交通网络，包括完善的高速公路、密集的地铁轨道交通。在高速公路方面，东京湾区拥有多条高速公路，首都高速道路中央环状线、首都高速都心环状线、东京外围环状道路（外环）、首都圈中央联络公路（圈央道）四条环状道路和九条放射状道路组成了东京湾区高速公路网络，将湾区紧密连接起来。在地铁轨道交通方面，东京湾区拥有全世界最密集的轨道交通网络，分为东京地铁、近郊地铁以及市郊铁路，包括山手线、中央本线、京王线、总武线、小田原线等，里程超过5500千米。东京地铁基本以东京站为中心向外辐射，超过70%的线网位于山手线以内，主要解决核心区内人口聚集地区的人员流动需求。近郊地铁和市郊铁路，则主要解决市中心和郊区之间的运输问题。

根据日本国土交通省 2016 年都市交通调查结果,东京湾区轨道交通的日运输量,远远超过日本另外两个都市圈——近畿圈(以大阪府、京都府为核心的二府四县区)和中京圈(以名古屋为核心,包括爱知县、岐阜县和三重县)。东京湾区的山手线及其支线每日运输量可达 50 万人以上,远超过近畿圈每日 35 万人的输送量以及中京圈每日 15 万人的输送量。

东京湾区和全球主要城市之间,也建立了发达的海空立体交通网。东京湾区拥有横滨港、东京港、千叶港、川崎港、横须贺港和木更津港等世界级港口,而且注重港口之间的规划和利益协调,各个港口在分工合作、优势互补的基础上形成组合,将湾区港口整合为"广域湾区",即对内独立经营、职能分工明确,对外作为整体参与竞争,提升东京湾区港口的整体竞争力。东京湾区内还拥有羽田机场和成田机场这两大国际空港,而且运输能力高于日本其他多数机场。2016 年,羽田机场以每日 13.8 万人的运输量居日本机场榜首,关西机场、成田机场紧随其后。

8.1.4 湾区数字经济发展情况

东京湾区作为日本经济发展的领头羊和政治、经济以及产业中心,其数字经济的发展既代表着日本数字经济发展水平,也受到日本数字经济整体发展情况的影响。

日本数字经济的发展历史较为久远,最早可以追溯至 1956 年颁布的《机械工业振兴临时措施法》里面制定的一系列振兴数字信息产业政策。此后,日本在数字信息产业方面的政策不断推陈出新,持续推动传统产业的转型升级、创造新业态与新价值。数字信息产业的发展孕育了数字经济,通过多年对数字信息产业的政策支持、法律法规规范,为发展数字经济创造了有利的环境条件并打下良好基础。数字经济的发展大概经历了四个阶段,第一阶段为 1956—2000 年,该阶段致力于建设和完善数字信息产业领域。第二阶段从 2000—2006 年,在此期间日本颁布了一系列战略规划,统筹数字信息产业对本国整体经济的影响力,数字经济开始初具雏形。第三阶段从 2006—2013 年,伴随着一系列政策法规的颁布和执行,数字经济的发展开始向社会各领域渗透。第四阶段从 2013 年至今,力图通过数字经济实现日本经济复兴。

当前,日本数字信息产业的基础设施建设处于世界领先水平,为数字经济的腾飞奠定了良好基础。同时凭借大数据、云计算、人工智能等新技术的发展,重点推动数字技术在其他产业中的应用,力图实现其他产业在生产、运营、管理等领域的全面优化,促进实体经济的转型升级,提升整体经济社会的效率。经过多年的发展,数字经济成果显现。①数字经济成为日本经济的主导性力量。在 2016 年日本的国内生产总值中，数字经济规模占比为45.9%，高出了同期中国数字经济的占比（30.1%）。而且数字经济的发展速度明显快于经济的整体发展速度，对整体经济的拉动作用显著，成为对日本GDP贡献最大的产业。②社会整体数字信息化水平较高。截至2015年底，日本互联网用户数量比上一年增加0.3%，互联网普及率高达83%，高于同期中国的50.3%；2015年3月底，日本有99.98%的家庭已覆盖了超高速宽带服务；而拥有智能手机的家庭数量上升了7.8%，比例达72%；使用云服务的企业比例于2015年已达到44.6%；无线基站数量则在2015年底接近2亿，较上年同比增长12.6%，并且呈逐年增长态势；其中移动手机和其他陆上移动基站在总基站数量占比为98.6%，较上年增长12.7%。在互联网普及率、宽带普及率、手机上网水平及电器数字化水平等这些体现数字信息化水平的相关领域，日本均居世界前列。③利用数字经济进行结构性改革，促进实体经济的转型升级。日本十分注重数字信息技术在各个领域中的应用，一方面，通过数字信息技术在其他产业中的应用，推动在不同领域的结构性改革；另一方面，通过数字技术在数字经济中的平台功能，发挥数字信息技术在不同领域间的连接作用，利用信息技术在经济社会中的应用环境，促进实体经济的转型升级，并创造新产业。为了充分发挥数字经济在经济中的带动和促进作用，日本通过一系列政策法规，建设了世界一流的数字信息产业基础设施，并将数字信息产业发展为其他产业的基础设施，促进其他产业的数字化，提高了社会整体的数字化程度，为数字经济的发展打下坚实的基础。

东京湾区得益于湾区经济强大的人口集聚、产业集群和辐射功能，在数字经济的发展上，起到了重要的影响和促进作用。东京湾区具有京滨、京叶两大全球最大的工业带，强大的传统制造业网络为其在产业物联网赋能，随着互联网发展逐渐从消费物联网过渡到产业物联网。根据世界知识产权组织最新发布的《2019年全球创新指数（GII）》所示，按城市圈划分，京滨工业带在科技城市群当中蝉联第一，而创新是数字经济发展的源动力。创新并非一蹴而就，在这背后是产业不断变迁，以及日本的学术、企业资源不断向东京湾区聚集。

在1956年日本国会制定了《首都圈整备法》后，日本的人口和产业迅速向首都圈集中，凭借东京港、横滨港和川崎港等优良港口的优势，以及密集的铁路、公路，港口经济为湾区实体产业发展提供便利。人才和创新资源的聚集使得东京湾区成为日本最主要的创新产出区域，而东京湾区的创新带来了产业结构的不断发展变化。随着20世纪六七十年代东京实施"工业分散"的战略，东京湾区的产业从此前的石油、化工、钢铁等重化工业蜕变为以精密机械、高新技术等高端产业以及对外贸易和金融服务为主的产业格局。到 20 世纪 80 年代，又逐步转型发展知识技术密集型产业。随着产业转向精细化，东京湾区的创新又再次迎来高潮。此后，随着日元多次升值，东京湾区的产业结构进行了调整，创新领域也随之发生变化，转向高附加值、高成长性服务行业。20 世纪 90 年代后期出现了 IT 创新热潮，此后的创新便主要是新经济、互联网技术的创新，以及 AI、IoT 和电动车等领域的数字化创新。这些创新领域的兴起，推动了东京湾区数字信息产业的发展和原有工业制造业的产业数字化转型。

8.2 湾区数字经济的空间结构概况

东京湾区城市群是世界城市化水平最高的城市群之一，随着东京湾区的发展和演变，湾区城市经济结构与社会结构的空间组合也在不断发生变化。东京湾区的空间结构变化一定程度上受到了城市轨道交通的影响。湾区拥有全世界最密集的轨道交通网，形成要素充分流动与共享的大都市圈。同时快速便捷的轨道交通促进了湾区城市人口向轨道交通沿线两旁的区域聚集，成为东京湾区空间结构发展初期的巨大动力，并直接促成了城市范围的扩大。

东京的城市化进程是围绕着 1885 年 3 月 1 日通车、东京市区第一条南北走向的纵贯铁路线——日本铁道品川线，也就是轨道交通山手线的前身而展开的。20 世纪初，伴随着更多连接城市与周边地区的轨道交通的修建以及轨道交通路线电气化的普及，东京的城市空间结构在东京城市范围迅速扩张的过程中逐渐形成，此时的空间结构主要是以山手线为核心，城市空间沿着轨道向外层郊区发展。第二次世界大战日本战败后，随着重建进程的提速，城市空间不断扩展，轨道交通沿线再次集中了大量的工业企业与人口，以东京市区为中心的空间布局形成。

二战后东京湾区经历了"集环带 + 新城""一极集中""多心多核"等发展阶段。随着以东京市区为中心的空间布局的形成，东京湾区的空间组织结构呈现出典型单核型"一极集中"的结构特征：以综合实力强大的东京市区为核心构建传统的大都市圈模式。东京不但拥有湾区内最大的城市规模和人口数量，而且其经济规模在湾区内也处于领先地位，主导着整个东京湾区的发展。1986 年由西端川崎市横跨东京湾、至东端木更津市的跨海高速公路（以海底隧道为主）建成，东京湾区由此逐步形成一体化发展格局，多核分散、职住平衡的都市圈逐步发展成熟。至此，东京湾区多核多中心、圈层式分布的空间结构形成。圈层式不仅体现在城市空间结构上的圈层式分布，还包括圈层状态的经济联系：区域内其他城市围绕在东京这个核心城市周围与其发生各种经济关系。

1. 东京湾区圈层式产业布局

由铁路、地铁、单轨列车组成的环状放射性道路综合铁路网支撑了湾区圈层式产业布局。东京湾区共划分为东京首都圈、东京都市圈、东京都、东京区部和东京都心三区5个圈层，形成主中心区域—次中心区域—郊区区域—较边远的其他县区域的多核多中心的圈层式空间发展模式，湾区的产业集聚也按照空间结构布局，并以主中心区域为中心，不断向外蔓延。再加上湾区内六大港口与成田、羽田两大机场和东海道北陆、东北等新干线以及数条高速公路一起，构成东京湾区与日本国内和全球主要城市间的海陆空立体交通圈，推动圈层式产业扩散布局。湾区的城市功能亦按圈层布局，以东京为中心，距离其10～20千米内的范围为首都圈中心、物流中心，20～50千米圈主要为近郊住宅中心、产研联合工业城等，50千米圈以外的范围是重工业生产区、汽车及其他工业带城市和地区等。

伴随产业圈层布局的形成与演变，人口分布也跟着调整。东京湾区人口分布呈现出大规模高密度的人口紧邻海湾、并逐渐向内陆延展的特征。在城市化进程中，东京都与神奈川县、千叶县和埼玉县已浑然一体，构成东京大都市圈。湾区内部的产业迁移也呈现出圈层式扩散外移的特征，先是一般劳动密集型制造业圈层式扩散外移，再到钢铁、石油、机械等产业的圈层式扩散外移。直到20世纪末21世纪初，东京湾核心区科技创新产业的发展及研发功能的外溢，才从根本上改变了以往产业外移的性质，即产业外移进入一个层次更高、辐射力更强的新阶段。

2. 东京湾区特色产城关系

东京湾区区域特色明显，空间结构上的多元性和多样性较为突出，在湾区内穿行可以明显感受到不同的区域特色。东京都心形成了世界上规模最大、密度最高的商务活动集聚区之一，总部活动、高端商务活动具有强烈的"都心"区位指向。为防止东京都过度集中，东京都内先后规划建设了文化性的综合商业中心池袋、以商务办公和文化娱乐为主的中心新宿、信息服务和时装设计中心涩谷、文化产业中心龟户、国际化展示中心临海副都心等7个副功能新区。这些副功能新区均是轨道交通枢纽，便利的交通极大地提升了商务活动效率。之后又规划建设了筑波科学城、大学城等18个功能性卫星城。包括银座、新宿 CBD、八王子大学城等特色功能新城、副都心新城、TOD 新城等在内的这些都心、副都心功能区各具特色、性质各异，形成各具特色的城市群架构，支撑了东京作为世界级大都市的战略空间框架。

湾区外圈层则布局了日本主要的运输、食品和精密机械制造业集群，同时布局了世界级钢铁、食品和炼油基地，并相应规划建设了多个新城，包括相模源高技术工业城、横滨现代港口新城、千叶新产业城市和木更津现代港口新城等，这些新城功能分工明确，与东京都的副都心新城，以及其他市镇共同推动了东京湾区多中心网络型空间结构的发展与升级。

总体上来看，东京湾区空间结构的形成主要依托以下动力机制：

（1）东京湾区从地理上具备区位优势。一方面东京湾区拥有漫长的海岸线，形成了沿海制造产业的集聚地，为早期湾区经济的发展提供了经济支撑。另一方面东京湾区拥有众多的天然良港，依靠港口的优势，东京及周边城市的国际贸易得以发展，进口资源、先进技术的利用，提高了整个湾区的生产力。从演化的历程来看，湾区优越的地理位置使东京这个中心城市成为湾区乃至整个关东地区交通网络的核心，通过不断向周围区域进行扩散与辐射，带动周边地区发展形成大规模的产业集聚与城市的蔓延。

（2）庞大的人口规模决定了空间结构从集聚到扩散的方向。19 世纪初，东京已经拥有上百万人口，虽然地震与战争造成了人口损失，但东京及周边地区的人口规模不断集聚并逐渐向周边郊区扩散，反而成了经济发展的主要动力要素。

（3）轨道交通和高速公路的建设促成了东京湾区空间结构的形成。东京湾区空间结构的形成离不开轨道交通技术的发展与建设。此外，高速公路也为东京湾区构建城市立体交通网络提供了补充。轨道交通与高速公路的建设缩短了湾区内城市间的通勤距离，各城市之间的经济距离得以拉近，促进了城市与城市之间人口以及生产要素的自由流动，也为东京湾区内各城市不同的功能定位与产业的合理布局提供了基础。

在数字经济发展的背景之下，湾区的功能已远远超越地理范畴，地理条件的依赖也在不断减小。当今世界，数字经济成为众多国家新的经济发展引擎。信息技术全方位丰富和服务人们的生活，并在此基础上极大丰富和扩展人类的传播能力，初步建构出数字化的社会关系和社会场景。一方面数字经济在内部最大限度实现信息流通的便利，另一方面向非数字化的网下延伸，打通网上网下之间的区隔。理论上，数字湾区可以附着于地理上的湾区，实现数字经济和实体经济的共振协同发展，以信息技术为动力、互联网平台或企业为核心的信息、产业、人才、资源等不断向湾区集聚。同时数字经济又可以独立于地理湾区而存在，实现"物理分散、网络一体"，突破湾区对地理环境的依赖。

东京湾区数字经济的发展，一方面依托于互联网开放的结构，另一方面得益于湾区地理开放的现实条件和逐渐形成的城市开放形态，将始终注重保持流通的便利性。这意味着湾区道路、高铁等基础设施进一步互联互通，办事程序流程进一步简化，信息壁垒进一步破除，融资成本进一步降低。依靠数字经济的发展，在法律法规允许的范围内，最大限度实现东京湾区的信息、人才、资本、资源流通的便利。

8.3 湾区数字经济的产业融合概况

产业融合一方面通过提高共用资产的利用率和降低交易成本而带来成本节约效应，另一方面不同产业的企业在融合中发生竞争协同关系，打破产业的界限，扩大市场空间，重塑市场结构和产业组织，必然促进产业组织的优化。此外，产业融合还催生了大量新产品和新服务，导致许多新产业的出现和成长，拓宽了产业发展空间，推动了产业创新和产业素质提升，从而促进产业结构的转换和升级。随着数字信息技术的发展，产业融合给产业发展带来了新的动力。因此，分析东京湾区数字经济的产业融合状况应从分析湾区产业升级之路开始。

东京湾区产业结构升级，经历了港口经济、工业经济、服务经济和创新经济四阶段。20世纪80年代之前是临港工业经济，80年代之后逐步转型为知识密集型创新经济。湾区内部产业也发生了迁移，将核心区的东京都打造为对外贸易中心、金融服务中心和高科技产业中心，附加值相对较低的一般制造业部门被迁移至周边的横滨、川崎等城市，最终形成了产业布局均衡、以第三产业为主、高端制造业发达的产业结构体系。

1. 20世纪60年代以前：临港工业经济高度发达

1）二战后国际形势利好，东京湾区以地理优势崛起

东京湾区的产业结构在江户时代比较单一，真正意义上的发展始于19世纪末致力于学习西方先进技术和文化思想的明治维新时期，环东京湾地区依靠天然的临海港口资源，同时依托对外战争带来的需求刺激，发展纺织业、机械加工业和炼钢产业，建成临港工业，东京与横滨两座城市相连的区域在这一时期形成一个重要的工业地带。

二战后美国的资金支持以及国际贸易形势对日本经济发展极为有利，日本迅速制定了外向型经济发展战略。一方面，美国出于政治和军事上的需要，对日本实行占领和扶植政策，以多种形式的"援助和贷款"为日本发展经济提供资金来源。1945—1971年，美国政府分别以"占领地区救济基金"和"占领地区经济复兴基金"等名义，先后对日本援助43亿美元，为日本的发展提供了原始资金。除此之外，美国还提供了相对安全的国际环境，并给予日本技术支持，这些都极大地刺激了日本经济的发展。另一方面，全球化弥补了日本资源匮乏的发展短板，并为日本提供海外市场。20世纪50—70年代中期，发展中国家低价在国际市场出售石油、矿石等工业原材料，使日本得到了极为有利的原料、燃料供应条件。与此同时，这一时期的发展中国家为发展本国工业，高价进口大量机器设备，为日本的工业产品提供了广阔的海外市场，促进了日本经济的高速增长。而东京湾区以其优越的港湾地理优势，借助全球化红利，引进先进技术，使临港经济迅速发展壮大。

在外部支持的同时，日本政府也顺应发达国家通过全球范围内产业结构转移与升级的契机，积极引进国际先进技术的同时，还制定了一系列扶持与干预经济的政策，调整产业结构，优化重组国内企业，重点发展区域经济带。东京湾区就是日本政府引进技术、发展工业、投入资源的重要地区，90%环绕东京湾的海滨都被开发成人工海岸线，东京更是成为日本政治、经济、文化、交通等众多领域的中心。

在二战后到60年代的这段时期，东京湾区以东京一极化发展模式为核心，重点发展装备制造、石油等重化工业和制造业。制造业在东京湾区中占据主导地位，1960年总产值1.53万亿日元，占东京湾区GDP的36%，成为东京湾区支柱产业。这一时期，第三产业中各行业的发展比较均衡，占GDP比例均在6%～8%之间，其中批发零售业、房地产业发展较好。

2）吸引劳动力集聚，人口红利促进经济发展

二战后日本的人口迁移加快了东京湾区工业化和城市化的进程。东京首都圈作为日本太平洋沿岸经济发展最快的区域，提供了大量就业机会，吸引大批劳动力迁移到该地区，人口集聚现象明显。1945—1970年东京地区人口快速集聚和扩张，其中1945—1960年，几乎每5年增长200万人。即便进入20世纪60年代中期后，日本进入老龄化、人口增长缓慢发展阶段，众多企业出现了劳动力紧缺的情况，东京湾区吸引人口的趋势从未改变。

2. 20世纪60—80年代，制造业向高端升级，服务业逐渐壮大

进入 20 世纪 60 年代中期后，由于战后出生率下降导致这一时期出现劳动力紧缺的现象，为了减少劳动力的使用，制造业逐渐转向投资节约劳动力的设备。1973 年，石油危机爆发，造成国际能源价格急剧上涨，对本身自然资源匮乏、能源紧缺的日本造成了严重冲击，对能源依存度高的基础原材料型重化工业增长速度趋缓，而加工组装型产业在这一时期则意外地保持了较高的增长速度。与此同时，日本技术立国战略提出，产业结构开始进行方向性调整，东京湾区内产业也初步开始区域转移，东京湾区的产业转型随之到来。以低端制造业为代表的产业部门从东京市中心迁离，这些低端制造企业基本上在湾区内其他县市得到了重新配置，而以金融、信息、广告为代表的服务业则抓住空隙向东京集聚。产业结构方面，制造业向高端制造业发展，第三产业中高附加值的服务业受到重视，1960—1975 年东京湾区内平均增长率最高的两个行业是房地产业和建筑业。房地产业和建筑业的繁荣，与东京湾区大量聚集的企业和人口密不可分。

这一时期，东京湾区的高端制造业主要分布在东京都和神奈川，但一般制造业开始向埼玉县、千叶县转移，20 世纪 60—70 年代，埼玉县和千叶县的制造业平均增长率高达 58.43%、96.01%，实现了从无到有的跨越。东京核心区金融服务业等高附加值第三产业初步集聚，并进行东京首都功能疏解，支持周边城市发展。

3. 20 世纪 80 年代之后：高端制造业和高附加值服务业并举

制造业方面，20 世纪 80 年代开始，东京湾区的制造业 GDP 占比回落，从 1980 年的 29.8% 下降到 2015 年的 13.8%，目前制造业 GDP 占比主要集中在汽车、电子制造等高端制造业。始于 20 世纪 70 年代的东京湾区内部制造业迁移，在这一时期仍然继续。虽然东京的制造业产值最高，但是在整个湾区制造业的占比从 70 年代开始下降，而埼玉县、千叶县和神奈川县的制造业产值占比逐步提升，表明东京都的制造业逐渐向周围区域迁移。尽管 90 年代中期以后，东京湾区制造业 GDP 占比回落，但目前仍然是东京湾区的重要行业。制造业内部构成则是集中于弱周期性的消费型产业和技术密集型的高端制造业。2015 年东京湾区制造业产值前五位，分别是其他制造业、食品制造业、化学制品、运输机械和一般机械制造业。

服务业方面，第三产业进一步发展，在东京湾区经济结构中占据绝对地位，房地产业、运输通信业、综合服务业的 GDP 占比持续提升，而批发及零售业、金融保险业的 GDP 占比基本稳定，信息技术、知识密集型专业服务业是东京湾区中心区的核心竞争行业。自 20 世纪 80 年代起，大量银行总部搬迁至东京，又为东京湾区注入了新的活力。截至 1989 年，在东京证券交易所首批挂牌上市的企业中，47% 的企业在东京尤其是 CBD 区域内建立了自己的总部。这种趋势在此后进一步巩固，目前在东京证券交易所上市的企业中，资本超过 500 亿元的巨型企业，有 60% 集中在东京 23 区，其中 60% 集中在千代田区，30% 集中在中央区和港区，三区占了全部企业数量的 90%。在日本企业总部迅速涌向东京的同时，各国企业也纷纷涌入日本寻求投资机会，这使以东京为代表的城市的外资数量迅速增长。这些聚集在东京的国外金融与信息技术企业促进了东京的产业结构进一步向以金融、信息等为代表的服务业转变。

2015 年，除商贸餐饮、运输仓储等这些伴随湾区转口贸易和临港工业成长起来的传统服务业之外，信息服务、金融保险等各类专业化的商务服务业在湾区经济中占据重要地位，科技服务业在东京湾区产业向高新技术知识密集型升级后的占比也越来越高，接近 10%。2018 年世界 500 强企业中，有 52 家总部位于东京湾区。前 30 名的主营业务行业分布说明了东京湾区已经迈入知识密集型的服务型经济，形成高端制造业和高附加值型服务业并举的产业结构。

在东京湾区产业转型的过程中，借助数字技术的进步，产业融合力度加大，产业结构转型进程加快。东京湾区产业转型的方式非常注意借助信息技术对既存产业进行升级。随着数字经济的快速发展、数字技术的逐步成熟，传统行业与数字技术的结合代表着传统行业的未来发展方向，新一代信息技术正在向传统产业渗透。当传统领域与新一代信息技术连接并进行重构后，将加快推动传统制造业数字化、网络化、智能化的进程，进而衍生出诸多新模式、新业态，有利于支持传统产业的转型升级，推动传统产业的高质量发展。深化新一代信息技术与传统产业的融合发展，不仅可改变业务流程和管理模式，还将重新塑造产业链、价值链，改善产业生产率，提升产业附加价值，也将引发相关产业领域的重构，实现传统产业的个性化定制、智能化生产、网络化协同和服务化制造。

8.4 湾区数字经济的协同创新概况

协同创新是对创新资源和要素的有效汇聚，通过突破创新主体间的壁垒，充分释放人才、资本信息、技术等创新要素的整合与流动，共享科技成果和技术资源，减少资源的分割浪费和重复，能够提高社会的创新效率。换言之，协同创新能够突破学科、系统行业的壁垒，打破部门、区域，即体制的限制，促进创新要素向企业集聚，实现科技资源共享，推动科技体制改革深化。

东京湾区数字经济的协同创新发展离不开政府对湾区产业布局、港口分工的精密规划和产学研结合的政策引导。

1. 政府规范引导提升湾区协同创新发展合力

日本是政府主导型的国家，不同于旧金山湾区和纽约湾区主要依靠市场力量而成。东京湾区在发展过程中，重视政府的引导和规划工作，基本规划确定湾区城市功能和发展方向，事务规划落实具体的部署。从某种意义上看，在填海造陆等工程推动下，东京湾区可以被视为世界上第一个主要依靠人工规划缔造的湾区。

20世纪40—60年代，东京湾区以东京一极发展模式为核心，造成大城市病，东京圈信息和资源过度集中，抑制了周围地区发展。为了保证各城市的战略协作，60年代开始，东京湾区重视规划工作，以此促进区域间的协同发展。日本中央政府多次制定统一的湾区（都市圈）规划，核心目标就是致力于解决湾区一体化过程中的空间结构功能布局，以及因人口、资源和城市功能过度集聚引发的区域性问题，建立交通、环境、信息共享平台，并相应改革行政体系。规划实施不受行政区划限制，不划分具体城市等级，适用于所有城市。东京湾区共经历了战后首都圈整备计划、五次全国综合开发规划、五次首都圈基本规划以及首都圈大都市地区构想。这些规划为东京湾区土地规划、圈内城市功能定位和未来发展方向提供了全局指导，推动东京职能与产业向周边地区分散、转移，明确大城市的主导产业和大城市间的产业分工。1976年，《第三次首都圈基本规划》首次提出建设核心城市，分散东京职能。自此开始转移产业和人口，分散东京都职能，推进次中心的多功能集聚。东京核心区发展高端第三产业，多摩地区和千叶县发展为东京卧城，建设幕张副都心，疏散东京人口压力。神奈川和埼玉县接受东京一般制造业和物流业的转移，重点发展横滨和川崎两大城市；建设筑波科学城，疏解东京教育和科研职能，减少人口压力。最终形成以东京为核心、多个副都心为支撑的"多核多圈域"的空间发展模式。

在促进区域间协同发展的同时，政府还非常注重港口之间的规划和利益协调，对湾区各个港口进行整合，避免港口同质竞争。1951年日本政府颁布《港湾法》，规定由政府对整个国家港口发展的数量、规模和政策进行统一规划部署。1967年制定《东京湾港湾极化的基本构想》，东京港、千叶港和川崎港等7个港口被成功整合为"广域湾区"，采取港口合并策略，以改善港口基础设施不足、缓解恶性竞争。各港口虽然各自独立经营,但在对外竞争中是一个整体,这提升了东京湾区的整体竞争力,确保港口群的整体利益。

2."官产学研"结合促进湾区协同创新发展

协同创新意在大力推进高校科研院所、行业企业、政府以及其他中介机构之间的深度合作,探索适应于不同需求的创新模式,营造有利于创新的环境和氛围。协同创新是科技创新活动的新趋势,成为整合创新资源、提高创新效率的有效途径。

20世纪80年代,东京湾区已经处于知识技术密集型产业引领经济发展的阶段,这也使得东京湾区极需要大量知识技术人才和技术研究成果。自20世纪90年代,日本政府为推动科研成果产业化以及科学技术的发展,制定了一系列相关的法律法规。

(1)建立国家层面的区域研究中心和区域协同创新服务中心。在东京湾区区域创新体系初步成型阶段,湾区的协同创新主要是由国家主导建设点对点式的区域创新合作模式。1996年,日本科学技术振兴机构(JST)实施了区域研发中心扶持计划(RSP),建立起具有地方特色的产学官合作点,重点扶持那些具有市场转化潜力的技术研究成果;在区域研发中心扶持计划之后,文部科学省在2002年设立东海创新服务平台,并在2005设立了茨城协同创新服务中心,这些机构的设立推进了东京湾区的区域创新。

(2)国家和地方政府共同推动以区域集群为手段的创新网络。日本分别于2001年和2002年推出产业集群计划和知识集群计划,产业集群和知识集群的区域分布呈现出互补关系,由多个集群网络形成了覆盖湾区的区域创新网络。在地方政府的自主规划下,形成了以地方的大学和科研院所作为核心机构的知识集群,并且这些核心机构的计划运行费用均由国家和地方共同承担。这些研究型高校不仅仅为企业源源不断提供科技人员,也会将研究成果转让给企业,提高高校科研成果的转化率。除此之外,日本很多企业特别重视科技研究和技术创新,纷纷建立了本企业的研究所,比如像索尼、丰田等知名企业都有自己的研究所,这些都为东京湾区注入了创新活力。根据《2017年全球创新企业百强榜单》显示,日本位居榜首,总共有39家企业上榜,而其中有26家创新百强企业来自东京湾区,占日本上榜企业总数的67%。

(3)加强科技中介组织建设来实现创新资源共享和协同创新。1996年,日本政府颁布了《科学技术振兴事业团法》,将千叶县产业振兴中心、埼玉县产业振兴公社、神奈川县科学技术中心等这些事业团作为中介机构。这些科技中介机构对推动各地技术成果转化、产学官合作等发挥了一定的积极作用,是东京湾区创新体系的重要支撑。

(4)政策指导"产学研"结合,加强人才培养和成果转化。东京湾区内集聚了东京大学、早稻田大学、东京都市大学、横滨国立大学、庆应义塾大学等 120 多所大学，占日本大学总量的 20% 以上。多类型、多学科、多层次的大学集群，让高学历、高素质的高科技人才集中于东京湾区，为科技创新提供智力保障。20 世纪 90 年代以来，日本政府颁布了一系列法律法规，作为促进科技发展和科研成果产业化的制度保证。1998 年《大学技术转移促进法》的颁布实施，则促进了技术转移机构的诞生和发展，规定将促进高校科技转化作为突破口，建立大学科技转让机构。技术转移机构主要以公司法人形式存在，其职能是秉承"产学研"结合理念，负责挖掘、评估、选择具有产业潜能的研究成果，将大学的研究成果转让给企业，破解高校科技转化率低的问题。

8.5 湾区数字经济发展启示

作为主要依靠人工规划而建成的东京湾区，其所取得的成功经验值得我们学习借鉴。

（1）建设高效的交通基础设施。公共交通的便利性促成了东京湾区的城市网络效应。通过建设配套交通基础设施构建便捷的区域交通网络，能够使湾区内的物流、人才流、技术流以及资金流等都能在更短的时间内完成配置与投放，企业经营效率、人员工作效率也将因此大大提高。交通基础设施的建设势必带来巨大的投资回报。

（2）重视规划工作的科学性、适用性和持续性。湾区建设是个长期的复杂工程，规划工作在其中发挥着至关重要的作用。东京湾区的成功，离不开日本政府多次科学规划。日本五次综合开发计划、五次首都圈基本规划和首都圈大都市地区构想在其中发挥指导作用。正是有合理的规划作为引导，东京湾区的经济发展才能取得如此大的成就。

（3）加强区域协同发展。针对东京发展一极化的问题，日本出台了诸多政策，包括产业和相关配套服务的转移等，实现了产业转移和东京湾区的产业结构合理化。东京湾区在地方政府层面和行业层面分别设立东京湾港湾联协推进协议会、东京都港湾振兴协会等区域协调机构，从土地规划、城市功能定位到发展各个方面的具体指导，确保东京湾区各区域均衡增长、资源环境协调。

（4）构建有利于数字技术进步的发展环境。重视环境建设是湾区发展数字经济的重要经验，不仅从政策宏观层面，也从企业发展的微观层面不断推进数字技术进步的环境建设。一方面，为技术创新提供良好的政策及法律环境，制定和完善数字经济的相关产业政策，明确数字经济的战略目标及产业布局；制定加强数字技术的具体规划，积极推动数字技术在其他领域的应用，将实现信息传播的价值转移，创造新价值与新业态；制定信息标准，建立管理规范、技术规范及其他相关规范。另一方面，完善数字信息产业的监督管理机制，加强各部门之间的协调沟通，推动数字经济的规范化发展。

（5）建立"官产学研"合作模式，有效将科研成果转化为数字经济生产力。东京湾区的发展建立在发达的高等教育和强大的创新型企业之上，教育水平和科技创新能力对经济发展具有重要影响。政府构建以大学科研机构为支撑、以市场化为导向、以产业化为目标的机制，通过政策、经费等方式鼓励、引导企业与大学、研究机构等进行合作，共同完成技术创新研究，建立政府、企业、大学、研究机构合作的技术创新体系。

小结

本章介绍了世界著名三大湾区之一——东京湾区的基本情况、基本特征、湾区经济的发展情况及其数字经济的发展情况。东京湾区是日本经济、政治、物流商务、教育和文化中心，主导着日本城市和产业的发展，其数字经济的发展状况对其他湾区数字经济的发展建设有重要的指导和借鉴意义。本章运用湾区数字经济发展的三大理论对东京湾区数字经济发展空间结构状况、产业融合状况和协同创新状况进行分析，剖析东京湾区数字经济发展特点，总结东京湾区数字经济发展经验，为其他湾区数字经济的发展提出五点建议：建设高效的交通基础设施，重视规划工作的科学性、适用性和持续性，加强区域协同发展，构建有利于数字技术进步的发展环境，建立官产学研合作模式。

思考题：

1. 东京湾区的发展经历了哪几个阶段？
2. 简述东京湾区的主要特征。
3. 东京湾区经济发展情况如何？
4. 东京湾区数字经济的发展有何特点？
5. 东京湾区数字经济的发展得益于怎样的空间结构？
6. 试述东京湾区的产业融合过程。
7. 东京湾区数字经济的协同创新发展离不开哪些举措？

8. 东京湾区数字经济的发展带给我们的启示有哪些？

参考文献

［1］林勇，沈玲娣. 湾区之道：世界湾区经济发展模式比较研究［M］. 广州：广州出版社，2019.

［2］敖丽红，袁红清. 湾区经济发展理论与实践［M］. 长春：吉林大学出版社，2017.

［3］谢志海. 日本首都圈和东京湾区的发展历程与动因及其启示［J］. 上海城市管理，202029（4）：14-20.

［4］杜昕然. 湾区经济发展的历史逻辑与未来趋势［J］. 国际贸易，2020（12）：48-57.

［5］李奇霖. 东京湾区崛起的启示 [EB/OL].(2019-10-08)[2022-02-06].http://pdf.dfcfw.com/pdf/H3_AP201910081368165539_1.PDF.

［6］冼雪琳. 世界湾区与深圳湾区经济发展战略［M］. 北京：北京理工大学出版社，2017.

［7］蓝庆新，马蕊，刘昭洁. 日本数字经济发展经验借鉴及启示［J］. 东北亚学刊，2018（6）：56-60.

［8］张于喆. 数字经济驱动产业结构向中高端迈进的发展思路与主要任务［J］. 经济纵横，2018（9）：85-91.

［9］沈润森，潘苏. 探析东京湾区建设经验对粤港澳大湾区发展的启示［J］. 特区经济，2021（2）：32-35.

第 9 章

环杭州湾大湾区数字经济发展实践

学习目标

（1）了解环杭州湾大湾区及其数字经济发展情况。
（2）掌握环杭州湾大湾区数字经济发展的空间结构状况、产业融合状况和协同创新状况。
（3）了解环杭州湾大湾区数字经济发展重点。

9.1 湾区概况

2017年6月，浙江省第十四次党代会提出："谋划实施大湾区行动纲要，重点建设杭州湾经济区，加强全省重点湾区互联互通，大力发展湾区经济。"这是继粤港澳大湾区后，国内提出的又一重大湾区概念。环杭州湾大湾区是"一带一路"与长江经济带的重要交汇地带，依托长三角经济带，延射范围广，发展潜力巨大，综合实力强劲，是除粤港澳大湾区之外，国内可能再发展成为世界一流湾区的区域，在中国国家现代化建设大局和全方位开放格局中具有举足轻重的战略地位。

9.1.1 湾区基本情况

环杭州湾大湾区，又称环杭州湾区，是长江三角洲区域重要的经济板块，交通区位优越，战略地位突出。

从地理学角度来看，杭州湾作为地理专用名词早已存在。地理上的杭州湾位于北半球太平洋西岸、中国大陆海岸线中段。它西起海盐县澉浦镇和慈溪之间的西三丰收闸断面，与钱塘江水域为界，东至上海扬子角—宁波镇海连线，与舟山、北仑港海域为邻，南连宁波市，北接上海市和嘉兴市。

从区域经济角度来看，杭州湾区的范畴、内涵等则有不同理解。从大口径的角度来看，环杭州湾大湾区包括2016年国务院批准的《长江三角洲城市群发展规划》中

第9章 环杭州湾大湾区数字经济发展实践

沪浙苏皖三省一市在内的 26 座城市，国土面积 21.17 万平方千米，2016 年地区生产总值 14.71 万亿元，总人口 1.5 亿，分别约占全国的 2.2%、18.5% 和 11.0%；从小口径的角度来分析，环杭州湾大湾区以我国唯一的河口型海湾——杭州湾为中心，位于我国东部沿海的中段，面向东海，一头连接陆上丝绸之路、一头连接海上丝绸之路，是我国长江经济带、长江三角洲城市群、长三角一体化与"一带一路"等多重国家部署的交汇点，北有我国经济中心上海，西有互联网创新创业之都杭州，南有重要制造基地、开放城市宁波，包括了上海、杭州、宁波、嘉兴、绍兴、湖州、舟山等城市。本书所指的环杭州湾大湾区，主要包括上海、杭州、宁波、嘉兴、绍兴、湖州、舟山等城市，即以上海为龙头，杭州、宁波为两大中心城市，嘉兴、绍兴、舟山构建三大协同空间，"1+2+3+X"的空间布局的湾区，总面积 4.614 万平方千米，2016 年末常住人口 5183 万，地区生产总值 5.68 万亿。

早在 2003 年，浙江省人民政府制定印发的《浙江省环杭州湾产业带发展规划》已明确提出，浙江省环杭州湾地区是以上海为龙头的长江三角洲地区的重要组成部分，包括杭州、宁波、绍兴、嘉兴、湖州、舟山 6 市，由此拉开了环杭州湾地区大发展序幕。2005 年浙江省出台《浙江省环杭州湾地区城市群空间发展战略规划》，首次提出了环杭州湾地区的发展规划。2009 年，根据《加快开发建设宁波杭州湾新区的决定》，宁波杭州湾新区定位为"国家统筹协调发展的先行区、长三角亚太国际门户的重要节点区、浙江省现代产业基地、宁波大都市北部综合性新城区"。2017 年 6 月，浙江省第十四次党代会上，浙江省第一次明确提出："要谋划实施'大湾区'建设行动纲要，重点建设杭州湾经济区，支持台州湾区经济发展试验区建设，加强全省重点湾区互联互通，大力发展湾区经济。" 2017 年 7 月 12 日，浙江省党政代表团赴上海考察访问时，提出与上海共同谋划推进环杭州湾大湾区建设。

环杭州湾大湾区区位条件非常优越，具有发展湾区经济得天独厚的地理优势。湾区水陆交通完善，湾区港口十分发达，集中了上海港、宁波舟山港、北仑港等多个世界级港口，是亚太地区最重要的港口群之一，也是国际少有的江海联运的枢纽。北岸为长江三角洲南缘，南岸为宁绍平原，拥有长三角城市群和长江经济带广阔的腹地，湾区经济可持续发展能力和支撑能力突出。环杭州湾大湾区亦是浙江大湾区的重要发展区，是"一带一路"倡议和长三角经济带的共同发展区，本身具有独特的区位条件、良好的港口环境、完备的交通基础设施、灵活的制度体系等一系列有利于发展成为世界级湾区经济的优良基础和条件。因此，环杭州湾大湾区可以作为我国对外扩大开放、参与世界经济竞争与合作，对内辐射带动内陆经济发展的理想集散地。打造环杭州湾大湾区对提高长三角城市群一体化水平和国际竞争力有着非常重要的作用。

9.1.2 湾区基本特征

同国际典型湾区相比，环杭州湾大湾区同样具有区位优势明显、港口条件良好、城市群基础雄厚、交通设施较为完备、体制机制灵活等特征，具备建设一流湾区的基础条件。

1. 区位优势明显

杭州湾地处我国沿海开放带、长江经济带、长江三角洲城市群与"一带一路"等多重国家战略的交汇点，是国内唯一河口型海湾，其北岸为长江三角洲南缘，南岸为宁绍平原，拥有长三角城市群和长江经济带重要腹地，包括上海、杭州、宁波、嘉兴、绍兴、温州、台州等市，人流、物流丰沛，多式联运发达，与"一带一路"沿线国家往来密切。上海是全球金融中心和改革开放的窗口，拥有巨大的资本优势和政策优势，将作为环杭州湾大湾区的发展核心与优势。杭州拥有阿里巴巴总部，是具有世界影响力的"互联网+"创新创业中心，新一代智能化技术的信息产业在杭州蓬勃发展。宁波是重要的港口城市和制造业重镇，也是国际化港口名城和"中国制造2025"首个试点示范城市产业发展战略。环杭州湾大湾区是长三角一体化高度发展的产物。

2. 深水良港密集

环杭州湾大湾区位于国际西太远洋航线及我国东部沿海中部，海上丝绸之路和长江经济带交汇处，地处钱塘江入口、我国东部沿海与长江交汇点，将长江和海洋连接在一起，空间广阔，人口众多，已是世界较为重要的海港和航空枢纽，是世界进入中国的主通道之一，是国际少有的江海联运的枢纽点。这里港口密集、通江达海、畅通五洲，兼具陆海联运之势，拥有23个港口、21个机场、40座大型桥梁以及密集的高铁、高速公路网络。湾区拥有上海港和宁波舟山港两个世界级超级大港，港航物流优势突出。上海港作为我国最大的港口，货物和集装箱吞吐量居世界前列，拥有远洋、沿海、长江、内河等各种运输方式。宁波港货物吞吐量居世界前列。2017年上半年，上海港集装箱吞吐量全球第一，宁波舟山港货物吞吐量全球第一、集装箱吞吐量位居第三。特别是于2017年12月10日开港的上海国际航运中心洋山港四期码头，实现了自动化程度最高的无人装卸码头，被称为"魔鬼码头"。2017年12月27日，宁波舟山港成为全球首个年货物吞吐量超10亿吨的大港，年货物吞吐量连续9年位居世界第一，提前3年实现"十三五"规划的目标。

3. 城市群发达

环杭州湾大湾区土地面积广阔，常住人口众多，拥有长三角城市群和长江经济带作为重要腹地，强大的城市依托成为湾区经济发展的重要支撑力。根据2016年5月国务院批准的《长江三角洲城市群发展规划》，长三角城市群包括：上海，江苏省的南京、无锡、常州、苏州、南通、盐城、扬州、镇江、泰州，浙江省的杭州、宁波、嘉兴、湖州、绍兴、金华、舟山、台州，安徽省的合肥、芜湖、马鞍山、铜陵、安庆、滁州、池州、宣城等26市。环杭州湾大湾区以上海为龙头，以杭州、宁波为中心城市，舟山、嘉兴、绍兴、温州、台州等市协同发展，"1+2+3+X"的城市群格局基本形成，成为环杭州湾大湾区强大的城市群依托。

4. 交通体系较为完备

环杭州湾大湾区基础设施较为便捷通达，杭州湾跨海大桥、舟山跨海大桥、象山港大桥以及沪杭高速、杭甬高速、杭甬高铁等跨域通道建成投用，沪甬跨境高铁正在规划建设。湾区依托宁波杭州湾跨海大桥、嘉绍大桥和正在规划的杭州湾跨海二通道、杭甬高速复线、宁波至新区城际铁路等大型交通设施，可与周边城市群实现"同城化"发展，进而促进湾区空间格局更加紧密，湾区南北的"同城"效应初显。湾区拟在靠近杭州湾水域再建一条环杭州湾高速公路，沿杭州湾南岸由西往东，途经杭州、绍兴、宁波三地，并间接联系舟山，与嘉绍大桥、杭州湾跨海大桥相接，与现有的杭甬高速公路南北呼应，沿湾城市已初步建立起高效、网络化的交通布局。

5. 体制机制灵活

环杭州湾大湾区开放型经济发展条件得天独厚，集聚了一大批国家级经济开发区，是国家重大改革先行先试的重点区域，拥有浦东新区、舟山群岛新区两大国家级新区和上海、浙江两大自贸区。上海是国际经济、金融、航运和贸易中心；杭州是国家自主创新示范区和国家级跨境电商综合试验区；宁波是全国首个"中国制造2025"试点示范城市、国家保险创新综合试验区和"一带一路"建设综合试验区。湾区内分布有上海临港新城、嘉兴港区、海宁连杭经济区、海盐经济开发区、杭州下沙经济开发区、大江东产业集聚区、萧山经济技术开发区、绍兴滨海新城、杭州湾新区、宁波经济开发区等若干个新功能区，开放创新已形成集聚效应。多重国家战略叠加，为湾区深化改革、扩大开放创造了良好的发展条件。同时，长三角合作与发展联席会议、浙东经济合作区等跨区域合作机制运行多年，积累了一定的经验，为杭州湾经济区的建设打下了良好的基础。

9.1.3 湾区经济发展情况

环杭州湾大湾区是中国新一轮发展的重要增长极,无论从经济总量还是从发展条件看,环杭州湾大湾区综合实际强劲,初步具备成为世界一流湾区的发展实力。

1. 综合经济实力强劲

环杭州湾大湾区是我国重要经济区之一,2016年地区生产总值达0.94万亿美元,超过世界第十六大经济体印度尼西亚8619亿美元的规模,是纽约湾区地区生产总值的59%、东京湾区的63%,超过旧金山湾区。湾区地区生产总值占全国比重达8.42%,与纽约湾区占美国国内生产总值比重大致相当。湾区内有上海、杭州、宁波三大地区生产总值居全国前列的巨型城市,又拥有舟山群岛、浦东两大国家级新区,呈典型的雁阵发展模式,上海处于雁阵的第一梯队,杭州、宁波处于雁阵的第二梯队,其余各市属第三梯队,人均国内生产总值迈入全球中等偏上收入行列。湾区内各城市发展水平大致均衡,贫富差距远小于粤港澳大湾区。湾区的互联网电商等产业高度发达,传统贸易已向资本、技术、服务和品牌输出转变。

2. 港口群和港口物流发展具有显著优势

环杭州湾大湾区在港口和物流业发展上具有显著优势,能提供湾区经济发展的基本动力。环杭州湾大湾区南北两岸分别拥有集装箱吞吐量排名世界第一的上海港和排名第三的宁波舟山港,港口盈利能力突出。2017年12月开港的上海洋山深水港区四期全自动化集装箱码头,进一步响应"一带一路"倡议,服务地区对外贸易。同时,上海物流业发达,拥有全国数量最多的公路、长途货运线路,是中国最大的物流中心。宁波舟山港得益于一体化的管理与运营,在2017年货物吞吐量超10亿吨,成为首个货物吞吐量超10亿吨的大港,连续9年蝉联全球第一,同时承担长三角90%的外贸原油进口。针对多式联运短板,舟山成立江海联运服务中心,旨在2020年前基本建成高效、健全的江海联运服务体系。

3. 基础设施较为便捷通达

跨海大桥、高速、高铁等跨区域通道陆续建成使用,沿湾城市已初步建立起高效、网络化的交通布局,促进了湾区空间格局的紧密性加强,湾区南北的"同城"效应初显,与周边城市群实现"同城化"发展。截至2016年底,浙江省公路通车总里程达11.9万千米,其中高速公路占4062千米。浙江实施"1210"交通强省行动,集中力量建设高速铁路、高速公路、机场、轨道交通和内河航道等重大项目,进一步完善省际省域通道网络。环杭州湾大湾区对湾区内外的辐射影响力将进一步增强。

4. 产业集群发达，产业演进加快

从环杭州湾大湾区的产业群来看，这里是国家定位的我国综合实力最强的经济中心、亚太地区重要国际门户、全球重要的先进制造业基地、我国率先跻身世界级城市群的地区。湾区制造业基础雄厚，门类齐全，钢铁、石化、汽车、造船、装备、纺织等产品的规模、技术水平、品牌优势等远高于珠三角和其他地区，传统产业集群十分发达，正加快向全球价值链中高端演进，已具备"培育若干世界级先进制造业集群"的条件。

5. 金融与投资发展迅猛

金融作为实体经济的命脉，是核心竞争力，也是湾区经济发展的关键支撑。作为环杭州湾大湾区核心城市的上海，也是全国金融中心，金融规模庞大，金融环境、金融效率和国际化等方面正与世界级金融中心不断缩小差距。上海（中国）自由贸易试验区自设立以来形成了更加开放的金融市场体系和金融机构体系，金融市场方面已设立上海保险交易所、上海票据交易所、上海国际能源交易中心、中欧国际交易所，启动了"沪港通"等，金融机构发展方面已汇聚了以金砖国家新开发银行为典型代表的一大批各类国际性的金融机构。金融创新投资在上海和杭州的发展迅猛，2017年毕马威全国金融科技公司50强榜单中有接近一半的公司来自大湾区，如上海的陆金所、快钱，杭州的蚂蚁金服、51信用卡等都领先榜单。此外，宁波是首个国家保险创新综合试验区，其目标是通过创新驱动现代保险服务业发展，为全国保险业服务社会经济发展提供可复制、可借鉴的经验。因此大湾区在金融及其创新领域具有一定的先发优势。

6. 人才汇聚与科研创新突出

湾区经济发展最基本的要素是人才，而人才的培养主要依靠教育。环杭州湾大湾区教育发达，人才聚集，高校数量众多，5所高校进入"985工程"，11所高校进入"211工程"，7所高校进入"双一流建设高校"，同时科研实力位居全国前列，年度全国科研经费排名前100的高校中有12所位于环杭州湾大湾区，高等教育和科研实力强劲。上海的人力资源开发水平已经跻身国际大都市先进行列，已成为广受欢迎的留学目的地和国际教育交流中心城市，在上海就读的国际生总数已达12万人，人口平均受教育年限达到12.5年，受高等教育人口比例达到40%。浙江也在加强对高等教育的发展，在办学体制机制、学科专业机构水平、人才培养模式和质量等方面都有显著的提高。更重要的是，这里已成为新零售、新产业、新技术、新金融、新资源的创新之地，成为以大数据、智能化为聚焦点的新一轮科技革命和产业革命的先行之地。

9.1.4 湾区经济发展面临问题

虽然环杭州湾大湾区的经济发展取得了一定的成效,但也面临着以下问题。

1. 发展理念问题

环杭州湾大湾区在以往的发展过程中"重发展,轻保护",现有的加工制造业基地以及重型化工能源产业将持续对区域的土壤、水和空气造成一定程度的污染,这将导致未来的治理成本高昂。此外,大湾区沿海地区无序开垦、围海造田等正在破坏湾区原有的自然环境与生态结构,这些也将成为未来长期发展的隐患。根据生态环境部公布的《2016中国近岸海域环境质量公报》显示,环杭州湾地区滨海湿地生态系统状况堪忧,上海浙江沿海海域水质为极差级别。

2. 城市间无序竞争、要素自由流动存在行政壁垒

环杭州湾大湾区包括了两个省级行政区:上海和浙江,浙江省内又包括杭州、宁波、嘉兴、绍兴、湖州、舟山6个地级市,而各城市内又有县市区等划分;这种行政分割在一定程度上导致了生产要素无法充分自由地流动,生产要素只服务地方不服务区域。现行的政府管理机制使各地只关注本地的指标考核,地方保护主义盛行,这些情况造成了要素利用率低下、资源浪费严重。此外,大湾区内各地的公共资源分配不均,公共服务差异明显,办事效率参差不齐,也阻碍了湾区经济一体化发展。

3. 产业结构同质化和过度依赖以土地要素为中心的增长模式

从产业构成来看,环杭州湾大湾区制造业所占比重较大,大湾区内拥有一批成规模的制造产业集群,如杭州的装备制造、宁波的服装、余姚的塑料、慈溪的家电、海宁的皮革、嘉善的木业、平湖的光机电、舟山的船舶制造、萧山和绍兴的化纤纺织等。部分传统制造业存在着结构层次相对偏低、技术创新能力不强、发展模式相对传统、生产资源要素制约等问题,产业发展后劲严重不足。

开发区模式是环杭州湾大湾区经济增长最强大的支撑,在大湾区内大量开发区以土地为中心整合营商环境,利用税收政策形成了产业集聚。但为数众多的开发区重复引进相似产业,在功能定位、政策引导等方面趋同,导致产能过剩和资金沉淀、资产流动性降低,产业结构同质化严重,削弱了区域整体竞争力。此外,现行的土地融资模式导致各地房地产抵押贷款数额增加,房地产泡沫带来的金融风险上升;土地财政政策使政府深度干预资源分配,市场主导机制下降,资金分配效率难以保证。

4. 城市发展水平不平衡

我国城市发展起步较晚,发展水平相比发达经济体仍旧落后,环杭州湾大湾区的

城市中只有上海跻身全球城市经济排行榜前列。上海作为核心城市的区域引领作用明显,但城市间发展水平差别同样明显。无论从地区生产总值规模、商业资源占比、国际地位等各方面及在各项经济统计数据上,上海都遥遥领先湾区内其他地区。改革开放以来,基础设施特别是交通建设大力推进,杭州湾跨海大桥、舟山跨海大桥、东海大桥等湾区通道的开通使湾区南北两岸的经济联系相比以前更加紧密,逐步减轻了城市地理距离对城市之间互联互通的制约,但是公共交通基础设施仍然无法满足地方经济的发展,县域经济发达的环杭州湾大湾区仍旧需要更多更好的公共交通基础设施,如城际轨道交通、BRT 等。除基础设施建设外,大湾区内各城市的城市功能也不完善,教育、卫生、体育、文化资源配置不平衡,城市管理水平低下,影响了城市经济发展要素的聚集能力。

9.1.5 湾区数字经济发展情况

环杭州湾大湾区数字经济经过多年发展,成效显著、势头强劲,在数字产业培育发展、产业数字化转型、新业态新模式创新、数字基础设施建设等方面走在全国前列,形成引领长三角、领跑全国的发展格局。大湾区的云计算、大数据、物联网等新一代信息技术产业的发展在全国处于领先地位,人工智能、区块链、数字文创等新兴领域发展迅猛;跨境电商、新零售、移动支付等新业态新模式创新活跃,已成为我国乃至全球数字贸易、数字金融发展的风向标;大湾区智慧城市治理与智慧民生服务不断深入推进,特别是杭州城市大脑为世界提供数字治理的城市范本。

无论在数字产业培育、产业数字化转型、新业态新模式创新,还是城市数字化治理等各方面,杭州都可以作为环杭州湾大湾区数字经济发展的典型代表。

杭州与数字经济结缘已久。杭州自古以来就是长三角的经济重镇,改革开放以来,民营经济与外向经济尤为发达,诞生了万向、传化、西子联合等一批知名企业。同时,杭州传统经济发展方式面临增长速度换挡、结构调整阵痛等"成长的烦恼",城市经济增长乏力。本世纪初,杭州市委市政府隆重召开技术创新大会,确定今后一个时期杭州市技术创新工作的目标任务,作出"实施一号工程,建设天堂硅谷"的战略部署。2012 年前后,杭州市经济率先进入新常态。由于杭州多年来形成了以文化创意、旅游休闲、金融服务、电子商务、信息软件、先进装备制造等为代表的产业结构,工业投资不足,缺少战略性新兴产业、高新技术产业布局,影响其经济发展后劲,导致杭州在国内的位次出现了严重下滑,不断被成都、武汉、无锡、南京、大连等城市赶超,且有进一步下滑的态势。为应对经济新常态,加快城市转型发展,杭州市于 2014 年提出了以发展信息经济、推动智慧应用为主要内容的"一号工程",期待以此带动整个杭州经济转型升级。"一号工程"的核心内容正是发展数字经济、推动智慧应用。随着信息经济步入数字驱动发展的新阶段,以数据为关键要素的数字经济已成为全球经济增长最重要驱动力。2018年12月,杭州基于对形势的客观判断和现实的理性思考,提出打造全国"数字经济第一城"的新目标:全面推进数字产业化、产业数字化、城市数字化"三化融合"发展,实现人产城、数产城深度融合,打造全国数字经济第一城,建设成为具有国际一流水平的全国数字经济理念和技术策源地、企业和人才集聚地、数字产业化发展引领地、产业数字化变革示范地、城市数字治理方案输出地。自"一号工程"实施以来,经过多年发展,杭州数字经济表现亮眼,杭州数字经济年平均增速保持在20%以上,数字经济增加值占全市经济总量超25%,对全市经济增长贡献率超过50%,已成为名副其实的数字经济领军城市。

总体来看,杭州数字经济发展情况较好,可以在技术创新、产业、应用、基础设施四大领域"多点开花"。

1. 技术创新不断突破

企业创新活力迸发。以阿里巴巴、海康威视为代表的龙头企业表现出超强的研发实力。在美国权威科学杂志《麻省理工科技评论》发布的2017年全球十大突破性技术榜单中,阿里巴巴分别入选"强化学习"和"刷脸支付"两大突破性技术榜单。为谋划前沿科技,2017年10月,阿里巴巴斥资1000亿元,宣布正式成立达摩院。根据公开资料显示,在短短两年时间内,达摩院在国际顶级学术会议上发表了近450篇顶级论文,并在国际顶级技术赛事上获得了40多项世界第一。阿里云ET城市大脑入选国家新一代人工智能开放创新平台,努力打造我国人工智能先发优势。截至2018年,海康威视凭借创新的前瞻性技术以及由其转化出的全球领先的应用技术和产品,已连续7年蝉联视频监控行业全球第一。此外,网易、浙大网新、中天微、中控集团等一批创新型企业纷纷在云计算、人工智能、虚拟现实、区块链等新一代信息技术上积极抢占先机。

大院大校创新能级攀升。杭州市拥有浙江大学、西湖大学、浙江工业大学、杭州电子科技大学等高校,中国电子科技集团公司第52研究所、广电所等科研院所。2018年1月,浙江大学获批总投资超20亿元的国家重大科技基础设施,成为首个在浙江省建设的国家重大科技基础设施项目。同年8月,由社会力量举办、国家重点支持的非营利性的新型高等学校西湖大学迎来"开学第一课",秉持"求知、探索、厚德、担当"的态度进一步拓展人类知识的前沿和边界。9月,浙江省首批21家新型智库名单公布，浙江大学公共政策研究院等13家智库被列为浙江省新型重点专业智库，浙江大学金融研究院等8家智库被列为浙江省重点培育智库。创新主体多元，创新要素集聚，浙江省核心技术自主创新基础进一步夯实。

2. 产业集群持续壮大

积极推进数字产业化。杭州在数字产业化方面具有超前"嗅觉"，敏锐洞察到云计算、人工智能、区块链等未来产业的气息，2018年1月超前出台《杭州市人民政府关于加快推动杭州未来产业发展的指导意见》，在云计算、大数据、物联网（数字安防）、人工智能、区块链、虚拟现实等前沿产业全面发力，实现新一代信息技术产业全面布局，并取得显著成效，为全国提供了70%以上的云计算能力。2018年上半年，全市新设区块链技术研发型企业359家，同比增长25倍；人工智能相关企业176家，同比增长6倍；机器人研发制造销售企业236家，同比增长77.4%。杭州数字经济前20强企业更是占据全市数字经济营收总量的半壁江山。2021年2月，杭州获批建设国家人工智能创新应用先导区。这是杭州数字经济领域斩获的又一块国家级招牌，意味着杭州将进一步加大人工智能技术在城市管理、智能制造等方面的应用，为全国人工智能创新应用提供杭州样本。

大力推动产业数字化。杭州着力推动传统产业依托数字化实现转型提质增效，于2017年印发《杭州市"企业上云"行动计划》，重点推进包括中小企业信息化的"移动化"改造行动、工业企业上云行动等在内的八大专项行动，通过深化"互联网+"融合应用，走出了一条从"机器换人"到"工厂物联网"再到"企业上云""ET工业大脑"的智能制造之路，打通了新一代信息技术和实体经济深度融合的"任督二脉"。产业数字化的崛起让杭州拥有了世界级智造带，涌现了一批诸如中策橡胶、吉利汽车等"上云"典型。根据统计，2017年1—10月，浙江全省新增企业上云108 481家，其中杭州新增企业上云数就有41 153家，占全省新增数的37.9%，超额完成浙江省下达的目标任务，总量、增速和比例等指标在全省均遥遥领先。未来产业超前布局，传统产业加速转型，浙江省数字经济产业集群进一步壮大。

3. 增值应用全面深化

创新消费互联网应用。杭州电子商务、跨境电商、新零售、移动支付、分享经济等新业态新模式创新活跃。杭州集聚了全国超1/3的电商平台，实现全国85%的网络零售和60%的B2B交易。依托全国首个跨境电商试验区——中国（杭州）跨境电子商务综合试验区、全球首个"eWTP实验区"优势，积极打造"新零售之都"，盒马鲜生、天猫无人超市、天猫小店、无人餐厅等新零售业态层出不穷，成为业界标杆。2017年支付宝发布全民账单显示,杭州全年支付宝平台上移动支付占比高达84%,创下新高,跑赢全国,"移动支付之城"实至名归。2017年12月,在首届钱塘江论坛上,杭州宣布打造全球金融科技中心,涌现了以网商银行为代表的互联网金融、以玉皇山南基金小镇为代表的金融特色小镇等创新模式,以互联网金融为代表的新金融发展驶入"快车道"。之江实验室、城西科创大走廊、云栖小镇等一批未来产业发展平台落地,科大讯飞、商汤科技等人工智能龙头企业相继落户;人才流入持续位居国内前列,涌现出阿里系、浙大系、海归系、浙商系的"新四军"创新创业群体;云栖大会、2050大会已经成为观察国内数字经济发展新风向的重要平台。

推动政务互联网应用。自2016年浙江省委经济工作会议上首次提出"最多跑一次"的改革以来,杭州积极响应,为加快"最多跑一次"进程,进一步落实"互联网+政务服务"的多证联办商事登记制度改革,杭州以打造"移动办事之城"为目标,全面深化政务互联网应用,着力优化公共数据大平台建设,全面推行政务服务事项网上办,在全国率先推出"1+N+X"多证合一、证照联办和"商事登记一网通"措施,全面启动投资项目在线审批监管平台,公民个人事项"简化办、网上办、就近办"扎实推进。根据统计,2017年杭州全市累计归集59个部门289.13亿条政务数据,在打破信息孤岛方面取得了实质性进展。消费互联网应用优势持续放大,政务互联网应用优势逐步培育,浙江省新一代信息技术与国民经济和社会发展各领域的增值应用进一步深化。

4. 基础设施加速夯实

宽带速率持续提升。2016年工业和信息化部在全国启动了增设第二批国家级互联网骨干直联点的申报工作,并于同年11月9日正式批复同意设立杭州国家级互联网骨干直联点,2017年6月6日,杭州直联点圆满建成并开通试运行,这标志着杭州乃至浙江省数字经济建设具备了关键的网络节点支撑。根据宽带发展联盟发布的《中国宽带速率状况报告》显示,在各直辖市与省会城市中,杭州的固定宽带网络忙闲时加权平均可用下载速率排名从2016年第四季度的第17位,上升至2018年第二季度的第4位。

网络覆盖水平领先。2012年,杭州在全国率先推出4G网络商用体验,成为全国首个跨入4G时代的城市;G20峰会期间,更是率先推出Pre5G技术,并围绕以5G为代表的新一代数字经济基础设施建设,制定出台了5G产业发展规划和产业发展政策,加大5G商用和产业化,推进国家(杭州)新型互联网交换中心建设。截至2019年底,全市已建成5G基站1.21万个,5G网络规模、数量均居国内城市前列;共有数据中心58个,投产运营机柜45 494个,在建、拟建数据中心16个;IPV6设备覆盖率100%;

城域网出口带宽达到 9.3T；supET 入选工信部十大跨行业、跨领域工业互联网平台。2017 年度浙江互联网发展报告显示，截至 2017 年 12 月，浙江省网民规模达到 3956 万人，互联网普及率为 70.8%，高出全国平均水平 15%，其中，杭州网民数量居各市之首，达到 795.6 万人。数字高速公路日益畅通，通达范围持续扩大，浙江省数字基础设施进一步夯实。

9.2 湾区数字经济的空间结构状况

环杭州湾大湾区以上海为龙头，杭州、宁波为两大中心城市，嘉兴、绍兴、舟山构建三大协同空间，形成"1+2+3+X"的空间布局。当然，在不同条件、不同时期下，大湾区的空间结构经历了一个演变的过程。

从不同的交通条件来看，环杭州湾大湾区的空间结构演变经历了水运、铁路、公路和综合交通四个时期。

1. 水运时期

环杭州湾大湾区地理区位优越，具有发达的水源，临海靠江。在传统水运时代，属于繁华的地区。上海位于太平洋西岸，亚洲大陆东沿，中国南北海岸中心点，长江和黄浦江入海汇合处。北界长江，东濒东海，南临杭州湾，西接江苏和浙江两省，成为主要对外通商的口岸与南北客货运的交汇点。杭州虽然靠近大海，但由于钱塘江航道太浅、波浪过大，而且杭州湾内沙洲遍布，杭州未能成为当时对外通商的主要港口，在当时主要依靠京杭大运河发展。嘉兴、湖州也依靠京杭大运河发展，而其他小城市基本还处于较低的城市发展水平。舟山当时还只是一个相对封闭的小渔村。该时期城市规模小，发展缓慢，城市主要以有限的水运为联系的基础，处于分散发展阶段。

2. 铁路时期

随着经济的发展和交通技术的进步，铁路得到了快速发展，成为城市之间最重要的联系方式，位于铁路沿线的城市迅速兴起。城市之间经济联系也随着铁路的发展而得到了加强，这一时期的城镇群开始出现了沿铁路轴线分散增长的特征。铁路沿线开始不断出现大大小小的客货运站，带动了一些商贸城市的发展。虽然铁路的发展带动了城市的发展，但由于火车运速低、运量小，对城市的经济带动作用有限，对整个环杭州湾地区而言，城市之间还处在分散发展的阶段。不过上海的集聚作用还是因铁路发展而得到进一步的增强，成为长三角的交通中心，南北物流集中在上海，使上海一跃成为中心城市。

3. 公路时期

高速公路建成以后，极大地缩短了区域内的时空界限，加强了各个城市之间的联系，原本相对独立的"城市点"也被"高速公路轴"连接起来，逐步形成城市群。与此同时，以水运主导的城市发展因子渐渐衰落，杭州湾慢慢成为钱塘江两岸城市联系的障碍。而高速公路成为新的城市发展影响因素，对城市的影响从沿路线性影响转变为点对点的轴化影响。杭甬高速、杭浦高速、沪宁高速等高速公路的修建，强化了环杭州湾城市群的联系。以上海为重点的上海—杭州—宁波环杭州湾轴线开始凸显出来，成为区域的交通廊道、经济廊道、空间廊道。

4. 综合交通时期

公路、铁路、水运、航空综合交通的发展，使得交通网络更加完善。环杭州湾城市群之间的联系形成了以沿沪宁铁路、沪杭高速、嘉湖杭高速、沪杭甬高速等几条路线为轴线的城市群，同时省道、国道、县道等使得该地区交通线纵横交错，覆盖整个大湾区，构成大湾区高度发达的城市网络与经济空间结构，环杭州湾大湾区处于"井"字状的交通网络上，主要形成以上海为龙头，杭州、宁波为次，各中小城市等级的环杭州湾大湾区城市群等级结构体系。

随着区域交通网络的发展，环杭州湾大湾区的城市体系与经济空间结构随之发生变化。

1）城市群空间结构变化

由于区域交通网络得到发展，环杭州湾大湾区城市群的空间结构由原来的以上海为中心、上海—杭州、杭州—宁波为两轴的"一心两轴"空间格局发生变化。首先，上海通过快速交通网络的基础扩大了自己在环杭州湾大湾区的影响范围，其龙头作用更加明显。其次，跨杭州湾大桥的建成，打破了杭州湾形成的天然阻隔，直接加强了上海与宁波的交通联系，改变了宁波在环杭州湾地区交通末端的地位，上海—宁波将成为一条新的区域城市发展主轴线。再次，新的杭浦高速公路的建成，使得杭州与上海浦东之间的联系更加紧密，两个城市的轴心进一步强化。最后，区域交通的完善，使得各级中小城市可以加强与其他城市之间的联系，打破之前交通死角的僵局，成为新的发展契机。例如，嘉兴位于杭州湾北部，上海与杭州中间位置，同时受上海、杭州两大城市辐射，被两大城市离心化，出现了被动的局面，发展速度较慢，而跨杭州湾大桥的建成，使得嘉兴的这种尴尬局面有望打破。随着区域经济的发展，沿交通通道的轴线集聚与扩散是城市群空间扩展最普遍的形式。在新的快速交通设施条件的影响下，环杭州湾大湾区城市群的空间结构将发生转变，以环杭州湾城市连绵区为基础，

第9章 环杭州湾大湾区数字经济发展实践

由轴线形向环形放射状城市群空间结构发展。

2）都市区的重新整合

交通基础设施是环杭州湾大湾区经济发展与空间结构演变的重要支撑，区域中心城市的快速发展与其较为完善的交通设施和发达的交通网络的支持密不可分。在上海、杭州、宁波三方的相互作用下，都市区也必然发生变化。对上海而言，其往杭州方向和宁波方向的集聚发展就像两条手臂，不断地深入浙江省腹地，成为有利纽带。但总体而言，上海—宁波方向的作用力由于地理条件和基础设施等的限制，发展远比至杭州方向薄弱得多，因此上海—杭州—宁波方向还将是主要的发展轴，但同时发展轴上的都市区也将重新整合在一起，以适应新的发展。比如靠杭州湾跨海大桥的嘉兴、嘉善、平湖等城市由于更容易受上海辐射的影响，成为以上海为中心、居杭州湾北侧的一大都市区，而湖州、杭州、绍兴等城市成为杭州湾西边的都市区，宁波、舟山等城市成为杭州湾南侧的一大都市区，三大都市区之间相互融合、相互作用，连绵成环杭州湾地区的城市带。

从地理空间格局来看，环杭州湾大湾区打破单中心格局屏障，实现多中心发展。

20世纪90年代以来，上海凭借其海陆双重交通优势成为我国改革开放阵地与对外交流纽带，经济迅速发展，不断吸引着上海周边地区向其输入资金、技术和劳动力等资源，形成了类似于"中心—外围"的圈层结构。然而，随着要素禀赋结构和市场化改革的推进，上海有限的生产资源已经无法与其日益增长的物质需求相匹配，上海自身产业结构在不断优化升级。与此同时，周边如杭州等城市在与上海开展合作的过程中，经济潜力逐渐得到开发，信息技术和智能制造等产业迅猛发展，大湾区内部产业经济逐渐以"雁行形态"的演化过程，沿着公路、铁路等重要交通要道从上海向浙江乃至长三角外围地区转移，上海单中心的发展格局也逐渐被打破，最终推动区域形成"多中心"互动融合的发展态势。

现今，在经济全球化和一体化的推动下，产业在环杭州湾大湾区范围内全面"开花"，大湾区整体已经形成了以国际大都市上海为龙头，以杭州、宁波为两大中心城市，以嘉兴、绍兴和舟山三个较大城市为核心，辐射周边地区的"1+2+3+X"的跨区域空间网络布局。

（1）上海。作为改革开放前沿阵地，上海凭借良好的江海港口资源和资本优势，实现了经济的持续高效发展，已然成为全球金融中心和国际贸易中心，稳居大湾区城市龙头。

（2）杭州。依托京杭大运河和通商口岸的便利，杭州一直是重要的商业集散中心。21世纪以来，随着阿里巴巴、海康威视和网易等知名信息企业的快速崛起，互联网逐渐成为杭州新的经济增长点，"世界电商之都""移动支付之城"也成为杭州代名词。

（3）宁波。作为中国大运河南端出海口以及"海上丝绸之路"东方始发港之一，宁波港口已经成为其最大最重要的发展资源，"以港兴市、以市促港"也一直是其最为核心的发展战略。当前，宁波作为世界吞吐量第一大港，先进制造业与生产性服务业形成集聚发展规模。

环杭州湾大湾区空间结构的演变也在推动数字经济的发展，杭州作为数字经济发展的典型代表城市，其在大湾区中心地位的提升过程也是环杭州湾大湾区数字经济发展扩散的延伸过程。大湾区数字经济的空间结构既受到大湾区多个中心城市发展的影响，也随着杭州作为中心城市辐射功能的扩大而发生改变。

9.3 湾区数字经济的产业融合状况

产业融合作为一种经济现象，最早源于数字技术的出现而导致信息行业之间的相互交叉。数字经济的发展，数字技术的进步，有利于推动产业之间的技术融合。随着人工智能、大数据、云计算、物联网等信息技术的高速发展，传统产业和经济发展步入数字时代，数字技术推动着传统产业和经济的发展与变革。在数字经济的推动下，传统产业间牢固的壁垒出现松动，不同产业间相互协作、相互促进，使得产业融合成为必然趋势。与此同时，产业融合也逐渐成为传统产业发展和经济增长的重要动力。产业的融合拓宽了产业发展空间，促使产业结构动态高度化与合理化，进而推动产业结构优化与产业发展。产业融合打破了传统产业的技术边界、业务边界、市场边界、运作边界，同时也会打破区域之间的壁垒，增强区域之间的联系，对促进区域经济一体化起到重要作用。

1. 产业融合与产业发展

产业融合促进了传统产业创新，从而推进了产业结构优化与产业发展。传统产业经济理论和产业结构演进理论认为，产业升级主要遵循劳动密集产业—资本密集产业—技术密集产业的方向进行升级，产业结构优化是通过具有优势地位的产业部门代替竞争力衰退的产业部门实现的。然而产业融合作为一种突破传统范式的产业创新形式，正冲击并改变着传统的产业结构。由于产业融合通常发生在高技术产业与其他产业之间，高技术融入其他产业后，影响和改变其他产业的产品生产特点、市场竞争状况以及价值创造过程，从而促进新技术、新产品、新服务不断替代旧的技术、产品和服务，进而改变原有产业产品的市场需求和产业的核心能力。新的技术不断得到广泛应用，新的产品和服务被广泛普及，产业创新加速实现了产业结构的优化升级。

当前环杭州湾大湾区产业发展状况如下：

（1）多元产业集聚发展。总体上，环杭州湾大湾区"三二一"的产业结构形态较为明显。在制造业上，大湾区依托各地市的开发区、工业园以及高新区等，呈现以上海、宁波为中心向外辐射的簇群式发展，其中上海制造业产值优势最为突出。在服务业上，上海凭借着国际金融中心，杭州凭借着互联网创新创业中心而成为现代化服务业聚合地，并带动其他服务业发展相对滞后的地市协同发展。此外，环杭州湾大湾区产业集群的极化程度正在不断提高，不同地区的产业分化也在加深。目前，上海张江高新区、上海紫竹高新区、杭州高新区、宁波高新区、绍兴高新区和嘉兴秀洲高新区6大国家级高新区，已经形成了高端装备、电子信息、生物制药和新能源等战略性新兴产业突出的多元集聚发展新局面。其中上海张江高新区和杭州高新区综合实力强大、示范效应突出，在众多国家级高新区中位居前列。以杭州为中心的智能化信息技术产业链，以上海为中心的科技金融产业基地，以宁波、舟山为中心的临港制造核港口物流基地都已得到规模化发展。绍兴生物制药、嘉兴轻工制药和纺织服饰和舟山海洋等享誉全国的优质产业集群也在持续助力环杭州湾大湾区经济发展。由此，环杭州湾大湾区逐渐形成"互联网+"、金融、智能制造、生物制药、纺织服饰和港口贸易六大特色优势产业。

（2）产业发展不平衡。从经济总量来看，环杭州湾大湾区各中心城市存在较大差距，如上海的经济总量达到了舟山的20多倍。从经济发展水平来看，湾区内部经济发展不平衡问题突出，嘉兴、绍兴与上海、杭州差距较大。从产业结构来看，各城市产业结构差异明显。上海和杭州第三产业增加值占比较高，两市已经进入以现代服务业为主的后工业化时期；宁波、嘉兴和绍兴经济发展主要靠二、三产业共同拉动，第三产业仍有增长空间；舟山则由于旅游产业带动，第三产业占比较高，但第一产业占比在6个城市中是最高的。

（3）服务业同构程度高于制造业。由于环杭州湾大湾区各地存在重复建设情况，大湾区中心城市的产业结构存在一定程度的同构现象。虽然大湾区内各城市在制造业方面存在一定程度的分工，其中制造业产业结构最为相似的是嘉兴和绍兴，差别最大的是绍兴和舟山。但服务业产业结构相似程度普遍较高，服务业方面湾区各城市存在同构性。

2. 产业融合与经济一体化

产业融合的发展能够推动区域经济一体化发展。区域经济一体化是指不同的空间经济主体之间为了生产、消费、流通、贸易等利益的获取，产生市场一体化的过程。包括从产品市场、生产要素市场（劳动力、资本、技术、信息）到经济政策统一的逐步发展，是状态与过程、手段与目的的统一。产业融合利用信息技术平台实现业务重组，发展新的业务，这将会加速区域之间资源的流动和重组，提高贸易效应和竞争效应。首先，产业融合导致了区域之间的贸易效应，促进了区域之间的生产要素积聚。生产要素的积聚与扩散，进一步发挥了要素规模效益提高生产效率，生产效率的提高反过来也促进了区域之间生产要素的集聚；其次产业融合产生区域之间的竞争效应。如果区域之间的产品是替代性竞争产品，在产业融合初期，可能是相似产品大量流通，但随着市场的竞争，很快优质廉价的商品将会取代劣质产品，由此更进一步加强资源的重组和流动。产业融合还将扩大区域中心的极化和扩散效应，有助于改善区域的空间二元结构，并促进区域经济一体化制度的建设，为经济全球化打下基础。可见产业融合能够促进区域经济一体化和经济全球化的发展。

环杭州湾大湾区在多中心发展的过程中虽然机遇众多，但挑战也必不可少。面对激烈的全球竞争，以要素成本优势为核心的传统发展模式已然不适应新的经济环境。环杭州湾大湾区的飞跃发展，必须突破低端循环的产业发展瓶颈，实现区域内部产业结构的换代升级。而随着数字经济的发展，产业融合的推进，以城市为依托的产业空间重构，将成为环杭州湾多中心高效协同发展的重大机遇。首先，大湾区内始终存在行政区划，而行政阻隔在一定程度上会制约各地区产业间的信息交流与要素分配，对产业空间重构构筑了"隐形壁垒"。其次，浙江与上海的产业相似系数高，众多城市产业差异程度小，产业同质同构明显。产业融合却能利用信息技术平台实现业务重组，发展新的业务，这将会加速区域之间资源的流动和重组。

9.4 湾区数字经济的协同创新状况

协同创新对创新高度集成，强调创新系统内资源和要素的有效汇聚以及充分释放和融合，突破壁垒，实现放大效益的深度合作。从微观层面来看，协同创新具有整体特性，创新主体依靠现代信息技术构建文化、技术、专业技能等多种创新资源的共享平台，多方创新主体进行全方位交流和多样化协作。从宏观层面来看，协同创新具有

第 9 章 〉 环杭州湾大湾区数字经济发展实践 〉

动态特性，人才、资本、信息、技术等创新要素能在各领域、行业和区域间无障碍流动与扩散，实现创新体系内各子系统的协同。在创新系统中，众多关键元素如劳动力、教育、科研和产业的水平及能力拥有区域特性，且这些要素在一定的地域内相互作用。创新主体按照内部联系和群内秩序组合而成的系统即区域协同创新系统，意在协同社会、经济、人口、环境等方面的发展速度、规模和结构等差异，制定跨区域的综合发展规划，促进城市间产业结构调整，合理配置资源，优化区域环境，最终缩小城市群内的发展差距，实现城市群的协调性可持续发展。环杭州湾大湾区数字经济的协同创新体现在大湾区多中心的协同创新发展上。

环杭州湾大湾区凭借先天海湾资源和发达物流网络，海陆统筹发展，多元中心城市主体和治理主体紧密合作，形成了具有一定区域经济规模基础的多中心协同创新发展模式。在环杭州湾大湾区多中心发展过程中，各大中心城市之间逐渐从简单合作关系向深层次协同关系转换。而随着环杭州湾大湾区区域全面开放，大湾区协同效应的辐射范围也不断得到扩大，大湾区空间联动发展也使得资源分配进一步优化升级，多元中心协同增效大幅度提升。大湾区整体经济发展水平由此逐渐趋于"匀质化"，多中心协同发展态势良好。

1. 湾区全面开放加大协同辐射范围

2013 年，"一带一路"倡议提出后，我国积极发展与沿线国家的经济合作、文化交流，促进我国经济的高速增长。2014 年起，突出成果不断累积，国际合作平台逐渐形成。环杭州湾大湾区作为我国改革开放的前沿阵地，其发展格局也深受"一带一路"的影响。环杭州湾大湾区各地响应"一带一路"倡议，推出一系列扩大对外开放的举措。比如上海制定《上海市贯彻落实国家进一步扩大开放重大举措加快建立开放型经济新体制行动方案》，提出"上海扩大开放 100 条"，坚持扩大金融市场开放等 6 个方面的先行先试，比如扩大大熊猫债（首发债券）规模、开通"沪伦通"以及支持境外投资者参与上海证券市场等。浙江也召开全省对外开放大会，以"一带一路"为指引，制定"1+1+5"对外开放政策体系，自由贸易试验区 2.0 版本。纵观环杭州湾大湾区"一带一路"发展历程，可以明显发现，杭州湾大湾区开放格局已然发生转变。从横向来看，湾区已由单向开放、梯度推进的发展形态转向海路统筹、内通外联和全面开放的发展形态；从纵向来看，开放触角也已从制造业延伸到金融、互联网、教育、文化和医疗等服务业，逐渐形成全方位、多层次以及宽领域的开放新格局。环杭州湾大湾区的全面开放，不但加速了资源的跨地区流动，更拓宽了各大中心之间协同效应所产生的辐射范围。

2. 资源分配优化提升协同增效

中国城市的发展长期以来都受到政府主观判断的影响，在资源配置、权限划分等方面均存在一定的差异，行政等级特征格外鲜明。杭州湾作为长三角经济发展的核心动力源，城市间的等级效应也非常明显，即以上海为龙头，杭州、宁波为核心，其他城市次之。以上海、杭州和宁波三大高等级城市为中心构成轴线，由北向南依次队列式排开。在该种空间格局下，资源呈现沿线依次配置，外围落后分配的现象。环杭州湾大湾区概念提出后，大湾区内各城市对自身空间战略进行了再规划再定位，城市间的资源要素配置情况也得到了相应调整。原有的城市等级序列不断被新的发展规划打破，推动区域资源配置由原来"沿线—外围"的分化结构向去中心化的"圆桌"结构转变，各大中心间的协同效应也由此逐渐加强。随着湾区的深化发展，各城市的资源也能实现更便捷的共享，实现城市平等化、网络化高效成长。与此同时，在大湾区全面开放的大环境下，大湾区内的产业生态与创新生态的协同发展也不断产生"黑洞效应"，吸引更多的国内外高端资源流入，进一步提升各大中心协同效益。

3. 产业协同创新逐步推进

大湾区城市在长三角区域合作框架下，不断推进协同创新，但从技术交易市场的规模来看，上海和杭州、舟山的交易规模相差悬殊。因此，虽然上海集聚了大量的技术研发活动，但大湾区的其他城市技术市场有待拓展。从技术输出和吸纳来看，上海输出到外省市的合同数主要集中在江苏、北京和浙江三地，约占输出到外省市合同数的一半。从杭州的技术输入来看，杭州技术输入地区主要为北京、上海和江苏，但上海的占比不大，说明大湾区城市与上海间的技术市场互动还有待进一步推进。

9.5 湾区数字经济发展展望

根据国内外湾区经济的发展经验，结合环杭州湾大湾区的区域特点和发展基础，环杭州湾大湾区及其数字经济的发展要充分遵循杭州湾大湾区所处的区位条件、经济地理特征和产业发展基础，坚持数据驱动、创新引领、融合带动，大力发展数字经济。以创新为动力、以产业发展为重点、以城市群为依托，以交通网络为支撑，以开放的体制机制为保障，构筑世界一流的环杭州湾大湾区。

1. 聚焦创新引领

随着世界科技产业的变革，湾区的经济发展从利用港湾资源优势发展贸易和临港工业，到依靠服务经济，湾区逐步意识到科技创新的重要性。国内外著名湾区均具有创新发展的基本特征，是世界500强企业和世界100强高校主要集聚地，比如东方湾区就拥有多个创新中心。环杭州湾大湾区内拥有一大批高等院校、多家世界500强企业和独角兽企业，具有创新发展的坚实基础。在推进环杭州湾大湾区建设的过程中，要设立创新区、制定创新政策、吸引创新人才、强化创新经济。

（1）建设一批创新应用示范基地和布局国际水准的创新载体，以高新区、高教园、科技城为依托，实现"三廊"格局，加快之江实验室、西湖大学、国科大杭州高等研究院、阿里达摩院、云栖工程院等一批重量级新型创新平台建设，加快建设杭州城西科创大走廊、宁波甬江科创大走廊、嘉兴G60科创大走廊，从而培育新技术、新产品、新模式，在人工智能、云计算、大数据、物联网、网络数据安全、集成电路等一批重点领域加快突破核心关键技术，将环杭州湾大湾区，特别是杭州建设成为全国数字经济理念和技术策源地。

（2）制定科技创新政策，集聚国际化创新人才。科技创新引领湾区经济的发展，形成强大的自主创新能力，需要科技政策的引领。科技创新政策的制定要结合地区的实际情况，将经济、技术、地方特色等因素考虑在内，并且各政策之间应相互衔接，注意科技政策之间的平衡。不断丰富科技人才创新创业政策，从而营造良好的创新创业环境，依靠科技创新支撑湾区经济高质量发展，让科技发展成果更多更广泛地惠及全体人民。可以通过设立无边界高科技园区，建造集学习、创新、研发、交流等多功能于一体的智慧综合体，引导大院大所、重点企业、重点项目、人才、资本高端要素集聚，引进国内各层次人才的同时引进海外人才，人才带动项目，发展产业链效应，加快推进浙江国际化的进程，积极打造"多方共赢"的产学研资创新联盟。

2. 聚焦产业发展

随着工业4.0和5G走入商用阶段，量子计算机、生物芯片、基因编辑、智能驾驶等新兴技术已为技术经济和新产业革命奏响前曲，世界各湾区经济体都在数字领域和高新技术领域展开了新一轮竞争。因此，环杭州湾大湾区必须进行数字化转型和高新技术领域的战略布局。推动电子商务、云计算、大数据、物联网、人工智能等优势产业提升发展；做大做强集成电路、5G、工业互联网、互联网协议第6版（IPv6）、网络安全等基础产业；加快布局发展区块链、量子技术、低轨卫星等未来产业；并通过精准施策、分类指导，强化企业引育，推动大中小微企业协同融合发展。既要打造数字经济领军企业，又要培育一批细分领域的"单项冠军"和"隐形冠军"，将杭州打造成为全国数字产业化发展引领地。

环杭州湾大湾区拥有浦东、舟山两个国家级新区以及洋山港、宁波港两个大港口，长江桥隧道、崇启大桥先后建成通车，沿海滨江产业发展带也初步成型，这些为环杭州湾临港经济产业布局提供了区位优势。浦东机场的临空经济自身所具有的集聚和辐射功能也为环杭州湾临港经济提供了经济活跃要素。环杭州湾大湾区的这些临港特征，特别是沿岸景观和优越的港口条件，预示着环杭州湾大湾区应以产业发展为重点，重点发展港航物流和智能制造。在发展实体经济的基础上，发挥数字经济与实体经济的双重优势，通过推进互联网、大数据、人工智能和实体经济深度融合，大力发展工业互联网，强化数字化转型支撑能力；全面推动制造业、服务业、农业数字化转型，大力培育新零售、跨境电商等融合型新业态、新模式，推动湾区数字经济发展。

3. 聚焦协同创新

研究表明，同城效应能够有效促进一个区域内的人口、货物、信息和资金的充分流动，并提高人流、物流、信息流和资金流的边际生产率，实现城市、环境、文化、交通、金融、服务业"六位一体"发展，促进经济高质量发展。在环杭州湾大湾区城市群高效互联互通的基础上，应积极推进"1+2+3+X"城市群公共服务共享，打通各城市间交通、教育、医疗、旅游、住宿等方面的信息共享和服务共享，以及低碳节能建筑设计理念和标准的共享，实现"互联网+"公共服务全面联通，促进"同城效应"发挥。在此基础上，不同城市主体之间还应加强协调交通规划、土地资源集约利用、生态环境共治、公共服务一体化等方面的功能建设和有效合作机制建设。最后还需要合理规划湾区经济的区域协同功能建设和协调机制。大湾区区域协同规划发展的协调机制，实质上是一系列以市场为导向的利益协调的制度安排，其核心是市场准入原则和高效统一的市场监管。

4. 聚焦基础设施建设

高效发达、互联互通的交通网络是湾区城市群之间有效融合、共享发展的基本前提。基础设施的建设，有助于推动实体经济的发展，推动创新发展，进而又推动数字经济的发展。环杭州湾大湾区现有的沿海大通道尚存在明显的交通短板，杭州湾跨海大桥和嘉绍大桥尚不能满足宁波与杭州、上海等主要城市之间沟通联系的需要，应充分考虑上海、杭州、宁波、舟山、嘉兴、温州、台州等主要城市的地理位置和地形特征，设计合理的交通网络，构筑高效便捷的1小时交通圈，为大湾区的发展提供交通设施的支撑。①完善公路、铁路及轻轨的建设，建立大型铁路综合枢纽，加强城市之间以及与经济腹地的联系，加快货物的运输。②建设航空机场，增加航班航线，加强对外的联系，不断扩大大湾区的经济辐射范围，打通铁路与机场之间的通道，促进资源的有效输出。③增加港口功能，扩大港口吞吐量，加快港口物流业的发展。通过港口、水运、航空、路网、物流等现代交通建设助推环杭州湾大湾区内交通网络达到高效便捷水准。

5. 聚焦开放体制建设

湾区经济是当今最为开放的经济形式，开放的湾区有利于数字经济的发展。环杭州湾大湾区对外开放体系的建设不仅有助于充分发挥长三角经济一体化效应，带动该区域进一步开放发展，更重要的是有助于形成一个对标国际先进标准、高度开放的强经济区，成为建设21世纪海上丝绸之路的重要支撑。在竞争激烈的国际经济形势下，要继续保持大湾区开放型经济的先发优势，就必须吹响新的号角，寻找新的切入点，坚持"一带一路"的引领，推进大湾区新一轮对外开放，努力构建全面开放平台。由于湾区内通常涉及多个城市，甚至存在不同的管理体制，因此，在促进湾区开放的过程中，还需要政府或非政府型的区域合作组织发挥协调作用。环杭州湾大湾区已有长三角合作与发展联席会议、浙东经济合作区等跨区域合作机制，并已运行多年，各城市之间协调发展机制已有一定基础。加大环杭州湾大湾区开放发展力度的过程中，应充分发挥上述协调机构的作用，并充分借鉴国外典型湾区发展的经验，在长三角合作与发展联席会议等原有合作机制框架下，进一步发挥商业、行业协会、行业联盟等非政府组织在产业发展、城市协调、生态环境保护等方面的协调作用，推进杭州湾大湾区向世界一流湾区迈进。

小结

本章对我国最重要的湾区之———环杭州湾大湾区的基本情况、基本特征、湾区经济的发展情况及其数字经济的发展情况进行了介绍。环杭州湾大湾区水陆交通完善，湾区港口十分发达，区位条件非常优越，具有发展湾区经济得天独厚的地理优势，同时湾区数字经济发展较早，数字经济基础雄厚，数字经济发展迅速。本章分别对环杭州湾大湾区数字经济发展的空间结构状况、产业融合状况和协同创新状况进行分析，深入挖掘湾区数字经济发展基础和发展中存在的不足，探索新的发展途径。最后在借鉴国内外湾区数字经济发展经验的基础上，提出了聚焦创新引领、聚焦产业发展、聚焦协同创新、聚焦基础设施建设和聚焦开放体制建设五大方面的发展建议。

思考题：

1. 简述环杭州湾大湾区的基本特征。
2. 简述环杭州湾大湾区的经济发展情况。
3. 环杭州湾大湾区数字经济的发展呈现出哪些特点？
4. 试述环杭州湾大湾区数字经济的产业融合状况。
5. 试述环杭州湾大湾区数字经济的协同创新状况。
6. 发展环杭州湾大湾区数字经济，我们可以从哪些方面着手？

参考文献

[1] 张汉东.实施杭州湾大湾区发展战略的建议[J].浙江经济，2017（18）：11–12.
[2] 敖丽红，袁红清.湾区经济发展理论与实践[M].长春：吉林大学出版社，2017.
[3] 浙江在线新闻网站.宁波杭州湾产业集聚区[J].硅谷，2011（15）：2.
[4] 卢冰.基于国际经验的环杭州湾大湾区经济发展对策分析[J].宁波大学学报（人文科学版），2018，31（3）：87–92.
[5] 郭占恒.加快推动环杭州湾建成世界级大湾区[J].浙江经济，2018（5）：32–34.
[6] 廉军伟.杭州湾经济区的建设路径[J].浙江经济，2017（17）：16–17.
[7] 赵鹏.杭州——打造数字经济第一城[J].科学24小时，2019（7–8）：46–49.
[8] 邱靓.数字经济为杭州高质量发展注入"新动能"[J].杭州科技，2018（6）：58–60.
[9] 李哲.杭州离"数字经济第一城"还有多远[J].信息化建设，2020（2）：28–30.
[10] 赵鹏.加快杭州都市圈数字经济发展[J].浙江经济，2019（22）：63.
[11] 胡伟，孙靓.杭州新启示：数字经济成创新发展主引擎[N].合肥晚报，2020-9-2（A02）.
[12] 李学艳.杭州湾大湾区建设：经验借鉴与发展路径[N].宁波日报，2018-6-14（009）.
[13] 陈雪依，姚亦锋.交通导向的环杭州湾城市群空间结构研究[J].山西建筑，2009，35（34）：6–7.
[14] 池仁勇，胡倩倩，周必彧.湾区经济时代杭州湾多中心协同现状与发展机制[J].技术经济，2019，38（7）：91–99.
[15] 陈柳钦.产业发展的相互渗透：产业融合化[J].贵州财经学院学报，2006（3）：31–35.
[16] 周杰.产业融合[M].长春：吉林人民出版社，2019.
[17] 韩瑾.环杭州湾大湾区中心城市产业协同发展评价[J].经济论坛，2019（9）：82–90.
[18] 卢文彬，等.湾区经济：探索与实践[M].北京：社会科学文献出版社，2018.
[19] 冯叔君.湾区经济演进动力与环杭州湾大湾区发展战略[J].商业经济研究，2020（17）：156–159.
[20] 马宏欣，徐士元.浙江大湾区功能定位与实践举措[J].中国经贸导刊（中），2018（32）：16–18.

第 10 章

粤港澳大湾区数字经济发展实践

学习目标

(1) 了解粤港澳大湾区及其数字经济发展情况。
(2) 掌握粤港澳大湾区数字经济发展的空间结构状况、产业融合状况和协同创新状况。
(3) 了解粤港澳大湾区数字经济发展重点。

10.1 湾区概况

10.1.1 湾区基本情况

1. 发展历程和战略意义

改革开放以来，随着深圳、珠海等经济特区的设立，以及广州、湛江等沿海城市的开放，广东与香港、澳门的经济进行了空前的合作，进入快速发展期，进而为粤港澳大湾区的进一步发展奠定了坚实的基础。

党的十一届三中全会以来，粤港澳经济合作主要经历了以下 4 个阶段：

(1) 试点合作阶段。1979—1982 年，香港和澳门主要以家族企业形式投入经济特区中的娱乐、旅游等领域。

(2) "前店后厂"工业发展阶段。1984—1992 年，临近香港的优越地理位置为广东经济的发展带来了良好的发展机遇，粤港澳在经济发展中优势互补，逐步形成了"前店后厂"的加工贸易模式。

(3) 深度合作阶段。1993—1999 年，随着港澳的相继回归，以及珠三角经济虽受亚洲金融风暴的影响但成功实现"软着陆"，大量的港澳资本进入广东的金融与房地产等产业，使得粤港澳经济的合作达到了一个新的高度。

(4) 全面合作阶段。2000 年以来，广东开始承接香港的一部分服务业，对港澳单方向的依赖程度降低，粤港澳逐步成为相互依托的一个区域经济体。

2. 粤港澳大湾区经济的战略意义

（1）经济意义。从经济层面上看，粤港澳大湾区有利于粤港澳形成全面开放的经济体系，进一步提升粤港澳的资源配置效率，促进珠三角区域进入全面深度融合发展阶段。

近些年以来，广东积极推进产业结构调整和升级，一方面大力改造传统产业，另一方面积极推动产业升级，如努力打造云计算和人工智能等高新技术产业，并打造依托于移动互联网的高级服务业。对广东而言，粤港澳大湾区的建立便于广东的企业积极借鉴港澳企业的管理、技术和服务方面的有益经验，以推进自身的国际化进程，也更易从国际资本市场募集资金。对香港而言，香港企业具有筹资、项目运营与管理和信息技术等优势，更加契合粤东基础建设发展的需求，有助于缓解粤港澳经济同质化所造成的激烈竞争问题。与此同时，港澳基于自身有限的地理空间和自然资源，可借助于粤港澳大湾区的建立，利用广东丰富的生产资料，以促进其经济进一步发展。

（2）政治意义。从政治层面上看，粤港澳大湾区是建立在"一国两制"框架上的，是以经济为主导，突破了一定的政治束缚的合作性区域创新体。另外，加强粤港澳的高新技术产业如大数据、云计算和人工智能等方面的合作是粤港澳大湾区重点建设的一个方面，为了更好地促进港澳地区的高新科技产业的研发，中央需根据粤港澳的实际情况制定适宜的政策。

（3）社会意义。伴随着改革开放带来的经济增长与人民生活的日益改善，旅游成为愈来愈多国人的选择。粤港澳地区的旅游产业别具特色。广东省拥有丰富的旅游资源，如有9处5A级旅游景区、7个国家历史文化名城和16个省级历史文化名城。香港作为亚太地区的交通中枢，其拥有世界第三大、亚洲第一大海港——维多利亚港和许多知名的景点，吸引了众多国内外的旅游者。澳门作为我国境内唯一合法的博彩地区，拥有许多别具特色的娱乐场所，促进了其旅游业的发展。澳门受到葡萄牙文化的影响，拥有20多处知名的历史建筑，如妈阁庙等。粤港澳大湾区的建设对于三地旅游业将是优势互补，进而产生文化领域上的协同效应，也会促进粤港澳三地民众之间的相互交流与理解。

10.1.2 湾区基本特征

1. 粤港澳大湾区的内涵特征

2017年《政府工作报告》首次提出粤港澳大湾区，2019年粤港澳大湾区上升到国家战略层面，得到了国家的高度重视和支持，并提出要加快建设粤港澳大湾区，使之成为世界级城市群和一流湾区。目前来看，粤港澳大湾区已经成为中国经济增长的重要引擎。粤港澳大湾区由广东的广州、深圳、珠海、佛山、惠州、东莞、中山、江门、肇庆9市和香港、澳门2个特别行政区组成，2015年经济规模为1.36万亿美元，港口集装箱年吞吐量超过6500万标箱，机场旅客年吞吐量达1.75亿人次；产业结构以先进制造业和现代服务业为主，港澳地区服务业增加值占地区生产总值的比重均在90%左右，广东9市制造业基础雄厚，已形成先进制造业和现代服务业双轮驱动的产业体系。因此，粤港澳大湾区已经具备了建成国际一流湾区和世界级城市群的基础条件。

但是粤港澳大湾区距离实现其真正的内涵尚存在差距，湾区城市群整体的经济特征表现并未优于长三角城市群，甚至仍有落后的现象。大湾区内部的中心城市定位突出，但边缘城市的定位尚未明确，且存在被边缘化、孤立化的风险，城市群内部城市的协作发展程度不高。因此，粤港澳大湾区尚未实现最优化的城市资源配置效率、互联互通的经济交通、利益协同互补的城市合作。随着连接粤港澳的交通基础设施的建设，比如，港珠澳大桥、深中通道、虎门二桥等跨珠江通道、"一小时城轨交通圈"的建设、广深港高铁等都将港澳到珠三角的时空距离大大缩短，打破了时空距离的阻隔。这意味着粤港澳时空距离的变化，更体现着粤港澳城市群内部加速融合，将促进珠江东西两岸资本流、人才流、商品流等各种经济要素的加速流动。其次，鉴于粤港澳大湾区内部存在着"两种制度，三种货币、法律体系和关税制度"，仅依靠市场力量是无法解决跨区、跨境带来的体制机制障碍，应结合有形和无形的手，实现跨区的公共产品的互补互通发展，使得港澳与珠三角达到深度融合，以便大湾区迎接并搭上中国高质量发展的列车。

2. 粤港澳大湾区的独特特征

粤港澳大湾区与世界三大湾区有着明显不同的体制机制，世界三大湾区是在同一政治制度和经济体系下运行，而大湾区则是在"一国两制"背景下的"三税区三法律三货币"，即在一个国家、两种制度背景下，三个关税区、三种法律、三种货币。运行机制的不同对粤港澳大湾区既是重要挑战也是重大机遇，由于不同的体制和粤港澳三地的法律货币、制度的不同，这使得粤港澳三地的经济深度融合发展困难。但是港澳大湾区在"一国两制"背景下，"三税区三法律三货币"体制已经显示出巨大优势，也决定了必须探索符合中国实际的湾区经济发展模式。这一模式在粤港澳大湾区建设中，须坚守"一国"之本，善用"两制"之利，不追求同质化的特区、关税区、货币区。

走出一条独特的湾区发展之路，首先应实现各优其优。湾区内城市具有不同的资源禀赋，坚持特色、精准发力，禀赋则能转化为优势，比较优势则能变成核心竞争力。其次，应促进互惠互利。制度存在的差异，为贸易和产业的合作提供了诸多的选择空间。自改革开放以来，得益于毗邻港澳，广东既可依托国内市场，又可借助港澳的国际平台快速连通世界，实现了飞越发展。香港借助内地的改革开放，不断巩固和提升其国际金融、航运、贸易三大中心的地位。再次，应优化资源配置。建设好粤港澳大湾区关键是要优化资源配置，各展所长，则能实现"1+1>2"的效果。最后，应避免同质化竞争。湾区经济也应遵循竞争与合作的法则。若把粤港澳大湾区发展成同质化的区域，看似是与国际接轨，却抹平了大湾区天然的体制优势和潜力，最后可能导致11个城市的竞争大于合作，造成内耗局面。

总之，港澳大湾区具有制度多样性、互补性的优势，有效地促进了人才、技术、资金的汇聚流动和优化配置，形成了在世界湾区中名列前茅的地位。

10.1.3 湾区经济发展情况

1. 粤港澳大湾区整体发展现状

1）经济总量持续增加，进出口水平创新高

2014—2017年，粤港澳大湾区GDP实现了"四连增"，湾区11个城市的GDP总量从2014年的81720.8亿元增长到2017年的101843亿元（约1.6万亿美元），约占全国GDP的12.3%，整体经济规模超过世界第十一大经济体韩国（1.53万亿美元），与第十大经济体加拿大（1.64万亿美元）总量水平相当。此外，2014—2016年，粤港澳大湾区的进出口总额在8万亿~9万亿美元，占全国（含港澳）对外贸易总量的40%左右，是京津城市群进出口总量的4倍，是东京湾区进出口总量的3倍以上。从港口的吞吐量看，2016年粤港澳大湾区三大港口的吞吐总量为6247万标箱，远超东京湾区766万标箱、纽约湾区465万标箱和旧金山湾区227万标箱，成为世界第一大吞吐量的湾区。因此，粤港澳大湾区的港口最为密集，且航线航运最为繁忙。

2)产业结构优化提高,城市群空间分布合理

粤港澳大湾区已经从工业经济阶段迈进了服务经济阶段,其产业结构特征呈现出良好的优化趋势。统计数据显示,2016年粤港澳大湾区的三大产业比例结构为1.34∶33.23∶65.44,形成了以第三产业为主的"三二一"产业分布格局。服务业在国民经济中占据主体地位,成为粤港澳大湾区的第一大产业,经济增长主要由服务业拉动。

在大湾区城市群的内部发展空间上,湾区已经形成了"3+3+3"的空间结构,分别为"广佛肇""深莞惠""珠中江"三大经济圈,拥有深港、广佛和珠澳3个大湾区发展内核,同时环珠江形成了"广佛肇清""深港莞惠""珠澳中江"3个城市带,这一城市群的空间布局合理,不断推动河源、汕尾、阳江、韶关、清远、云浮环珠三角6市的融合发展。

2. 高度开放融合,创新引领成果显著

粤港澳大湾区有前海、横琴、南沙三大自贸片区,未来自贸区将全面对接港澳,进一步推动湾区区域协作。可借助三大自贸片区的开放平台,设计更多对接港澳以及外部的接口,协力为探索和解决港澳与珠三角在体制机制、运行机制、社会文化等方面的差距与需求,力争实现合作互补、分工明确、协同发展的深度开放融合的新格局。在科技创新方面,根据世界知识产权组织发布的《2017年全球创指数》,深圳—香港地区已超越旧金山湾区,排在东京湾区之后,位居全球创新集群的第2位。具体而言,在研发经费支出比重方面,粤港澳大湾区与美国、德国处于相同水平,达到2.7%左右,国家高新技术企业总量超过1.89万家,位居全国首位。2012—2016年,湾区每年发明专利逐年稳步上升,年均增长速度超过33%,专利总量增幅达到213.6%。这都为粤港澳大湾区迈向世界级城市群打下了坚实的科技基础,从而促进其世界级科技创新中心的建设。

3. 人口经济效应突出,发展潜力大

粤港澳大湾区的人口数量仅占全国人口总量的5%左右,创造出来的GDP总量超过了全国总量的12%,可见,粤港澳大湾区以较小的人口规模达到较大的经济效益,人口经济效应突出。从年龄结构看,大湾区人口以青年为主,具有较高的劳动参与率,能够促进大湾区的持续强劲发展。据相关数据表明,2016年大湾区15周岁的人口规模达到了518.23万人,占据总人口规模的3.72%。相较于世界其他三大湾区,粤港澳大湾区面积最大,人口最为密集,人才成长潜力大,经济增速高于其他湾区23倍,后续发展潜力的优势显著,是中国乃至世界最具活力的湾区。

4. 与"一带一路"紧密对接，发挥核心枢纽作用

粤港澳大湾区是新时代中国布局全球性网络的关键枢纽，亦有利于推动世界经济平衡发展。粤港澳大湾区不仅具有市场化、外向度最高，机制最成熟，而且还处于西太平洋—印度洋航线的要冲，近邻东南亚，远及非洲、北美洲，因此大湾区将成为21世纪海上丝绸之路经济带有效对接、相互融汇的重要支撑和示范区。随着基础设施建设互联互通、要素流动逐渐加快，粤港澳三地通过其航空网络或港口群，各施所长，充分发挥网络化效应的巨大力量，有利于推动三地经济的高度融合，打通粤港澳大湾区面向世界开放的脉络，建立起与国际接轨的平衡性开放经济体制，进而使世界各国在开放发展中共同受益，共享中国开放发展的成果。

10.1.4 湾区数字经济发展情况

2017年3月以来，中央和地方政府不断制定和完善粤港澳大湾区建设政策框架和协议，并将之列为"推动香港、澳门融入国家发展大局"的重大战略举措和"一带一路"倡议的核心节点，是国家建设世界级城市群和参与全球竞争的重要载体。然而，当今时代，由于全球竞争日趋激烈，贸易保护主义不断抬头，传统的经济形态难以适应湾区日益增长的发展空间需求。推动新型湾区建设应不同于传统工业城市群，尤其需要新型经济的推动，也需要发展新产业，推进新业态的产生，创新商业模式。

数字经济的发展为粤港澳大湾区发展带来了新机遇。数字经济以数字化知识和信息为核心生产要素，依托现代信息网络为重要载体，并有效使用信息通信技术，优化了经济结构并促进了效率提升，同时又通过创新技术推动了传统产业的数字化转型。数字经济逐渐成为世界的主流经济形态，已成为推动当前世界经济发展的主要力量，中国在其中亦扮演着重要的角色。在粤港澳大湾区发展中，数字经济通过大数据、"互联网+"、人工智能等进一步拓展大湾区发展空间，有助于湾区更有效地进行资源优化配置和生产要素组合，有利于各个城市凸显自身特色和功能定位，使得集聚效应、分工与协作效应及规模效应发挥到最优程度。

1. 湾区数字经济实践

1）广东省数字经济实践

2013年，广东省已率先布局、加快发展以数据为关键要素的数字经济，率先成立广东省实施大数据战略专家委员会。2016年，广东获国家有关部委批准建设"珠江三角洲国家大数据综合试验区"，努力打造"一区两核三带"的大数据发展格局。同年，广东发布了《广东省人民政府关于深化制造业与互联网融合发展的实施意见》，重点

从制造业与互联网融合平台建设、培育制造业与互联网融合新模式、提升制造业与互联网融合水平等方面推进两化融合。在平台建设方面，加快建设和完善制造业企业互联网"双创"平台、工业云平台、工业电子商务平台。在新模式方面，从设计、制造、生产和供应链管理等多维度推动新模式的形成和发展。在融合水平方面，提升融合基础创新能力、制造业与互联网协同创新能力、绿色制造能力等。

2018年，广东发布《广东省数字经济发展规划（2018—2025年）》（征求意见稿），争取用5～8年时间，将广东建设成为国家数字经济发展先导区，数字丝绸之路战略枢纽和全球数字经济创新中心。紧抓国家"一带一路"倡议，满足沿线国家发展大数据、云计算和智能制造等数字经济需求，促进与"一带一路"沿线国家数字基础设施互联互通，推进大数据、云计算等国际产能合作和装备制造合作，加快境外合作园区建设，鼓励和支持大型企业"走出去"和"引进来"，以数字经济的国际化发展推动数字丝绸之路建设。

（1）"互联网+"。根据《广东省"互联网+"行动计划（2015—2020年）》，到2020年，全省经济社会互联网应用成效显著，成为全国互联网经济发展重要基地、网络民生应用服务示范区、网络创新创业集聚地。培育创新型互联网中小企业超过2000家，全面建成珠三角国家互联网自主创新示范区。

（2）人工智能。根据《广东省新一代人工智能发展规划》，到2030年，人工智能基础层、技术层和应用层实现全链条重大突破，总体创新能力处于国际先进水平，聚集一批高水平人才队伍和创新创业团队，人工智能产业发展进入全球价值链高端环节，成为引领国家科技产业创新中心和粤港澳大湾区建设的重要引擎。

（3）大数据。根据《广东省促进大数据发展行动计划（2016—2020年）》，到2020年大数据基础设施建设、资源整合和政府数据开放共享取得显著成效。大数据创新应用融入经济社会各领域，成为服务经济社会民生的重要支撑和引领产业转型升级的核心力量，基本形成高端智能、新兴繁荣的大数据产业发展新生态和"大众创业、万众创新"的创新驱动新格局。

（4）工业互联网。根据《广东省深化"互联网+先进制造业"发展工业互联网的实施方案》，到2020年，在全国率先建成完善的工业互联网网络基础设施和产业体系，培育形成20家具备较强实力、国内领先的国内互联网平台。到2025年，在全国率先建成具备国际竞争力的工业互联网基础设施和产业体系。

（5）智能制造。根据《广东省智能制造发展规划（2015—2025年）》，到2025年，全省制造业全面进入智能化制造阶段，基本建成制造强省。制造业水平显著提升，信息化与工业化深度融合，规模以上工业企业信息技术集成应用达到国内领先水平。

2）香港特别行政区相关数字经济实践活动

作为全球最自由经济体及最具竞争力的经济体之一，香港的产业结构过于单一，服务业占GDP的90%以上。为了推动制造业发展，香港积极推动"互联网+"与产业融合，推进再工业化，以融入大湾区智能产业链的构建与发展。这种深度融合将有助于推进香港经济的转型，数字经济将成为香港发展的新动力。

根据香港《2018年施政报告》，第一，在5G方面，为了促进5G服务预先做好规划，推出充足的频谱。政府主动开放合适的政府场所及天台以便于流动服务营办商安装基站，同时通过资助计划，将光纤网络扩展至新界及离岛的偏远乡村，作为扩大5G覆盖的骨干。第二，开放政府数据，为科研提供所需的原材料，促进智慧城市发展。在2018年底前，香港制定和公布其年度开放数据计划，筹备医院管理局大数据分析平台，让学术研究人员参阅医管局的临床数据并提供有关培训，以便合作进行研究项目。第三，在科技创新方面，吸引重点行业的知名机构，如德勤和阿里巴巴等落户香港，并在香港科学园建设专注于医疗科技和人工智能及机器人科技的两个创新平台。第四，在人才方面，推出科技人才入境计划及科技专家培育计划，支持研资局推出杰出学者计划，在引入、培训及留住人才方面三管齐下，壮大本地创科人才库。与内地相关部门共同研究适当措施，促进内地与香港的科研人才流动，推动粤港澳大湾区成为国际科技创新中心。

3）澳门特别行政区相关数字经济实践

澳门的数字经济呈现出后发先至的势头。无论是在《2018年施政报告》抑或是《澳门特别行政区五年发展规划（2016—2020年）》中，澳门均已明确拟定了智慧城市战略，并与阿里巴巴集团等国内外知名机构合作，将云计算作为智慧城市构建的基础，自上而下通过城市服务数字化推动各个行业和领域的企业在互联网技术上的应用，并把人才作为数字经济发展的重中之重。首先，在"互联网+"方面，推动传统产业与互联网融合，为新兴产业的成长增添活力。推广移动互联网的应用，研究大数据及云计算在澳门的发展策略，探索物联网的可能性，运用信息技术优化城市管理、改善居民生活质量及促进经济发展。其次，在智慧城市建设方面，加快实施智慧城市建设发展战略。推动政府数据开放和大数据应用，开展建设云计算中心及政府数据整合的工作。凭借云计算、大数据平台的支撑，以及部门间更顺畅的数据交换，在政务、交通、旅游、医疗、安全等领域推动智慧化。第三，在大数据方面，配合国家"十三五"规划关于实施大数据战略，建立开放数据库，存储关于城市运作与管理的数据，定制有关数据的收集与开放标准，以实现咨询共享，推进城市建设和产业的升级换代。最后，在人才方面，加强科技人才培养，推行"海外人才回流考察计划"，吸引海外澳门人才投入特区建设。完善人才资料库的功能，为舒缓行业人才紧缺提供参考依据。

4）深圳数字经济实践

作为中国改革开放最早的城市之一，深圳也是中国数字经济发展的龙头引领城市，在"互联网＋"、大数据、人工智能等领域取得了令人瞩目的成就。据腾讯研究院发布的《中国"互联网＋"指数报告（2018）》显示，2018年深圳的数字经济发展水平居全国第一。以电商为例，2017年深圳市电商交易额超过2.3万亿元，占全国的比重为8%，远高于GDP占全国的比重（3%）。同时，根据国家信息中心的数据估算，2017年深圳的信息社会指数蝉联全国各大城市首位，是国内唯一进入信息社会发展中级阶段的城市。这些成绩与深圳实施的一系列数字经济领域相关规划与指导意见分不开。

（1）在"互联网＋"方面，依据深圳《"互联网＋"行动计划》，到2020年建成具有国际先进水平的网络基础设施，使深圳成为重要的国际信息港。在互联网技术推动下，加快经济转型升级，实现机器、数据和人的实时交流互动、泛在连接与全面智慧化。

（2）在大数据方面，依据《深圳市促进大数据发展行动计划（2016—2018年）》，到2018年底，建成完善的大数据基础设施，政府数据开放和大数据应用取得明显成效，基于大数据的政府治理能力和公共服务水平得到有效提升，形成较完善的具有核心自主知识产权的大数据产业链，成为国内领先的大数据创新应用示范市和大数据产业发展高地。

（3）在人工智能方面，根据《深圳关于进一步加快发展战略性新兴产业的实施方案》，发挥深圳人工智能硬件终端制造、用户数据资源储备、应用模式创新等比较优势，加快突破人工智能核心技术，推动人工智能特色应用示范，建设全球领先的人工智能产业高地。

（4）在工业互联网方面，根据《深圳市工业互联网发展行动计划（2018—2020年）》，到2020年，全市工业互联网技术创新活跃，支撑能力明显增强。在重点行业开展工业互联网创新集成应用，生成智能化生产、网络化协同、服务化延伸等工业互联网新模式新业态。

（5）在智能制造方面，根据《中国制造2025》深圳行动计划，将智能制造设定为两化深度融合的主攻方向，全面提升企业研发、生产、管理和服务的智能化水平。

5)珠海横琴数字经济实践

作为我国改革开放最早的城市之一,珠海还拥有一个代表性的国家级新区——横琴,在粤港澳大湾区占据重要地位。2018年10月23日,随着粤港澳大桥正式开通,珠海成为连通粤港澳湾区的核心城市,横琴新区也将成为促进地区间经济协同发展的关键力量。为了促进自身数字经济的发展,在"互联网+"方面,珠海和横琴正尝试通过与国内外重点行业的知名机构合作引入高精尖技术。2017年,珠海市政府、横琴新区管理委员会与腾讯公司签订战略合作协议,引进大数据、云计算、"互联网+"、物联网、AI、移动支付等先进技术,加强在智慧城市、智慧交通、智慧医疗等领域展开深入合作,共同推进"互联网+"行动计划,提高横琴新区的研发实力,加快珠海和横琴数字经济的发展。

横琴目前已经成为与澳门特别行政区连通的重要渠道,双方强强联合,共同推进"澳门资本+全球技术+创新人才+横琴载体"产业合作模式,打造"未来产业岛",瞄准新一代信息技术、生物医药、人工智能等战略新兴产业,聚焦金融服务、商务会展、旅游休闲、物流服务等高端服务业,正逐步构建起面向世界、面向未来的高端、高质、高新的现代产业体系。

10.1.5 湾区数字经济发展特点

1. 粤港澳大湾区已成为我国数字经济发展高地

2019年,广东省数字经济规模高达4.88万亿元,占全国数字经济规模的13.6%,同比增长13.2%,比同期地区GDP增速高约7%,是2016年数字经济规模的1.62倍,年复合增长率高达17.5%,成为我国数字经济发展高地之一。同时,广东省数字经济占GDP比重逐年提升,由2016年的37%扩大到2019年的45%,在粤港澳大湾区经济增长中的地位日益提升。香港数字经济稳步发展,澳门公共服务数字化水平不断提高。

2. 数字产业集群优势突出

2019年,深圳、广州数字经济规模是广东省唯二突破万亿元大关的城市。作为第一梯队,是省内其他19个城市数字经济规模之和的2.2倍,占全省数字经济总规模的66%以上。位于珠三角地区的东莞、惠州、佛山、珠海拥有良好的数字经济产业基础,同时在深圳、广州辐射带动下,数字经济规模均超千亿元的规模,领跑广深以外的其他地区,是粤港澳大湾区数字经济发展强大的生力军和第二梯队。广东省其他15个城市数字经济为第三梯队,其发展规模介于80亿~900亿元之间,尚处于发展起步与追赶阶段,仍需进一步挖掘其数字经济发展潜能。2016—2019年广东省数字经济规模与地区生产总值比较，如图10-1所示。

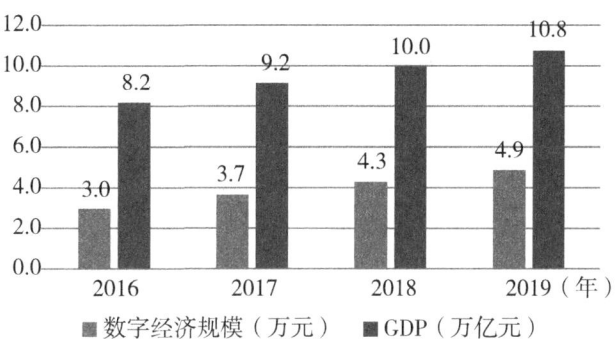

图10-1　2016—2019年广东省数字经济规模与地区GDP比较

在数字经济占GDP比重方面，同样呈现出明显的集聚发展特征（图10-2）。深圳、东莞、惠州、广州数字经济占GDP比重明显高于全国水平，特别是深莞惠经济圈作为全国高端新型电子新兴产业领域的龙头，也是全球重要的智能设备终端的生产基地，数字经济占GDP比重已超过65%，显示出数字经济与实体经济高度融合的发展特征。珠海则与全国水平相持平，中山、佛山、江门、肇庆及其他12个城市均低于全国水平。

综上所述，粤港澳大湾区数字产业集群以深圳、广州为双核心，沿着"广州—深圳—香港—澳门"科技创新走廊，覆盖珠江三角洲国家大数据综合试验区，形成了数字经济第一梯队。

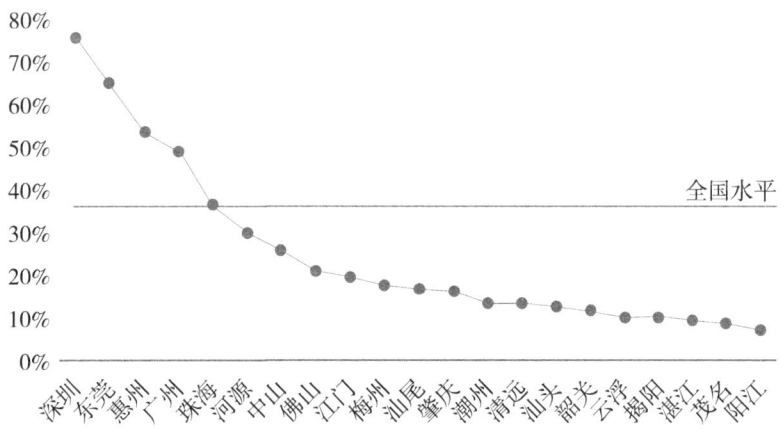

图10-2　2019年广东省各地市数字经济占地区GDP比重

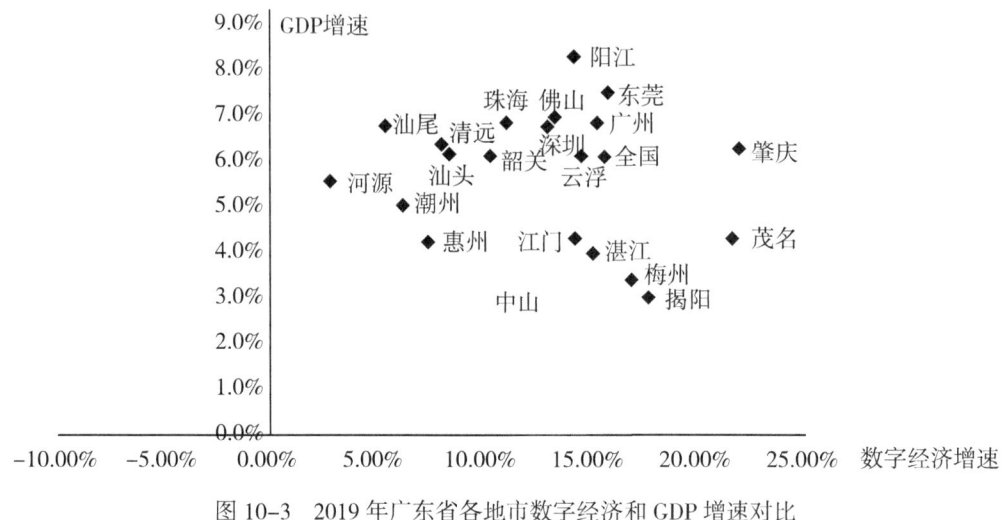

图 10-3 2019 年广东省各地市数字经济和 GDP 增速对比

2019 年,广东省绝大部分城市的数字经济增速均显著高于本地区 GDP 的增速(图 10-3)。快速发展的数字经济正成为构建新发展格局的重要支点,凸显出数字经济时代下的发展新趋势、新格局。但各城市数字经济增速存在较大差距:肇庆、茂名、揭阳、梅州与东莞数字经济增速均超过全国数字经济 15.6% 的增速;广州、湛江、云浮、江门、阳江、佛山、深圳、珠海与韶关 9 个城市的数字经济增速均在 10% 以上,处于较快增长区间内;汕头、清远、惠州、潮州、汕尾、河源、中山 7 个城市数字经济增速低于 10%。这些城市增速较慢的主要原因在于:一方面是数字企业数量较少、整体规模偏小、产品附加值低,极易受到外部环境影响,进而导致数字经济增长不稳定;另一方面是缺乏起引领作用的数字龙头企业以及相关核心产业。因此,对于处于低速增长区间段的城市而言,应当加紧培育数字经济核心优势,加快形成地区内部产业集群式发展,提升数字经济增长动能。

3. 数字经济结构优化特征显著

2019 年,广东省数字产业化继续呈现平稳向上发展的势头,总规模达到 1.7 万亿,同比增加 5.6%。从数字产业化内部构成看,软件行业和互联网行业占数字产业的比重达 41%,较 2018 年提升 4%,电信行业占比不变,电子信息制造业占比回落,软化特征明显,表明粤港澳大湾区数字产业化结构正逐步升级。

随着数字技术向生产、生活的各个领域渗透,产业数字化进程加速,逐渐成为驱动粤港澳大湾区数字经济发展的主要动力。粤港澳大湾区产业数字化占比呈逐年增大趋势。2019 年,广东省产业数字化部分规模为 3.2 万亿元,占数字经济总体规模的 65%,较 2017 年提升约 4%,数字经济逐步向 ICT 产业与传统产业深度融合方向迈进。

产业数字化也已成为各城市数字经济发展的主要推动力。茂名、湛江、佛山、阳江、揭阳和汕头6个城市产业数字化对数字经济的贡献率均超过80.2%的全国平均水平。清远、韶关、肇庆、江门、云浮、广州、潮州、中山、汕尾和梅州10个城市产业数字化占数字经济规模比重也达到了70%。而珠海、东莞、惠州、河源、深圳5个城市数字产业化发展比重较大，因而产业数字化占数字经济比重相对较低。

10.1.6 湾区数字经济发展存在的问题

1. 区域发展不平衡

因各地市在经济基础、产业结构、资源要素禀赋等方面存在着显著差异，粤港澳大湾区内数字经济规模的区域分化也比较明显。在数字经济总量方面，虽然广州与深圳数字经济规模都已达万亿元以上，广州数字经济是广东省数字经济发展的主要动力，但广东省尚有15个城市数字经济规模不到1000亿元，数字经济发展仍处于加速追赶阶段。在人均数字经济规模方面，深圳、广州、东莞、珠海人均数字经济规模均超万元，但仍有12个城市人均数字经济规模不足万元，其中湛江、云浮、阳江和揭阳人均数字经济规模低于4000元，粤港澳大湾区区域内部数字经济发展差距甚至大于全国各区域间的发展差距，呈现巨大的数字发展鸿沟。从数字经济发展增速看，广东省21个城市中，有5个城市数字经济的增速超过15.6%的全国数字经济增速；有9个城市数字经济的增速在10%以上，处于较高增长水平；有7个城市数字经济增速较慢，低于10%，凸显出各地区数字经济发展进程不平衡与不一致性。

2. 企业数字化转型步调不一致

在数字化时代下，虽然培育和提升企业核心竞争力的关键路径是数字化转型，但粤港澳大湾区企业数字化转型发展仍存在较突出的不平衡问题。一是大中小企业数字化转型发展不平衡。龙头企业和众多大型企业加快布局率先抢占发展先机和战略制高点，但其数字化转型的集成和融合度仍待提升。更大的问题是作为粤港澳大湾区中坚力量的中小企业受惯性思维、转型不确定性以及投入成本大等因素影响，"不想、不敢、不愿"进行数字化转型。二是数字化转型供求双方发展不平衡，呈现"半边冷半边热"现象。数字化转型平台商、服务商和数字化技术融合应用度高的企业较积极推进数字化转型，但较大比例的传统企业由于数字化投入成本大、预期收效不明晰、没有成功案例参考以及数据安全等原因不敢进行数字化转型升级。三是产业链不同环节数字化发展不平衡。由于在生产企业的上游，提供原材料的经济实体以中小企业居多，数字化程度不足，数字与实体产业融合程度偏低，进而导致产业链上下游不同环节在运用数字化手段进行协同发展中出现瓶颈,从而制约产业数字化转型。

3. 加快培育数字创新要素

虽然粤港澳大湾区作为全国最具活力的数字经济发展空间引擎,但数字创新要素供给不充分,显著滞后于数字经济发展现实需求的问题仍很突出。

(1)在数字经济关键前沿技术领域,粤港澳大湾区作为我国制造业和前沿科技最为发达、芯片应用市场规模最为广阔的区域,高端芯片的自给率仅有14%左右,"缺芯少核"问题依然严重。

(2)粤港澳大湾区各城市在创新资源、创新环境、创新投入等方面存在显著差距。深圳作为粤港澳大湾区数字经济发展的先驱,拥有腾讯、华为等数字企业巨头,科研成果转化效果显著,但存在缺乏科研实力雄厚、创新能力强的大学、科研平台与研究机构、建设发展滞后等问题;香港拥有全球顶尖的大学与科研机构,对前瞻性的基础科学研究投入大,但存在产业空心化等问题,不利于数字化转型实践;广州科研资源丰富,但缺乏大型龙头数字企业,企业创新能力弱,科研成果转换效率不高;其他城市与上述城市相比,在数字创新资源供给与培育等多个方面均大幅落后,面临数字化发展困境。

(3)粤港澳大湾区仍然缺乏数字经济创新融合发展平台,各高校、研究机构及企业之间尚未形成深层次、高效率的协同合作机制,创新链尚不完善,而在数字技术人才供不应求的环境下,大数据、人工智能和算法等人才竞争一定程度上加剧了粤港澳大湾区的资源稀缺度,未来亟需通过加强粤港澳大湾区科技创新合作,推进"广州—深圳—香港—澳门"科技创新走廊建设,探索有利于人才、资本、信息、技术等创新要素跨境流动和区域融通的政策举措,共建粤港澳大湾区大数据中心和国际化创新平台,以实现粤港澳大湾区数字创新资源充分融合与高度共享。

4. 数据价值化进程缓慢

近年来,粤港澳大湾区在数字产业化、产业数字化、数字化治理领域取得较为突出的成绩:数字产业化和产业数字化发展位居全国前列,数字化治理尤其是"数字政府"建设成效突出并且多项指标位居全国第一,但在数据价值化探索与建设方面整体进程仍较为缓慢,"数据烟囱""数据孤岛"现象仍然存在。究其原因,一方面,数据价值化建设必须严格依托于相应法律制度保障,但由于粤港澳大湾区在制度安排与供给上存在鲜明的差别,例如粤港澳对数据和隐私的范围界定不同,三方司法体系均相对独立,使得数据流通存在较大的制度壁垒,如何在"一国两制"框架下做好数据价值化的制度安排仍需深入研究与探索;另一方面,粤港澳大湾区底层算法代码、API

数据接口以及数据标准等数据流通技术层面存在差异，导致不同机构在数据流通，尤其是跨境流通之后进行数据分析和挖掘过程中存在结果不一致性和准确性误差。

10.2 湾区数字经济的空间结构状况

粤港澳大湾区是指由香港、澳门两个特别行政区和广东省的广州、深圳、珠海、佛山、中山、东莞、肇庆、江门、惠州等九市组成的城市群，以香港、澳门、广州、深圳四大中心城市作为区域发展的核心引擎，继续发挥比较优势做优做强，增强对周边区域发展的辐射带动作用。

10.2.1 湾区数字经济的空间形态的现状

1. 粤港澳大湾区产业布局

粤港澳大湾区的产业结构较均衡，电子信息产业与装备制造业蓬勃发展，拥有华为、腾讯等全球著名科技公司。

粤港澳大湾区一般分为珠江西岸、东岸以及港澳地区。目前，珠江西岸主要为技术密集型产业带，以装备制造业＋农业为主。其中包括新材料、新能源、农业产品、电子加工等。珠江东岸主要为知识密集型产业带，以新兴产业＋高科技为主，其中包括互联网、人工智能、科技创新等。沿海则为生态保护型产业带，包括先进制造业、现代服务业。同时，东岸、西岸、沿海城市群加强联系与合作，优势互补，共同构建产业结构。

而港澳地区在大湾区中起到促进向外发展、加强对内融合的作用。其中，澳门积极发展旅游休闲服务业、博彩旅游，同时也担任葡语国家交流平台中心的角色。香港作为全球金融中心之一，成为对外开放渠道，担任贸易中心、航运中心等角色。

粤港澳大湾区进一步优化数字经济发展格局，形成了以"香港—深圳""广州—佛山""澳门—珠海"3个极点城市群数字经济发展水平领先、其余多个节点城市特色突出的格局。珠三角地区强化"双核一廊两区"（"双核"即广州、深圳两市，"一廊"即广深科技创新走廊，"两区"包括珠江三角洲国家大数据综合试验区等）的辐射引领和带动作用，形成了以广州、深圳双核领衔，东莞、佛山第二梯队持续推动，惠州、中山、江门、珠海、肇庆第三梯队不断增强等3个梯队均衡增长的良好发展态势。

大湾区正布局多行业、多元化的数字生态圈。珠三角地区在互联网、物联网、5G

通信技术、大数据、云计算和人工智能等领域形成引领数字经济发展的重要支柱,加上香港和澳门在基础研发、人工智能、数字生物等领域多种技术力量的叠加,数字经济成为了大湾区参与国际产业竞争的重要战场。龙头企业方面,大湾区内千亿元市值上市公司占上市公司总数比例超三成,表现突出,尤其是电子信息技术和软件行业的公司优势明显。独角兽企业方面,据统计,2018年大湾区内超级独角兽企业有2家,独角兽企业有33家。

2. 城市功能合理分工

湾区内不同城市各自的功能不同,拥有自身的特色产业和优势,以形成聚集优势。

1)香港是大湾区的"超级联系人"

香港背靠广东省、西背珠江口及澳门,位于大湾区的经济最中心位置,地处太平洋西岸中央,是世界上最大的大陆——亚欧大陆与世界上最大的海洋——太平洋交汇处,也为中国通向世界提供了基础。香港拥有齐全的基础设施,国内外人才聚集,资本流动速度快,信息系统完善,各种经济要素流动顺畅且得到了高效利用,与大湾区其他城市经济联系最为密切。同时拥有国际贸易和交易网络,是国际金融、贸易中心、离岸人民币业务的重要枢纽,可作为大湾区面向世界的"跳板"和"联系人",为内地不断打开国际市场,吸引国际资本流入,并为内地提供跨境交易、人才交流、投资融资和商贸服务平台等服务,逐渐形成香港带动大湾区内部城市,大湾区内部城市带动周边城市,周边城市带动内陆城市等逐级经济辐射模式,助推大湾区建设,带动湾区向世界级高质量大湾区迈进。

2)澳门是大湾区的"特定联系人"

澳门作为特别行政区,地处中国东南沿海,水陆空交通便利,与欧盟、拉美国家展开长期的经济交流合作关系,但澳门并不具备香港的国际航运中心、国际金融中心等地位,不能为大湾区提供对内对外的联系,因此澳门应发挥其自身独特的优势,形成大湾区与世界特定国家的特定联系。澳门一直是中国与葡语系国家商贸合作服务的重要平台,连接欧洲、拉丁美洲的关键城市,同时也是国际著名的休闲娱乐中心,这些是香港并不具备的固有优势。因此,澳门可发挥其固有优势,扮演好其国际合作平台的角色,形成大区对葡语系国家以及国际休闲娱乐服务的精准对接。在大湾区城市群的建设发展过程中,澳门可以充分发挥自身独特优势,结合城市群企业,通过多种方式走出去、引进来,在国家战略中发挥助力作用。

3)广州是大湾区的"核心枢纽"

广州不仅位于大湾区的地理中心,也作为华南地区的政治中心,是港澳大湾区一个重要的核心枢纽城市。广州各方面优势突出，不仅医疗卫生服务完善，历史文化底蕴深厚，最为重要的是高校云集，人才吸附能力强，自身有着强大的人才储备和科研实力。由于广州特殊的政治中心地位和本身的优势特征，在大湾区的城市定位中也具有特殊的意义。广州应承担其政治中心的责任，具体发挥其作为核心城市的引领、集散、辐射的功能和作用，主动积极协调各城市之间的生产联系关系，优化城市群经济空间内部发展平衡结构，只有协调好湾区内城市间的生产联系关系，调节和配置好湾区各城市间的资金流、信息流、人才流和物质流等各种生产要素流，才能实现大湾区整体经济实力的提升，打造世界级湾区。

4）深圳是大湾区的"核心引擎"

首先，深圳在地理位置上毗邻港澳，背靠珠三角，地处亚太主航道，具有独特的先天地理优势。其次，作为中国最早和最成功的经济区之一，经过改革开放40多年的发展，深圳已经深度融入世界经济中，在全球产业分工体系中占一定的地位。在粤港澳大湾区的建设中，深圳最先提出发展湾区经济，是大湾区内部最具活力的核心城市。深圳作为国际创新服务中心，根据2017年深圳市公布的数据，各产业GDP占比如下，工业贡献率最高，占到38.8%，且已由传统工业向先进制造业转变；其中先进制造业和高技术制造业占规模以上工业增加值比重分别达到71.0%、65.6%。深圳的产业结构凸显"三个为主"：经济增量以新兴产业为主，新兴产业对GDP增长贡献率达40.9%；工业以先进制造业为主，先进制造业占工业比重超过70%；三产以现代服务业为主，服务业占GDP比重60.5%，现代服务业占服务业比重提高至70%以上。其中，深圳的四大支柱产业为文化创意产业、高新技术产业、现代物流业、金融业；战略新兴产业包括生物产业、新能源产业、互联网产业等。

深圳经济实力雄厚，不断发挥着区域经济的集聚效应和扩散效应，带动周边城市的发展，其创新能力突出，无疑是当代的"创新之都"，也为粤港澳大湾区源源不断输送创新动力。在港口建设、金融、物流、信息等方面在全球都有一定的影响力，深圳可凭借优越的地理位置、雄厚的经济实力、强大的创新驱动力、较强的汇聚经济动能优势以及对周边城市的辐射力，成为粤港澳大湾区内部的引擎，为未来大湾区的融合协调发展不断发挥和创造其核心城市的助推价值。

5）佛山是大湾区的"制造脊梁"

佛山作为珠江西岸的龙头城市，连接珠江东西两岸，有着天然的承东启西的优势区位。佛山作为国际产业制造中心，其工业体系较为健全，涵盖了几乎所有制造业行业，家具家电、机械装备、陶瓷、金属加工等传统产业优势突出，光电、新材料、生物制药、机器人、新能源汽车等新兴产业蓬勃发展。在产业分布上，佛山的制造业尤其是民企制造业表现十分突出，近几年，佛山的工业产值不断上升，2016年规模以上工业总产值突破2万亿元，2017年为22 350.65亿元，增速高达11.7%，但传统的"制造"距离先进的"创造"尚存在差距，因此，在粤港澳大湾区的城市定位方面，应重点抓住佛山的制造业定位，使其成为湾区制造产业的支柱，挑起制造业发展的大梁，为大湾区的先进制造业发展作贡献。

6）珠海是大湾区的"新引擎"

珠海拥有珠三角最长的海岸线和面积最大的海域，有优良的湾区资源和经济基础，在大湾区的建设中战略地位突出，有着区位、政策、产业等各方面的优势。珠海一直秉承着"创新"的特色发展方式，政府也明确提出将珠海打造成大湾区创新高地的战略定位，因此珠海的创新引擎的定位是其未来发展的必然选择。抓住创新这一重点发展方向，应主动紧跟国际技术前沿和产业变革方向，吸引港澳以及世界高端人才集聚，借助港澳国际化的商贸环境，为相关的产业发展和科技创新做服务，融合港澳和珠海的人才、产业和科技等要素发展，促进其产业向世界高端水平迈进，率先形成创新引领的经济体系和发展模式，辐射带动大湾区内部各城市的创新发展，力争建设大湾区城市群创新共同体，成为大湾区迈向世界一流湾区的新引擎。

7）东莞是大湾区的"制造中心"

东莞位于珠江口东岸是大湾区的重要节点城市，东莞南接深圳、北邻广州，且处于穗深经济走廊带的中心位置，可谓"左右逢源"，地缘优势突出。东莞堪称国际制造名城，也因发达的制造业有"世界工厂"之称。2015年《东莞市城市总体规划（2016—2030年）》和2017年《广东省沿海经济带综合发展规划（2017—2030年）》，都提出东莞要定位于建设"国际制造名城"，这都进一步明确了东莞在粤港澳大湾区建设中"制造中心"的定位。与佛山制造不同，东莞更多的是要坚持以加工制造业为基础，以国际市场为导向，产品远销海外的外向型经济发展模式，在粤港澳大湾区的建设中，进一步拓展东莞的制造业发展空间。东莞可紧紧依靠自身强大的现代制造业基础，与大湾区内其他城市形成产业优势互补，错位协调发展。

东莞作为全球制造业重地，依托电子信息、装备制造、纺织服装、食品饮料、家具制造等"五大支柱、四大特色"产业不断优化升级，新一代电子信息、机器人、智能终端、新能源汽车等新兴产业不断发展壮大，以及散裂中子源大科学装置等科技创新载体的前瞻布局，2017年地区生产总值达7582亿元，位居全国19名，此后5年年均增长8.39%，是唯一列入广深科技创新走廊的地级市。

8）中山是大湾区的"几何中心"

中山在地理区位上恰恰处于粤港澳大湾区的几何中心，成为大湾区城市群的重要连接点。从世界三大湾区的发展经验来看，交通的互联互通是湾区经济一体化发展的重要推动力。而粤港澳大湾区的世界级城市群和一流湾区的建设离不开各城市间交通的互联互通，中山正位于地理上的几何中心，距离大湾区东西南北都有相似的里程数，因此在进行大湾区交通的互联互通方面，中山起着关键性的作用。中山应借助大湾区建设发展机遇，依托城市群体效应和交通流量，综合建设公路、铁路、航运及港口等交通基础设施，利用交通基础设施建设实现向大湾区四周对接发展，向粤西延伸、升级港口，以各式交通连接大湾区内各城市，激活其作为大湾区几何中心的枢纽功能。中山市的传统产业如家电、灯饰、五金、食品等行业正在改造提升、转型。同时，高端装备制造、新一代信息技术、健康医药三大战略性新兴产业在发展。

9）惠州是大湾区的"承载地"

惠州地处珠三角北部，西北邻广州，西南与深圳接壤，邻近香港，中部又与东莞相连，海岸线长，是广东省的海洋大市之一，坐拥空港和海港，地理位置和资源优势明显。惠州地域空间广，开发程度仅有10%，经济发展程度和人口密度都较低，是大湾区内其他城市进行产业转移和人口、资源外溢的天然承载地。惠州也具有轻重工业结合发展的产业优势，既有国家级电子信息产业等现代产业体系，也有石油、化工以及清洁能源等临海工业基础，具备承载溢出产业的现实条件和实力。在具体实践中，惠州一直紧密对接深圳和东莞，承接两地的产业转移，接受两地的产业辐射，不断推动自身的产业升级，这也为惠州成为深化合作的理想承载地做了现实基础和实践经验的铺垫。因此，惠州发挥自身区位、资源条件、产业空间等优势条件，扮演好大湾区城市群深度合作承载地的角色，不断地推动粤港澳大湾区城市间的深度经济融合和合作发展。

10）江门是大湾区的"西部核心枢纽"

江门地处粤港澳大湾区的西部，邻近珠海，与澳门隔海相望，空间上与广佛、深港经济圈共同搭建起大湾区的"黄金三角地带"，并且已经建立了沿江港口群，已经成为大湾区西部的核心城市。江门市委十三届七次全会指出，要抢抓粤港澳大湾区的发展机遇，构建功能明晰的区域发展新布局。在交通建设方面，应全力打造珠西综合交通枢纽，在"一枢、两中心、三通道"的基础上构建综合交通网络，尽快实现广州、深圳、江门交通三足鼎立的新局面。在产业发展方面，江门具备建设高水平产业平台的能力，加快核心产业园区建设，重点打造重大产业发展平台，加深与香港、澳门、深圳等城市的密切合作，带动粤西地区深度融入大湾区的建设中，实现湾区城市间的高度互补融合发展。

11）肇庆是大湾区的"西南枢纽门户"

肇庆作为珠三角的"经济洼地"，在激烈的城市竞争中面临着众多挑战和困难，但肇庆拥有独特的地理优势、丰富的资源禀赋优势，良好的人才环境与丰厚的政策红利等优势。肇庆背靠大西南，面向整个大湾区，是唯一一个与西南地区接壤的城市，不仅是大湾区连接大西南的重要节点城市，也是大湾区通往大西南以及迈向东盟重要的西部通道。因此，肇庆无疑肩负着大湾区辐射大西南和东盟的重要责任，成为大湾区连接大西南枢纽门户城市。肇庆的经济发展空间大，从土地利用来看，据统计，2016年肇庆市土地开发强度仅为6.2%，是珠三角城市平均水平的1/3，在大湾区土地资源空间上，肇庆需加强交通基础设施建设，统筹推进水陆空交通基础设施的建设，推动形成珠三角连接大西南的综合交通网络。此外，要着力实施工业发展"366"工程和创新驱动发展"1133"工程，加快打造三大千亿支柱产业集群，推动肇庆科技创新产业带建设，使其全面融入大湾区城市群一体化发展。对粤港澳大湾区内部各城市进行精准的定位，不仅有助于促进各个城市寻找到自身的核心价值，制定符合自身发展的城市规划和产业布局，也有利于打造粤港澳大湾区整体的核心竞争力，实现大湾区产业的错位、协同发展。但是对各城市的定位并不是一成不变的，随着大湾区经济的融合发展，城市内部因素和外部因素不断变化，各城市的定位也会发生相应的变化，因此要精准把握市场、经济环境的变化，及时作出调整，争取早日实现大湾区世界级城市群的建设目标。

3. 完善的海陆空交通布局

粤港澳大湾区在跨江通道、港口、航运、机场群建设方面加强布局。通过不断加强交通基础设施建设，打造现代化的综合交通运输体系，一小时生活圈初步形成。

2018年9月深中跨江通道工程项目中两座大桥（伶仃洋大桥与中山大桥）的主墩桩基开钻，标志着第二座跨海大桥项目全面进入建设施工阶段，是粤港澳大湾区连接东西两岸（深圳与中山）的重要跨海通道，为湾区产业协同体系建设发展提供重要的交通联系支撑；同年9月末，广深港高铁通车运行，标志着粤港澳大湾区建成首次纳入香港的湾区内城际高铁网络；10月末，粤港澳大湾区第一座跨海大桥港珠澳大桥顺利通车，将珠海至香港的交通时间由通车前的3个多小时缩短至40分钟，显著提高珠江口西岸交通可达性，标志着香港与粤港澳大湾区西边珠海、江门与中山等城市的经济要素流通全面提速，提高珠江口西岸城市的工业制造业产能利用；11月末，虎门二桥主线贯通，标志着粤港澳大湾区重要跨江通道进一步打通，极大缓解虎门大桥通行压力，全面缩短广州南沙—番禺—东莞沙田通行时间，加速湾区核心区域交通基础设施的互联互通（2019年4月初已经通车）。

粤港澳大湾区打造的"1小时经济圈"已初具雏形，以港珠澳大桥、广深港高铁为代表的现代化交通基础设施建设将粤港澳大湾区与世界三大湾区的差距进一步缩小，并为未来的赶超提供重要的地理空间基础。

10.2.2 湾区数字经济空间结构优化

区域经济发展目标不仅有一般性指向的资源最优合理配置，而且还包括更具象的减少区域经济发展差异的指向，随着粤港澳大湾区正式上升为国家战略，"9+2"之间的区域经济合作将上升到新的发展阶段。因此，为加强粤港澳大湾区内的经济合作与协同发展，提升区域内经济总体水平，缩小区域经济差异，促进区域一体化进程，从经济空间结构优化的视角下，可从以下几个方面加以审视。

1. 突破行政区划障碍，强化区域合作发展

行政区划是我国进行地区划分的形式，通过行政边界的划分，会形成不同行政区域，执行不同的管理办法，甚至渗透着不同的管理思维方式。从经济层面来讲，就形成了很高的正式和非正式的制度成本，从而在很大程度上阻碍区域经济合作发展，出现"地方保护、地方主义"。在粤港澳大湾区内，这种行政区划更为复杂，不仅在"9+2"城之间存在不同行政区划，而且还有香港、澳门两个特别行政区的不同社会制度、法律制度甚至文化差异。在现行的行政体制下，地方行政主体仍会以地方利益和政绩为导向，以行政区为依托，建立贸易壁垒，阻碍市场上资源和要素的流动。这种行政模型会给区域内经济空间的扩展造成较大障碍，影响"增长极"辐射效应的发挥，在带来政府行政成本和企业成本的上升之际，最终让区域经济合作形成负面效应。而且在建立粤港澳大湾区后，这种倾向甚至更为严重。由于不同社会经济制度、文化冲突的影响，港澳如何打开"隔阂"，从人才流动、物流、资金流和信息流等方面主动融入区域发展，将成为区域经济协同发展的重大症结所在。简略地讲，行政区划突破一方面包括内地9城之间的行政壁垒如何突破，另一方面则是港澳与内地9市之间的行政阻隔如何化解。上升为国家战略的粤港澳大湾区发展规划应将不同社会制度、法律环境、经济发展水平的主体蕴含于一个区位之内进行考虑，把外部性进行有效内化，为区域经济合作提供有力的制度保证。

2. 发挥增长极扩散效应，强化核心城市辐射作用

粤港澳大湾区内各区域经济差异有所缩小，但港澳在区域内的增长极的格局依然保持着。从整个区域来看，广州、深圳还有一定的发展空间，仍然没有进入增长极的发展阶段。但从内地9城来看，广州、深圳作为增长极的作用则已经开始发挥，尤其随着港澳经济发展的逐步放缓，这种发展趋势会进一步强化。考虑到区域内已经实施的前海、南沙、横琴自贸片区，从空间角度看，港澳的经济发展重心将会向内地进行倾斜，所以广州、深圳进入增长极序列发挥扩散效应、促进区域差异缩小的作用会加快实现。因此，一方面，内地9城应进一步加强区域集聚，充分发挥此增长极的辐射扩散功能，促进边缘区域的共同发展，防止区域内的差异进一步扩大；另一方面，要积极发挥港澳在大湾区内核心城市的带动作用。区域内的核心城市主要分为三个层次：第一核心城市，即香港、澳门这样具有国际影响力的城市；第二核心城市为广州、深圳，作为内地区域的行政中心，应该与省内其他城市加强联系、互通发展；第三是一些经济基础相对较好，经济发展水平相对较高的其他区域，如珠海、佛山、东莞等。在未来的发展中，粤港澳区域应该强化港澳一级增长极的辐射效应，强化港澳对内陆区的辐射作用；重点建设二级增长极广州、深圳，使之成为区域经济新的增长极，不断扩大核心空间，使区域从极核发展非均衡阶段迈进，并最终达到多核心均衡阶段。同时，在此进程中，应注重发挥广深在港澳与其他区域经济单元之间的中介作用、承启作用，推动港澳一些合作直接与其他区域对接，从而力促区域内经济差异缩小，强化区域内协同发展。

3. 优化产业结构，加快共同市场体系的建设和完善

在产业结构优化方面，各个区域单元面临的发展取向也不尽相同。首先，香港和澳门应发挥其产业结构优化度较高、资本实力雄厚、管理经验成熟和接轨世界市场等优势，加强同内陆区域的合作，拓宽内地市场，引领和推动大湾区的产业合作发展。其次，深圳和广州应积极发展技术密集型产业，并通过产业升级，将低附加值的劳动密集型和资源型产业向周边区域转移。大湾区内其他经济单元发挥自身资源优势，积极承接广州和深圳的劳动密集型产业的转移，并同时提高自身的科技水平，促进本地区的产业化水平的提高。另外，粤港澳大湾区内应打破市场障碍，完善共同市场制度环境，统筹区域市场体系的布局和建设，发挥各地优势，实现区域内要素流动，加速构建泛珠区域市场网络体系。

4. 继续推进交通网络建设

交通是区域经济联系的纽带，是区域经济发展的基础条件，而区域空间内不同层

次空间的分工和联系也主要依赖于由核心区向边缘区的辐射通道，交通基础设施的完善是区域内辐射通道的基础。不合理的交通布局可能会导致建设重复过剩，抑制地区经济的增长，而经过区域整合，粤港澳大湾区统一合理规划的交通布局则会避免重复建设，消除区域差异，促进区域一体化发展。根据目前"9+2"经济单元的经济发展状况，轴带发展模式（或轴扇发展模式）仍是应坚持的主要发展思路，通过强化澳深、港澳珠、深广等主轴线的走廊效应，带动多条辅轴及增长轴的建设，以获得区域经济发展的快速提升。在辅轴选择上应坚持"依附轴线强化中心"的战略，选择佛山、东莞、中山等城市作为进一步发展目标。

10.3 湾区数字经济的产业融合状况

10.3.1 湾区数字经济与传统产业融合发展现状

1. 大湾区数字经济与传统产业融合发展的地区现状

粤港澳大湾区已进入自上而下的制度转轨引导，数字技术与传统产业融合，以大数据和新基建为依托，"9+2"城市群协调发展的新局面。在产业现状上，大湾区传统制造业规模庞大，尤其中高端制造业的基础较为扎实，汽车、家电、医药制造和3C制造（计算机、通信和消费性电子）集群优势明显；大湾区内城市间具有产业协同升级的基础；相较于全球先进湾区，其在金融、航运和科创方面有一定优势，具有数字化赋能传统产业转型的资源基础和禀赋条件。在地区特征上，大湾区城市间产业梯度分明并各有优势：香港在航空航运、金融、贸易和国际营销方面具有突出的国际地位；澳门在电商、金融、会展、物流、旅游和中葡合作等行业领域发展领先；在"珠三角9市"的传统产业中，按GDP划分，第一梯队为深圳、广州，汽车、石化、电子制造与加工、物流和交通运输等产业占优，第二梯队为东莞、佛山，优势产业为家具、家电、陶瓷、机械设备和纺织服装等，惠州、中山、江门、珠海、肇庆5市分别在石化、五金、船舶制造、家电电器和汽车零配件等产业有较强的竞争优势。

2. 大湾区数字经济与传统产业融合发展的企业实践

大湾区传统制造企业数字化转型有4种方式：①拥有核心技术、业务精深、科技领先，有能力自身主导数字化转型的企业，如华为公司，从企业顶层设计到推行数字化变革的管理实践和全程技术支持都能够顺利推行和实施；②以美的公司为代表的典型行业巨头，通过逐步压缩产品生产线、关停生产基地等方式，凭借自身成本和市场优势成功渡过转型阵痛期,并实现全面的系统重构和信息化转型,从而顺利实施集团数字化;③数量多且产业链条完整的中小企业,其在设计、研发和制造环节的数字化应用显著不足,需要借助更多平台赋能在长期实现转型;④集群化分布的大量小微企业,这些企业同质化竞争激烈,创新能力不足,数字化资源配套相对滞后,转型困难。第一、二类企业自身实力较强,但在大湾区中数量较少;第三类企业虽然数量众多,但数字化转型推进程度低,更需政策助力;第四类企业数字化资源少,转型意识不足,转型最为困难。

10.3.2 湾区数字经济与传统产业融合发展存在的主要问题

1. 发展方式、产业结构和地区布局尚需优化

珠三角 9 市现有传统产业发展方式总体上较为粗放,主要表现为技术创新能力弱、产品附加值低、产业布局不合理。大湾区传统优势产业结构趋同导致部分产能过剩,尤其表现在深圳、东莞、惠州的制造业和珠海、佛山、中山三地的工业结构明显趋同。粤港澳三地协同发展的效应尚未发挥,数字化发展较好的城市引致作用不明显,城市间产业合作和优势产业协作互补的实践深度不足,大湾区协同效应无法完全发挥。例如,深圳数字化发展水平较高,但并未在大湾区内形成整体的辐射和带动效应。在湾区传统优势产业制造业中,大部分创新制造企业只集中在广州、深圳两地,惠州、中山、江门、珠海、肇庆等的短板明显。总体而言,数字经济引领产业创新、赋能传统产业转型的影响作用不明显,对粤港澳大湾区经济整体拉动效应不强。

2. 制度设计和保障体系有待建设

一是数字赋能产业化的保障体系不完善,主要表现在政府面对行业、企业时,数字化基础设施、制度法规和平台数据库缺乏。二是国家和地方都缺乏对数字经济、数字贸易、数字服务类的内涵界定和统计口径,尤其是数字经济统计指标测度。各个地方、企业或机构对其关键内涵和统计测度的口径并未达成广泛共识,造成大湾区在相关数据库和指标统计层面的困难,桎梏数字经济促进传统产业进一步发展的政策制定。三是财税优惠和数字化补贴等政策措施的倾斜度不够,尤其对数量众多且具备转型意识和核心竞争能力的中小型企业,政府缺少助力产业数字化和数字产业化的优惠政策。

3. 数字融合创新应用体系有待进一步完善

由于传统产业与互联网等新一代信息数字技术跨界较大,双方能力不同,"语言"不通,融合发展困难重重。传统产业生产和管理的数字化、网络化程度不高,数字技术主要集中在营销推广环节,与消费端紧密相关的消费电子、服装、家具等产业数

化程度较高，而在生产和运营管理上的应用还相对较少，上游原材料、装备等产业融合发展水平较低，与技术、产品、服务和产业有效衔接的渠道不畅通，制约了生产智能化的进程和产业数字化转型。此外，大湾区缺乏能够有效整合全球创新资源、具有全球影响力的数字经济创新与应用示范性平台，在基础研发领域缺少标志性重大科研技术设施和研究平台。微创新、迭代创新、关键创新、重大创新相互补充的数字经济创新体系有待进一步完善。

4. 大湾区数字人才较为缺乏

随着互联网、大数据、人工智能和实体经济的深度融合，对大数据人才的需求特别是跨学科跨领域融合型人才的需求日益增强。但大湾区目前大数据人才相对匮乏，既懂大数据分析技术又懂相关业务知识、既有互联网思维又理解制造业痛点的复合型人才明显不足。2017 年，北京、上海两地数字经济集聚就业人才占比接近全国 1/3，广州、深圳、东莞发展数字经济较好地区就业人才占比不到 12%。大湾区人才的平均数字化程度为 26.98%，呈现出不均衡甚至单极化趋势，整体人才数字化水平有待提高；从行业分布看，数字人才在制造业的占比较低，产业数字化融合不够，同时大湾区创新人才占比较低，对发达国家的人才依赖程度较高。全国人工智能核心技术职位主要分布在北京、浙江和上海，三地所招职位占比合计近 90%，而广东仅占 4%。

5. 转型意识亟须重视

一方面，信息不对称造成市场低效和市场失灵，使得大量传统产业的零售商、制造商认知固化，缺乏依托数字经济进行资源配置的意识灵敏度。而囿于数字化引致的经济效益并非立竿见影，部分具有转型意识的传统产业中小企业决策者也尚处观望阶段。一些企业虽已具备数字化的转型意识，但苦于难以找到转型路径和合适时机，无法在保持原有盈利的基础上实现数字化业务的发展或激活传统产业的数字化盈利模式而不选择数字化转型。

10.3.3 主要发达国家和世界一流湾区传统产业数字化升级的经验和先进模式

1. 主要发达国家传统产业数字化的国际经验

世界主要发达国家的产业数字化转型发展领先于国内，其经验为：①重视国家支柱性产业的数字化转型；②数字化赋能产业转型的同时会大力优化软环境建设并重视全民数字化素质的提升；③对企业数字化转型和人才培养领域的成本投入巨大。这主要体现在政府对企业数字化应用上的预算支持和财税优惠上，并从顶层设计上重视数字化的人才培养。

2. 世界一流湾区传统产业数字化的先进模式

全球经济体量最大且已形成规模效应的三大湾区分别是纽约湾区（"金融湾区"）、旧金山湾区（"科技湾区"）和东京湾区（"产业湾区"）。三大湾区传统产业数字化转型的发展历程有诸多相似之处：①发展初期，各湾区所在国政府和领军企业转型意识较强较早，抢抓先机；②产业转型发展期，各湾区信息化和数字化发展享有较大力度的政策优惠，同时，众多科研机构、风险投资机构和私人的参与以及民间力量的支持都是湾区从工业经济向服务经济和创新型经济进程推进的重要润滑剂；③产业集群推进阶段，其核心区内的高校和科研院所集群保证了源源不断的高素质人力资源输入和技术支撑；④转型后期的稳定阶段，各湾区都具备了总体开放的经济结构、功能性区分的合理性产业配置、快捷发展的交通运输网络和数字化程度较高的企业产业集群。

3. 世界主要一流湾区的数字经济发展状况对比

旧金山、纽约、东京，三大湾区所在国家的信息产业发展环境远优于中国。从2000—2019年的互联网普及率看，虽然中国整体的互联网普及大环境逐年向好，但与美、日相比还有差距；粤港澳大湾区中，只有香港的互联网普及率最优，比肩日本。根据全球主要城市数字经济竞争力总体排名，三大湾区的中心城市旧金山、纽约和东京在数字经济领域优势地位明显，分别位列全球城市数字经济竞争力的第四、五、六位，这为其分属的湾区数字经济发展综合水平提供了良好基础。东京在城市数字创新竞争力单项排名上位居全球第一，旧金山和纽约在城市数字人才竞争力上位列全球第三、第五，纽约在城市经济与基础设施竞争力上位列全球第三。相较而言，粤港澳大湾区城市未进入前三十名，城市数字竞争力与世界主要三大一流湾区城市相比尚显滞后。世界主要一流湾区在其城市的数字经济竞争力上分项指标排名较为均衡，反映出世界一流湾区在其城市经济活跃度、信息通信技术普及度、研发强度和投入产出效率以及数字人才培养等方面均十分出色，没有明显短板。加之三大湾区在产业发展上分工协同化水平高、区域治理统筹合理高效，其数字化经济发展水平远超世界其他湾区。

10.3.4　数字化促进粤港澳大湾区传统产业升级的对策

1. 政府层面发展对策

1）构建大湾区产业数字赋能的制度支持体系

加快构建数字经济赋能传统产业转型的政策体系，在明确大湾区不同区域传统产业的发展痛点的基础上，重点从顶层设计和粤港澳三地政府合作方面加强数字化产业赋能方面的区域合作和制度设计。第一，优化数字化融合经济发展的软环境。加强对数据安全的法规指引，加大与传统产业发展政策和发展规划相配套的数据安全法规建设，完善政府对传统产业数字化转型的扶持政策，在公共信息化建设如电子政务和民生数字化等重点领域加大政府资金投入，增加政府政务数字化窗口和工作平台。第二，加强传统产业数字化的财税优惠力度，逐步出台传统行业企业的信息化、数字化建设的投入支出费用文件指引。从政策上分批次分级别规定企业在信息化、数字化建设的投入比例和金额，达到国家标准后可进行补贴优惠和税费抵扣，引导数字技术与传统企业融合发展，加快企业技术改造升级。在条件适宜时，对大湾区传统产业的大、中、小和微型企业进行分级划分，制定标准，实施不同等级的数字专项资金补贴和优惠政策。第三，主动建立并加强与发达国家和世界一流先进湾区的联系与合作，派遣政府官员和产业、企业领军人员赴主要发达国家和世界一流湾区考察学习，加强高校数字化人才培养、政府和企业数字化产业合作方面的项目对接及合作交流。对标世界先进湾区，重点从电子政务管理、高端先进制造业、互联网通信和数字化交运网络等领域加大"新基建"投入，提升粤港澳大湾区传统产业转型的营商环境。

2）加快大湾区新一代信息基础设施建设

首先，加强在人工智能、分布式云以及区块链等领域的技术研发，支持数字经济企事业单位、研究机构等与传统行业企业的深度合作，共建数字化、信息化和智能化应用的联合研究中心、合作实验室等创新载体。推进以云计算、大数据和物联网等为核心的数字基础设施建设，重点落实5G网络覆盖、提速降费等受益企业营商环境的新基建；加大对数字化企业的政府采购力度和PPP（政府和社会资本合作）项目投入。其次，推进珠三角9市产业定位的差异化发展，同时借鉴学习港澳两地在人才培养、科学专注度和数字化营销方面的优势，提高珠三角9市信息化领域教育开支和科研投入比例。充分发广、深两市领头羊作用，加大珠三角其他7市在数字政务、数字教育、数字医疗、创新型人才引进等领域的投入。最后，增加大湾区总体的对外和对内开放力度，弥补因疫情引起的需求缺口，并为大湾区产业数字化增长提供长期动能。

2. 产业、行业和企业层面发展对策

（1）加强粤港澳深度合作，协同推进数字化转型。首先，可依托港、澳、广、深等中心城市的科研资源和优势产业基础，在纺织服装、食品饮料、建筑材料、家具制造、家用电器和贸易物流等支柱行业进行重点项目的资金和基建投入，以点带面、以面带全，梯度推进传统产业数字化转型进程。其次，联合大湾区传统行业各企业协会、中高层管理人员，定期举办互联网应用产品推介会，鼓励企业通过SaaS（软件即服务，software as a service）、PaaS（平台即服务，platform as a service）和IaaS（基础设施即服务，

infrastructure as a service）模式解决企业上云和信息化升级难题，使企业提高对 SCM（供应链管理，supply chain management）、ERP（企业资源计划，enterprise resource planning）和 MES（制造执行系统，manufacturing execution system）等信息系统应用的普及率，使行业企业熟悉互联网产品的组成、技术架构、功能以及竞争优势，打破产业内、产业间和企业层面的信息孤岛，加快数字经济赋能传统产业转型升级。同时，鼓励企业研发支撑数字基建的新技术，发展新基建。从媒体舆论上鼓励大湾区内医院、学校和企业等实践云诊断、云招聘、云招商等数字化运营的新方式。对于传统企业中数字化转型极度落后的中小型企业，鼓励其在保持原有事业单元的基础上，建立数字化运营部门，在保持企业存活和生存最低需求基础上，再逐步形成跨职能和跨现有单元的业务体系，同时对此类企业在补贴和财税上给予额外优待。

（2）开展信息化人才培育工作，提供智力资源保障。一方面，基于大学本科教育和高等职业教育，开展国内高校对数字化、信息化建设的知识普及和观念教育，为未来企业中高层人才的数字化意识培养打下坚实基础；另一方面，充分利用港、澳国际一流水平高校数量多、质量好的优势，与珠三角9市的科研院所、知名高校和传统行业的大型企业进行数字化人才联合培养，建立数字化复合型人才培养储备池。鼓励港、澳两地的知名学府在珠三角9市设立分校、分院或进行学位联合培养，企业可对相关项目进行投资，直接对接高校资源，并借此加快产业、行业和企业的创新步伐。

（3）聚焦重点优势，分行业、分区域推动转型。在行业层面，以"新制造"为抓手，重点对大湾区内汽车、家电、医药制造和3C制造为主的制造业企业进行数字化产业转型推进，通过物联网、人工智能算法采集和处理数据进行智能化升级，形成大湾区高度灵活化、个性化、网络化和智慧化的生产链条以实现传统优势制造业率先升级。制造业是大湾区传统产业最具竞争力的核心，强化优势产业数字化赋能先行是大湾区传统产业转型的关键。在地区层面，以深圳为中心，联合东莞、惠州打造电子信息制造业的数字化产业集群；以广州、佛山为中心，联合肇庆打造装备制造业的数字化产业集群；以珠海为中心，联合中山、江门打造传统机械制造业的数字化产业集群，支持香港在优势领域探索以数字化为核心的"再工业化"，推进珠海为厂、澳门为窗的珠澳全球数字货币窗口建设。区域分级数字化可确保大湾区能与国际一流湾区一样，既有强大的综合竞争能力，又避免出现区域内经济发展不平衡的结构性缺陷。

3. 社会层面发展对策

（1）鼓励社会资本参与，引导社会资源集聚。搭建区域技术服务平台，鼓励社会资本与高校、企业的技术合作、技术转移和扩散，以提高产业群的整体效率和国际竞争力。重点加强对基础科研、数据技术与传统产业融合创新研发的投入，通过与知名高校和研究院所合作科研课题、横向科技项目等方式，引导社会资本向数字技术与传统产业融合创新研发的方向倾斜。

（2）重塑社会意识，加强舆情引导发挥行业协会、商会和相关智库的智力支持与信息媒介作用，推动企业、社会层面聚焦传统行业的数字化转型问题，促进舆论导向，加大对产业、企业数字化重要性和必要性的宣传。

10.4 湾区数字经济的协同创新状况

数字经济已成为世界的主流经济形态和世界经济主要推动力量，"数字湾区"将成为未来粤港澳大湾区建设最亮眼的底色。为了建设好"数字湾区"，当前最为核心的任务就是充分发挥大湾区各城市数字经济的比较优势和"一国两制"制度红利，加强数字经济发展规划与引导，构建开放型区域数字经济协同创新共同体，完善数字经济协作体制机制，优化跨区域数字经济合作创新发展模式，构建有活力的跨区域、跨制度的数字经济创新体系，实现大湾区城市群共同推进数字经济创新、共享数字经济创新成果的理想目标。

10.4.1 湾区数字经济的协同创新现状

随着粤港澳大湾区建设的推进，粤港澳合作正从过去的招商引资、要素互补为主阶段转入产学研一体化合作、协同创新驱动阶段。在粤港澳大湾区11个城市中，香港、澳门、广州、深圳的综合经济实力处于领先地位。香港拥有多所世界级名校，基础研究优势显著，同时其发达的服务业也为企业在法律、金融方面提供支撑，而广东则有完善的产业链和广阔的市场空间。在粤港澳大湾区创新系统建设中，将香港在基础科研与服务行业的优势与深圳、广州等地的企业创新优势深度融合，可以激发出强大的创新驱动力。因此，协同创新是粤港澳大湾区发展的重要内容，可以通过加强创新合作来优化大湾区创新空间布局，这其中大湾区创新链、产业链、供应链数字化转型将起到重要的赋能作用。当前，粤港澳大湾区正在打造持续的创新生态系统，"基础研究＋技术开发＋成果转化＋金融支持"创新链逐步成熟，以云计算、大数据、人工智能、物联网为代表的数字技术正在促进资源、资金、人才、信息等创新要素在此高效转化成创新价值，实现大湾区创新链的数字化跃升。其次，粤港澳大湾区产业已经形成以先进制造业和现代服务业双轮驱动的产业体系，形成珠三角东岸电子信息产业带、西岸先进装备制造产业带为支撑的产业格局。与其他湾区相比，粤港澳大湾区产业门类最为齐全，港澳的专业服务优势和珠江地区制造业雄厚基础的互补性结合，使大湾区产业链具有较高覆盖率和制造快速反应能力，为人工智能、机器人、云计算、工业互联网、新一代信息技术等数字技术与大湾区产业链融合发展奠定坚实基础。另一方面，粤港澳大湾区已经形成上下游供应链网络体系。凭借香港、澳门、深圳和广州的机场、航运服务网络及效率优势，加之海关和港口的紧密合作，以及广深港高铁、港珠澳大桥、南沙大桥等基础设施的互联互通，粤港澳大湾区在未来连接全球主要区域供应链中，将可维持物流枢纽的地位和竞争力，但是这种供应链管理模式仍需随着人工智能、算法、分析技术、区块链技术、3D打印等数字技术融合不断转型和变革。

10.4.2 湾区数字经济协同创新存在的问题

从区域创新系统运行效率及产业链与创新链对接视角来看，目前粤港澳大湾区在区域协同创新系统构建中主要存在以下3个方面的问题。

1. 湾区内产业分工与合作不够明确

粤港澳大湾区作为多中心结构的湾区经济，目前其内部城市间的职能分工与协作仍不够清晰，且存在一定程度的同质化发展冲突。大湾区中香港、深圳等城市具有建设创新型城市的良好基础条件，但由于香港与广州、深圳等城市在产业链与创新链中环节定位认知上存在争议，以及在制度与文化等方面存在合作障碍，仍未能形成协同创新的有效合作机制，导致相邻城市间在资金、人才、科研平台、基础设施等方面存在着重复建设或激烈争夺，进而阻碍了粤港澳大湾区的产业升级与优化。

2. 创新链存在断裂，及产业链未实现深度融合

粤港澳大湾区内各城市在发展阶段、管理制度方面的差异以及行政壁垒的存在不仅阻碍了产业协同发展，也影响着各类要素的流动与共享。创新资源存在分散化、碎片化现象，难以充分整合利用创新资源、导致了大湾区内创新链的断裂。同时，大湾区内高等院校、科研机构、企业等创新主体没有形成利益共同体，产学研关联性的质量不高，使得创新链与产业链未能进行深度融合，也制约着大湾区内创新成果的转化及创新绩效的提升。

3. 大湾区创新的协同制度与系统环境有待完善

传统区域治理的宏观管理模式以及权责利关系界定已经不能满足当前城市网络化发展需求，因此需建立新的创新主体间的利益分配机制。香港、澳门地区具有独特的政治、法律地位，大湾区内诸多城市由于行政级别等问题，与香港、澳门难以实现对等、便捷的交流与合作。粤港澳大湾区目前存在的各种创新治理问题，在制度层面体现为缺乏科技协同创新的统筹机制，以及缺乏科学合理的利益分配和共享机制。

10.4.3 湾区数字经济协同发展的新路径

粤港澳大湾区数字经济正进入价值共创与产业生态重构阶段，需要在共同合作原则下开展数字经济协同创新，既要考虑产业数字化和数字产业化中各个城市的比较优势和创新能力，又要坚持合作各方主体的收益共享，同时要遵从基础研究与应用技术开发并举原则，不能短视地仅专注于数字技术应用和开发，必须坚持数字经济的基础研究、应用研究和开发研究并重并举、相互支持、相互促进，最终在坚持政府引导与市场推动相结合的道路上，积极发挥企业作为数字经济创新的主体作用，以及政府在各市场主体间和各城市间搭建好平台、以恰当的创新机制和产业政策引导市场主体开展数字经济合作的作用，推动粤港澳大湾区数字经济发展创新与协作。

1. 建立大湾区数字经济协调发展机制

在国家组建的粤港澳大湾区建设领导小组框架下组建大湾区数字经济发展委员会，将各地自身的数字经济发展规划职能向上让渡给该委员会，由其全面统筹制订大湾区数字经济发展规划，并优化提升粤港澳信息化合作专责小组和专家委员会功能，协调三地数字创新合作活动，不断深化数字经济各领域合作。各地的数字经济发展规划和政策要在大湾区整体规划下展开，建立起合作创新的整体规划和协调机制，以打破分散的、各自为政的创新规划和政策，避免重复建设和重叠同构，形成分工协作的合力。

2. 加强数字经济发展规划引导

将数字经济发展融入湾区建设，统一规划部署，在粤港澳大湾区国际科技创新中心建设方案、基础设施互联互通、构建现代产业体系等专项规划中侧重数字经济的内容。将数字经济纳入大湾区战略性新兴产业发展的重点领域，构建湾区信息高效流通体系，加强通信管线、基站、机房等信息基础设施共建共享，进一步推动扩容、提速、降费，实现湾区数据传输和网络互联的高速度、广覆盖、低成本。以数据流引领技术流、物质流、资金流和人才流汇聚流通，建设云上湾区、数字湾区、智慧湾区。

3. 推进数字经济综合基础设施建设

构建高速、移动、安全、泛在的新一代信息基础设施是发展数字经济重要基础保障。加快建设新一代信息基础设施。推进粤港澳网间互联宽带扩容，全面布局基于互联网协议第六版（IPv6）的下一代互联网。加快互联网国际出入口带宽扩容。推动大湾区内地无线宽带城市群建设，实现免费高速无线局域网在大湾区热点区域和重点交通线路全覆盖，实现城市固定互联网宽带全部光纤接入。加快推动信息基础设施互联互通，加快推动在港澳与大湾区内地间取消或降低通信漫游和长途资费。推进基础设施数字化改造。在各类服务场所推进基础设施智能化改造，建设公共服务大数据采集、开发和应用体系，提升全社会基础设施数字化水平。统筹推进网络与信息安全技术手段建设，建立健全信息通报预警机制，全面提升关键信息基础设施、网络数据、个人信息等安全保障能力。

4. 构建分工与协同的数字经济创新体系

发挥粤港澳大湾区各城市在数字经济方面的特色优势，统筹规划空间布局、功能定位和产业发展，优化数字经济生产力布局，构建大湾区数字经济分工与协同体系，形成数字经济创新合力。香港的电信市场是全球最先进、最蓬勃的电信市场之一，具有完善的基础架构设施，并且智能产业的研发中心初具规模，应发挥其基础性、原创性的作用，同时充分扮演"超级联系人"角色，成为粤港澳大湾区数字经济研发中心，以及大湾区与世界主要数字经济创新区域的纽带。澳门应开展博彩产业数字化，打造数字娱乐之都，同时以中医药研发和集成电路设计为突破口，并扩大在大湾区各城市的应用。深圳在电子信息、新能源和新材料、生物医药等领域的创新已走在全国前列，且正在培育大数据、人工智能等新的创新点，并集聚了大批创新型企业，应专注数字创新领域和强化企业为主体的创新方式，成为大湾区的数据经济创新先锋。广州应发挥科技资源密集、人才资源丰富的优势，为大湾区数字经济创新提供智力和平台支撑。珠海应发挥在精密机械和先进装备制造领域的优势，深入开展先进装备制造数字化，广泛吸引数字人才。佛山、东莞、惠州、江门、肇庆应强调已具备加工制造的产业优势，对传统产业进行全方位、全角度、全链条的数字化改造，成为数字创新成果转化和孵化的基地。通过城市数字经济的角色定位，在大湾区城市群中形成分工与协同的数字经济创新体系，成为推动中国数字经济发展的重要区域。

5. 搭建大湾区数字经济开放合作平台

利用粤港澳大湾区沟通内外、辐射全球的独特优势，同时利用粤港澳大湾区、"一核一带一区"和泛珠三角区域叠加效应，建设粤港澳大湾区国际数字经济创新中心，引导全球资金、技术、人才和数据等核心创新资源汇聚，在工业互联网、大数据、云计算、人工智能等领域联合开展数字核心技术攻关，鼓励企业通过投资并购、知识产权合作、联合运营等多种方式开展跨境合作，培育一批领军企业和独角兽企业，打造全球数字技术创新高地和数字经济融合应用典范。发挥深圳前海、广州南沙、珠海横琴等自贸片区重大合作平台政策先行优势，在数字金融、人工智能、数字民生等领域，加强与港澳合作。同时，大湾区加强与"一带一路"相关国家开展数字经济领域广泛合作，特别是与相关国家数字经济领域的政策沟通和战略对接，如中国—东盟信息港建设、中阿网上丝绸之路经济合作试验区建设，在宽带信息基础设施、大数据、跨境电商、智慧城市等新兴产业领域，为"一带一路"沿线国家提供高质量的信息产品和技术服务。

10.5 湾区数字经济发展展望

信息化技术应用普及，对市场经济发展影响不言而喻。未来阶段智能化技术革新及 5G 互联技术广泛运用，将为市场经济建设带来新的机遇。尤其作为科技产业领导者粤港澳大湾区经济建设，更应基于时代发展变化做好内容规划设计，不断从新兴产业布局实现经济建设推陈出新，保障粤港澳大湾区高质量融合发展，始终走在世界经济发展前列，不断为粤港澳大湾区经济建设注入新鲜血液。除此之外，粤港澳大湾区未来的发展，要倾向于协作国际上不同地区的经济发展，不仅要对接大湾区本身开展经济产业发展，在广州、香港及澳门地区化经济建设方面利用优势积极做好国际合作实践，帮助粤港澳大湾区经济建设引入良好外部资源，解决粤港澳地区联合经济发展管理不足的问题，促进多元化国际市场贸易协作，有利于推动多地区建设发展参与，使未来阶段粤港澳大湾区经济建设发展能形成良好市场经济新格局。

1. 以 5G 为引领推进数字基础设施建设

大力推进粤港澳大湾区 5G 基站和智慧杆塔建设，加快推进 5G 网络连续覆盖，以 5G 基础设施投资作为拉动新一轮投资增长的新引擎。推进粤港澳网间互联宽带扩容，全面布局基于互联网协议第六版（IPv6）的下一代互联网，推进骨干网、城域网、接入网、互联网数据中心和支撑系统的 IPv6 升级改造。深入推进物联网全面发展，统筹利用 4G、5G、NB-IoT（窄带物联网）和光纤等接入技术，打造支持固移融合、宽窄结合的物联接入能力。大力建设绿色数据中心，加快推进边缘计算中心、超算中心等多元协同发展，为粤港澳大湾区数字经济发展提供充足的算力资源。大力推动云计算基础设施、物联网、工业互联网等数字基础设施建设,全力推进重大科创载体等创新基础设施建设。

2. 建设具有国际竞争力的数字产业集群

依托香港、澳门、广州、深圳等中心城市的科研资源优势和高新技术产业基础,联合打造一批产业链条完善、辐射带动力强、具有国际竞争力的电子信息制造业产业集群、软件与信息服务产业集群、半导体与集成电路产业集群、高端装备制造产业集群、智能机器人产业集群、区块链与量子通信产业集群、前沿新材料产业集群、新能源产业集群、数字创意产业集群等数字产业集群。推动大数据产业、云计算产业、人工智能产业、智慧城市产业等发展壮大为新支柱产业,围绕信息消费、新型健康技术、海洋工程装备、高技术服务业、5G和移动互联网、3D打印、北斗卫星应用等重点领域及其关键环节实施一批战略性新兴产业重大工程。

3. 加快推动传统产业数字化转型

推进互联网、大数据、云计算、人工智能等数字技术在粤港澳大湾区制造业领域的全面渗透和深度融合应用。深入实施工业互联网创新发展战略,推动工业化和信息化在更广范围、更深程度、更高水平上实现融合发展,进一步提升粤港澳大湾区产业数字化水平。支持大数据、人工智能、云计算、物联网、区块链、5G和移动互联网、北斗卫星导航等新技术在服务业领域的创新应用,促进粤港澳大湾区新业态、新模式发展壮大。加速文化旅游、交通出行、商业零售、医疗卫生等场景与区块链等数字技术融合应用,推动交通出行、酒店餐饮娱乐、养老、托育、家政、旅游票务等领域"互联网+"和平台经济发展。

4. 以机制创新为动力加速数据要素流动

充分发挥粤港澳大湾区区域发展核心引擎作用,实行粤港澳三地数据跨境开放共享及安全管理,促进粤港澳地区跨境资金和商贸物流等方面便利化流动。探索利用知识产权、数字版权等数字资产证券化手段,促进创新要素价值流通,提高技术成果转化能力。培育发展统一开放、竞争有序的数据要素交易市场,完善数据流动交换共享规则,探索开展数据审计、数据保险等新型业务。加快颁布实施《广东省数字经济促进条例》,制定数据确权定价和流动交易的标准、规范和共识,推动多方安全计算、可信执行环境等数据隐私保护新技术新标准的应用,着力破除数据自由流动障碍瓶颈,使数据要素充分参与市场配置,推动粤港澳大湾区经济高质量发展。

5. 以信息化为驱动全面深化"数字政府"改革建设

持续推进粤港澳大湾区政府数字化转型，加大对数字政府的信息基础设施建设。加强对数据资源价值的挖掘，充分利用好数据的价值资产，为政府提升决策能力、管理能力和服务能力提供服务。建立健全数据安全保护机制，把涉及数据资源流动和交换的环节作为重点保护领域，尤其是涉及国家安全和个人隐私的数据源在跨部门跨区域中的流动频度、交换规模、运行速度等领域要加大管控力度，确保数据在采集、存储、流动、交换过程中安全运用，不断提升政府的公信力和治理能力。持续提高政府数字化监管水平，将新一代信息技术手段广泛运用于监管治理各环节。加快推进粤港澳大湾区智慧城市建设，鼓励各市建设"城市大脑"，加快推进智慧教育、智慧交通、智慧医疗、智慧旅游、智慧城管等智慧应用示范。

6. 打造国际科技创新中心为载体，拓展粤港澳数字经济协同发展空间

深化粤港澳科技创新交流合作，构建开放型融合发展的区域协同创新共同体，打造全球科技创新高地和新兴产业重要策源地。探索粤港澳深度合作、协同发展新模式，定期举办数字经济领域相关会议，加强与相关组织、产业联盟和科研机构的战略合作，推广数字经济相关技术、产品、标准、服务、规则和共识。加强粤港澳大湾区数字经济与"一带一路"沿线国家的深度合作，探索数据治理、网络安全、贸易合作等多领域的协同发展机制。以粤港澳大湾区为主体，建立"数字丝绸之路"技术创新交流合作平台，推介优秀数字化转型方案，促进数字经济协同发展。

作为我国数字经济发展高地，粤港澳大湾区形成了以深圳、广州为核心的多层次发展格局，产业集群效应明显，是驱动我国数字经济发展的重要空间引擎，但数字经济区域发展、企业数字化转型、创新要素培育和数据价值化等方面的问题短板仍然突出。"十四五"以至更长一段时间内，需要坚持问题导向，深化粤港澳高水平互利合作，充分发挥数字技术驱动引领作用，大力发展数字经济，推进数据要素市场化，提升公共服务、社会治理等数字化智能化水平。

小结

本章主要从湾区概况、湾区数字经济的空间结构状况、湾区数字经济的产业融合状况和湾区数字经济的协同创新状况等方面，研究粤港澳大湾区数字经济实践情况，最后对粤港澳大湾区数字经济发展进行展望。

思考题：

1. 简述湾区数字经济的产业融合状况。
2. 简述湾区数字经济的协同创新状况。

参考文献

[1] 马忠新，伍凤兰.湾区经济表征及其开放机理发凡［J］.改革，2016（9）：88-96.

[2] 张日新，谷卓桐.粤港澳大湾区的来龙去脉与下一步［J］.改革，2017（5）：64-73.

[3] 谢志强，深圳湾区经济助推中国开放［J］.人民论坛，2015（4）：72-72.

[4] 清华大学经济管理学院互联网发展与治理研究中心，LinkedIn.粤港澳大湾区数字经济与人才发展研究报告（2019年）［R］.深圳：粤港澳大湾区数字经济交峰论坛，2019.

[5] 国信证券经济研究所.粤港澳大湾区独角兽白皮书（2018年）［R］.深圳：国信证券股份有限公司，2018.

[6] 卢文彬.湾区经济：探索与实践［M］.北京：社会科学文献出版社，2018.

[7] 何伟.激发数据要素价值的机制、问题和对策［J］.信息通信技术与政策，2020（6）：4-7.

[8] 中国信息通信研究院广州分院.粤港澳大湾区数字经济发展与就业报告（2020年）［R］.2020.

[9] 刘彦平，李超，黄浩，等.四大湾区影响力报告（2018）：纽约、旧金山、东京、粤港澳［M］.北京：中国社会科学出版社，2019.

[10] 倪君，刘瑶，陈耀."两链融合"与粤港澳大湾区创新系统优化［J］.区域经济评论，2021（1）：97-104.

[11] 朱金周，方亦茗，岑聪.粤港澳大湾区数字经济发展特点及对策建议［J］.信息通信技术与政策，2021（2）：15-21.

[12] 杨海深，王茜.全面构建粤港澳大湾区数字经济协同发展新路径［J］.新经济，2019（10）：15-19.

[13] 肖小爱.粤港澳大湾区数字经济发展研究［J］.科技创新发展战略研究，2021（2）：41-44.